記憶の箱舟

または読書の変容

鶴ヶ谷真一

白水社

記憶の箱舟　または読書の変容

目次

装幀　榛名事務所

はじめに

読書にも古来さまざまの流儀があるようだ。中世ヨーロッパの修道院では、修道士たちが聖なる書物をくり返し読んではひたすら暗唱に努めていた。ゴルツェのヨハネス（九七六年以降没）が詩編を唱えるそのつぶやきは、蜜蜂の羽音に似ていたという。その蜜蜂も花々から採取した貴重な蜜を、人が言葉を書きしるした紙のように、薄くやわらかだが丈夫な房室に蓄えるいとなみに余念がなかった。蜜蜂は人間よりはるかに早く、蜜の容器となる独自の紙を人知れず作りつづけてきた。人がもし蜜蜂の英知を学んでいたら、紙という偉大な発明をもっと早くになしとげていたかもしれない。

はじめて紙を用いた中国の人々は、陰陽五行など数字をまじえたすわりのよい成句をつくることに巧みだった。読書については読書三到ともいった。つまり字句を眼で見て意味を明らかにし、これをくり返し口で唱え、深く心にとどめる。読書という内的な経験を、ごく簡潔に言いつくしている。読書千遍、其の義自ずから見《あら》わる、ともいわれる。

西洋の聖書にあたる聖典は、東洋の儒者にとっては『論語』であった。江戸時代後期の儒者、中井履《り》軒《けん》（一七三二―一八一七）は晩年に失明したが、机上には常に『論語』がひらいて置かれてあった。

たとえ読むことができなくても、聖経が机上にあると思えば、おのずから心に警《いまし》むるところが生まれると履軒は語った。陶淵明は音律を解さなかったが、絃を張らない琴を一張《ひとはり》つねに身近にそなえていた。琴は文雅の象徴とされており、履軒は机上に置かれた『論語』を、その無絃琴のようなものだといっている。これは読書にまつわる美しい逸話のひとつといえるかもしれない。

和漢洋にわたるこれら三つの逸話は、書物が今よりはるかに希少であった時代に特有の話だと思われるかもしれない。そのことは否定できないが、それはまた読書といういとなみが、全霊を傾けるに足る経験でありえた時代だったともいえる。数々の読書をめぐる古人の事例を読んでいると、驚きにも似た感慨を覚えることがある。そして和漢洋いずれの場合にも、記憶することが読書の重要な要素であった。そこに本書のテーマが浮かび上がってくる。

書物と記憶というテーマについて着想ともいえない思いが芽生えたのは、ずいぶん以前のことになる。情報の氾濫する時代に身を置くと、かえって内面に眼差をそそぐよう促される。五十歳を過ぎて書いた五冊の読書エッセイには、いずれも記憶にまつわる一節がひそませてあった。書物のことを考えるとき、いつも記憶の問題が意識の奥底から頭をもたげてきたのだった。しかし記憶が書物の本質にふかく根ざしたものであることに、そのときはまだ考え及ばなかった。

ここへきて記憶というテーマがにわかに浮上してきたのは、近年インターネットという電子情報網の加速度的な普及に刺激されたことによる。検索によって情報が瞬時に得られる時代には、読書の内実もまた変容をとげざるをえない。指先の操作によって情報がたちどころに得られるなら、記憶についての認識もまた変わることになるだろう。インターネットは記憶という負担を軽減し、情報交換を加速度的に速めた結果、知の様相から日々の暮しに至るまで、すべてを一新してしまったことはここで改めて指摘するまでもない。

思えば、人間はすでにこうした革新を過去に三度経験してきたのではないだろうか。その第一は文字の創案によって記録が可能になったとき。無文字時代のことは今となっては想像も及ばないところがあるが、次の引用にあるソクラテスの見解により、そのいくらかをうかがうことはできる。第二は印刷術の発明によって書物がひろく普及し始めたとき。これについては改めて述べるまでもないだろう。第三はこれまでほとんど語られずにきたのだが、十三世紀フランスの修道院で索引が作られたときであった。これについては「索引の誕生」の章で論じている。いずれの場合にも、人は蓄積した記憶の一部を記録や書物という媒体にゆだねることで記憶の負担を軽減し、論理的な思考力と創造力を高めてきたといえる。すでに三十数年前、次のように指摘されている。

今日、コンピューターに対して世間でよくなされている反論と本質的にはおなじ議論が、プラトンによって、『パイドロス』(274–7)と『第七書簡』のなかで、書くことに対してなされているということを知ると、たいてい人びとは驚き、多くの人びとは当惑する。プラトンは、『パイドロス』のなかでソクラテスにこう言わせている。〔まず第一に〕現実には精神のなかにしかありえないものを、精神のそとにうちたてようとする点で、書くことは非人間的である。書かれたものは、一つの事物であり、つくりだされた製品である、と。おなじことが、当然ながら、コンピューターにもあてはまる。第二に、プラトンの〔描く〕ソクラテスはつぎのように言う。書くことは記憶を破壊する。書かれたものを使う人間は、〔精神の〕内的な手段としてもっていなければならないものをもたず、そのかわりに外的な手段にたよるために、忘れっぽくなる。書くことは精神を弱める、と。今日でも、かけ算の九九の表の記憶が〔精神の〕内的な手段にならなければならないのに、電卓がそのかわりに外的な手段を提供してしまうことを、親やその他の人びとは恐れている。電卓は、精神を弱める、つまり、精神から、精神の強さを保っておくはずの仕事を取り去るのである。（以下略）」（W・J・オング『声の文化と文字の文化』）

著者のオングは、声の文化から文字の文化へという歴史の必然の推移を認めながら、声の時代の人びとの今では忘れられてしまった意識を洞察すると同時に、書くという技術の人間精神に及ぼしたふかい意味に気づかせてくれる。

第三にあげた索引出現の重要性については、「索引の誕生」の章で論じることになるが、端的にいえば、二点にしぼられる。ひとつは、すべてを平準化して配列する索引は、世界の見方を革新的に変えてしまったこと。さらには、索引という検索機能を備えるに至った書物は、読書の仕方を根本的に変えてしまったこと。

しかし、こんにちインターネットの起こしつつある変革は、あきらかに過去に行なわれた変革とは画然と異なる。何よりもその普及の圧倒的な速度において。書物の存続自体を危惧する声も聞かれる。もとより本の存続を望むにおいて人後におちないつもりではあるが、本書で本の未来を予定調和として語ることは慎もうと思う。意図するところは、書物の歴史に織りこまれてきた記憶という縦糸をたどりながら、それぞれの時代に特有の読書の内実を浮かびあがらせ、読書の変容を明らかにしようとするところにある。

明治初年、電気というものを忌み嫌った神風連《しんぷうれん》の一派は、電線に行きあたると、頭上に扇をかざして通り過ぎたという。いまにして思えば滑稽以外のなにものでもないが、彼らは恐ろしいまでに真摯であった。電気を忌み嫌う、あるいは恐れることが、必ずしも滑稽とはいえない。フランスの現代作家ル・クレジオは一九七二年に、次のような一文を書いている。

これから電気について少し語ろうと思う。それは、わたしが電気を非常に恐れているからであり、そう語ることによって、おそらくいくらか自由になれるだろうと考えるからだ。電気がなによりも恐ろしいのは、それが隠されているからだ。人には見えない。どこにあるのかもけっして知ることができない。ときにはそれがコードやスイッチのなかに、ブースターの小さな黒い箱の内部にあるように感じて、そっと近づいてみる。しかしそこにはなく、別のところにあるのだ。その存在を見きわめる方法はない。恐ろしいことに、それは消え去ることなく、隠れがにずっと引きこもったまま姿をみせない。いったい、どうしてあれほどの力があの小さな箱のなかに、あふれもせず爆発もせずに保持されることが可能なのか（後略）（「電気を恐れる」）。

それはコンセントの二つの穴からじっとこちらをうかがいながら、たえず人を死に引き入れようとする……。目に見える力学の原理によった道具類とはことなり、ブラック・ボックスの内部で機能する電子機器は気づかれないほどのひそかな不安をひきおこす。先鋭な現代作家はそれを顕在化してみせたのだった。

誰しも、社会生活を営んでいるかぎり、この電子機器と無関係ではいられない。それは社会機構のすみずみまで神経組織のように張りめぐらされているからだ。こういう時代にあって、千年以上も変わらずに受けつがれてきた本と読書について語ろうと思う。

東洋において、本という媒体はもともと紙（あるいは布、木竹）と墨という植物素材から作られた簡便な道具だった。木簡《もっかん》、竹簡《ちっかん》は革で編まれたようだが、書物は糸で綴じあわされた。古代の巻物からこんにちの綴じられた形態の本（冊子本）に進化したのは洋の東西をとわないが、西洋では古代のパピルスから羊皮紙を経て十三世紀以降は紙を素材とするようになった。ウンベルト・エーコによると、本はスプーンやハンマーや鋏のように、これ以上改良する余地のない完成品ということになる。手にとって開けば、先人たちの蓄えてきた無限とも思われる記憶の一端にふれることができる。本の収録した記憶はまた時間でもあった。人間の時間よりもはるかにゆっくりと着実に流れつづける時間。本が植物を素材として作られてきたことは、その隠喩ともいえるだろう。羊皮紙を用いたヨーロッパでも、本の起源には植物との深いかかわりがあった。

英語における書物＝"book"という語は、英語の"beech"すなわち「ブナ」と語源を同じくしている。この樹木の名は、古ゲルマン諸語においてブナを指す"buk"（古英語）あるいは"bok"（古スカンジナヴィア語）、さらに"buohha"（古高地ドイツ語）など、共通の語根をもった呼称を形成しながら、インド・ヨーロッパ諸語の意味素を形成する祖語のひとつとなった。「ブナ」は、古ゲルマン族がその削り皮や板に古いルーネ文字を刻んだことによって、あるときから「書物」という意味論をもつ音として枝分かれし、定着していったのである。（今福龍太「種子のなかの書物」、『考える人』二〇一一年秋号所収）

ホメロスによって伝えられたトロイアの歴史は、初めはフリュギア人のダレスによって棗椰子の葉に記されたという。十二世紀の神学者、ムランのロベルトゥスによれば、ラテン語で書物を意味する「リベル」liberは、〈樹皮〉という言葉から採られている。昔の人々は、羊皮紙を使うようになる前は、この樹皮に書く習慣があった（ムランのロベルトゥス『命題集』序文）。古代インドでは、多羅《たら》樹《じゅ》の葉に文字を記したものを、貝葉《ばいよう》とも貝多《ばいた》葉《よう》、貝多《ばいた》羅《ら》ともいい、転じて書物・記録、また仏教の経典をも意味した。

　時代はずっと下るが、これらを例証するような逸話を、地理学者でもあったピョートル・クロポトキンがその回想録『ある革命家の思い出』に記している。一八六六年、連隊付士官としてシベリアに赴任した若きクロポトキンは、山岳地帯を横断して金鉱地への交通路を開拓する探検の準備にかかっていた。彼はそのときツングース人が白樺の樹皮の上にナイフで刻みつけたその地の地図を見て、その正確さに驚いた。クロポトキンの一行は、ツングース人の地図に示された道を二十年前にたどったことがあるヤクート人の猟師を道案内に、白樺の樹皮に刻まれた渓谷や山峡を横断して、ついに重要な交通路を開拓することができたという。

　日本の東北地方でも、白樺の樹皮はカバカワとよばれて古くから書写の素材として用いられてきた。柳田国男の『雪国の春』に「カバカハは白樺の樹皮を利用した一種の紙である。寒い山国に於て発明せられたるパピロスであつた。極端なる簡易生活に在つて、楮《こうぞ》の紙の手に入らぬ時代、尚是非とも後に伝へねばならぬものは、之を樺皮に描いて置いたのである」とある。

　「ページ」pageという語は、ラテン語の「パギーナ」paginaが語源だという。プリニウスによると、パギーナとはもともとぶどう畑に植えられたぶどうの木の列を意味したらしい。この一事からも、祈りと労働を日課とした中世ヨーロッパの修道院における読書の場景がおぼろげに浮かんでくるようだ。修道士たちはページ上に記されたぶどう棚にも似た文字列に目をそそぎながら、摘みとった言葉をつぶやきつづけた。この時代、本は音読するものだった。

口を動かす動作は、読書行為の中の主たる活動であったというだけでなく、目の役割もまた決定していたのである。英語の「読む *to read*」は元来、「忠告を与える」、「とりまとめる」、「探究し解釈する」を意味する。一方ラテン語の〈読む *legere*〉の語源は、肉体活動に端を発する。〈*legere*〉は、「摘む」、「束ねる」、「収穫する」、「集める」を意味する。(中略)ドイツ語の「読む *lesen*」は、依然としてブナの木の枝を集めるという気持ちを伝えている(「文字」にあたる言葉もブナ材の棒に相当し、魔法の呪文に使われたルーン文字を想い起こさせる)。(イヴァン・イリイチ『テクストのぶどう畑で』岡部佳世訳)

ふだん人が親しく見上げる木は、ただ本に素材を提供するだけではない。ときにそれは隠喩という相貌をみせる。重力に抗して垂直に立ち、ひろげた枝葉を風にゆらせて、折々の均衡を楽しむ……。詩人の吉岡実は、わたしは書くということや本を連想させる言葉は詩には使わない、木という言葉さえ使わないと語ったことがある。詩人の直観は、樹木と本との深い関連を見抜いていたことになる。奇しくも本という字は、木に人為を思わせる短い横線を引いて作られている(これは無限の照応をひめた世界のみせてくれる目くばせのようだ)。

記憶についてのこうした思いがわきあがってきたのだが、しかし実際に本を書き始めるには発語をうながし、起動力をもった言葉が必要だった。最初の一行は天から来るといったのはヴァレリーだったろうか。そんな贅沢は望むべくもないが、確かな方向性を与えてくれる一行が必要だった。記憶とはいうまでもなく過去に属する。記憶を語ろうとすると、ひたすら過去の方を向くことになるように思えるのだが、しかしベルクソンはそういう認識を変えてくれた。

ベルクソンによれば、記憶には二種類あるという。思い出そうとすると、いつでも記憶に浮かんでくる意志的記憶と、私の意志とはかかわりなく、記憶そのものが自ずから現われ出るような自発的記憶である（詳しくは二〇七−二〇九頁参照）。自発的想起が抑制されるのは、生をいとなむ私たちが未来をめざして生きつづけるために、有用な選択がそこに働くからである。

われわれがある特定のイメージを記憶のなかに探そうとして、自分の過ぎ去った人生の坂道を遡ってゆくそのときに、助けを求めるのはこの記憶機能に対してである。しかし、知覚はすべて、生まれつつある行動に繋がっているのである。だから、さまざまなイメージが、いったん知覚され、この記憶機能のなかに確定され、整理されてゆくにつれて、これらのイメージ群に連続しているさまざまな運動が生命機構に変更を加え、行動するための新たな態勢を身体のなかに創り出してゆく。（中略）常に［未来の］行動に向かって盤踞《ばんきょ》しているこの記憶機能は、ただ常に未来だけを見ているのである。（ベルクソン『物質と記憶』第二章、竹内信夫訳）

このメカニズムは潜在していて、ふだんは気づかれない。これを意識するのはそれが「突然の稲妻のように姿を現わす」ときである。このとき記憶は未来の行動へと向かう。長いこと心のどこかで求めていたこの言葉がひとすじの光となって、読書という内的ないとなみを照らし始めた……。

1　最初の読書体験

ほの暗い部屋のなかから、光のさしいる窓を見上げると、窓際にいた母が何か言いながら、こちらを振り向いてほほえんだ。あたたかなまばゆい逆光のなかに、長い髪に縁どられたそのほほえみが、いつまでもほほえんでいる……。これが思い出せるかぎりもっとも早い記憶だった。次の記憶は、おそらく一歳か二歳になった夏のこと。父が大きなスイカの切り身を前に、スプーンで残された果肉をすくいとっては口に入れてくれる。そのうち自分でやりたくなり、スプーンをにぎってスイカの赤い部分をとろうとするのだが、大きく重たい切り身がひっくり返って、なかの果汁が畳の上にこぼれてしまう。見守っていた父が声をあげて笑いだした……。

そんな記憶をたどってゆくと、ある絵本にまつわる思い出がよみがえってくる。主人公は熊のプー。絵本には、なだらかな緑の丘をプーがなぜかジープに乗ってあらわれる。ジープは丘の斜面にゆるやかなS字形をなす道をのぼり、その向こうには青空がひろがっていた。ちぎれ雲がひとつふたつ浮かんでいたような気がする。熊がジープに乗っていることをのぞけば、それはきわめてありふれた情景だった。A・A・ミルンの名作『クマのプーさん』とは関係なく作られた絵本だったにちがいない。

おそらく昭和二十四、五年のことで、筆者は三、四歳だった。町にはアメリカ兵を乗せたジープが走りまわっているような時代だった。後年、石井桃子の名訳で『クマのプーさん』を初めて読んだとき、子どもながら愕然とするほかはなかった。わが読書遍歴はこうして、かなりいいかげんな本から始まったことになる。

昭和二十八年（一九五三）スターリンが亡くなった。新聞の一面に、軍服姿で瞑目した独裁者が胸元まで花に飾られて棺に納まった写真が大きく掲載されていた。それを見た祖母が「まあ、よかったこと、悪い奴が亡くなって」と言ったので、かたわらの父が苦笑していたことを覚えている。それが新聞を目にした初めての記憶だった。六歳か七歳のときになる。当時ラジオのニュースを聞いていると、くり返し放送された「第五福竜丸機関長、久保山愛吉さん」「愛新覚羅エイセイさん」「イシコフ漁業相」などというのが、今も脈絡もなしに耳底に残っている。

はじめて哀しみをまじえた不安のようなものを感じたのは、妹が生まれてくる二歳六か月のころだった。当時お産婆さんと呼ばれていた助産婦が家に来た。蚊帳のなかにしかれた布団に坐った母にむかって、お産婆さんはしきりに何かを諭すように話をしていた。幼児にもその場の雰囲気は感じとれた。緑色をおびたうす暗がりに包まれて、母はいつになくはかなげにみえたのだった。子は蚊帳のなかの母にむかって声を上げて泣きだした。

そのころにはまだ五十銭硬貨があって、幼い自分がはじめて手にしたお金がその五十銭だった。それについては、次のような事情があった。まだ妹が生まれずに自分が一人っ子であったころ、両親とはなれて祖母と寝かされるようになった。今となってはそのあたりの事情はよくわかるのだが、何もわからない幼い子は祖母のふとんを抜け出して、両親の寝ている部屋に駆け戻る。「そうかそうか」といって父親が笑い声をあげる。そんなことが日々くり返され、いろいろと懐柔策がとられた。「おばあちゃんと寝ておくれ。五十銭あげるから」というのもそのひとつだった。祖母は聞きわけのない孫にお話を聞かせて寝かしつけようとした。祖母の語るたあいない昔話が子どもの心をとらえた。なかでも孫の気に入ったのは、おじいさんとおばあさんが登場し、最後に骨と皮がばらばらになる話だった。何度聴いてもぞくぞくするようなところがあった。毎晩のように骨と皮がばらばらになる話をせがまれたと、後に祖母が語ることになる。寝床をともにすると、何もわからずに五十銭硬貨を手にし、毎晩、骨と皮がばらばらになる話を聴いて寝入った子が、それほど不幸だったとは思わない。

この時期の子どもには、良識あるおとなが眉をひそめるような話もいいかげんな絵本も、ともに新鮮な驚きをもって体験されたのだろう。はじめて見るこの世界が、多彩な相貌を次々とくり広げてゆくのを、子どもは目を見張るように見つめていた。とにかく絵本の『クマのプーさん』は、三歳か四歳になっていた子どもを魅了したのだった。

まだ小学校に上がらないころ、幼児向けの雑誌を見ていたことを思い出した。見ていたというのは、まだ字が読めなかったからで、内容についてはまるで記憶がない。ただ雑誌名が『キンダーブック』だったことをかすかに覚えている。月刊誌だったようで、新しい号が届くと、前号の雑誌は表紙がとれるほどボロボロになっていた。読むというよりも、振り回して遊んでいたのだろう。

ここで、ごく幼いころに見た夢のことを思い出した。青空にひろがった飛行機雲が文字となって浮かんでいる。それを読むと、「日本よ、……せよ」という命令か警告のような言葉で、なにか恐ろしいことを予感させた。話に聞いた空襲のことを思い出したのかもしれない。昭和二十年三月十日、ちょうど筆者の生まれる十か月まえ、東京一帯がB29による空襲で焼き払われたとき、祖母と母は水筒を下げ布団を頭からかぶり、焼夷弾の落ちるなかを走って、ほど近い公園の崖下に造られた防空壕に急いだ。そのとき祖母の抱えていた代々の位牌がカタカタ音を立てていたという。四十一年前に九十二歳で亡くなった祖母は、位牌という先祖の記憶の一端を戦火をくぐって持ち運んだことになる。防空壕にたどり着くとそこはすでに人でいっぱいで、隣り町の防空壕へ行くように言われ、さらに三十分ほど走りつづけた……。そんな話を思い出したのかもしれない。目がさめたとき、自分がまだ字の読めないことに気がついた。

まだ字の読めない子にとって、目の前にひらかれた本を読み聞かせてくれる声に聞き入ることが読書だった。ページをめくるたびに、新しい世界がひろがる。とうとう最後のページが閉じられると、また最初から読んでくれるようにせがむのだった。乳飲み子をかかえ、忙しく立ち働いていた母親にはそんな際限のない幼児の要求にいつもこたえているわけにはいかない。俊才ならば、字を覚えてひとりで読めるようになったのだろうが、そうはならず、誰もがするように、ただ絵本の文句をそらんじるようになった。それからしばらく、目の前に絵本を両手でまっすぐに立て、声を張り上げて「読んでいた」らしい。これがおぼろげな記憶にのこされた最初のわが読書体験だった。

おりおり眼にした何人かの幼児が、やはり同じようなことをしているところをみると、これが本に興味をもった子どもたちのたどる通常のなりゆきなのだろう。俳人、随筆家にして希代の読書家でもあった柴田宵曲《しょうきょく》は、小学校にあがる何年も前に、毎晩寝るときに巌谷小波《さざなみ》の『世界お伽噺』を読んでくれるのを聴いていて、その読み違いをいちいち正したという。「わたしには校正者の素質があったらしい」と、後年、編集者を務めた宵曲は言っている。うちの子もほんとうにそうなのと、わが子の様子を仔細に語りだす母親にも会った。例外はあるにしても、子どもたちは読みきかされた本を聞き覚えることから、読書という個人史を歩み始める。この本のテーマに即していえば、読書とは記憶することから始まる。

毎晩、骨と皮のばらばらになる話を聞かせてくれた祖母は、明治十七年生まれでこのころ六十代だったが、すでに髪は白髪というよりも見事な銀髪だった。この年代の女性としては背が高く、いつも背筋をまっすぐに伸ばしていて、気丈という印象があった。祖母に連れられて行くとき、孫はかたわらの祖母の袂をしっかりとつかんで離さなかったという。これについて忘れられない思い出がある。

祖母に連れられて、はじめて花火を見に行ったことがある。広い野原のようなところに立って夜空を見上げていると、次々と打ち上げられる花火が空いっぱいにひろがり、たちまち色とりどりの無数の火花となって頭上になだれ落ちてくる。思わず祖母の袂をいっそうしっかりとつかんで後ずさるので、祖母も仕方なく少し後退する。早く帰ろうよと言うと、大丈夫だからと祖母は孫の肩を抱いて動かない。そんなことをくり返していたのだが、そのときの花火の光景は、どんな読書の記憶よりも強く幼い記憶に焼き付けられた。

あるとき祖母は誰かを評して、「ロンゴ読みのロンゴ知らず」だと言った。その意味を尋ねると、「ものを知っているようでも、ほんとうのことは分からない」という意味だと教えられ、論語という書物のあることをそのとき初めて知った。なんだか難しい本のようで、「おばあちゃん読んだの」と訊くと、祖母は困ったような顔をした。祖母には辛辣な一面があって、訪ねてきた大伯母に孫たちの品評をすることがあった。利発な妹のことのついでに「ソーローノジンロク」と言った。「惣領の甚六」である。

打ち上げ花火の記憶とならんで、忘れられない情景がある。それは星空だった。これには、生命の起源について子ども向けに書かれた一冊の本がかかわっていた。地球上の生命がどのように生まれたのかを解説した本のなかに、生命を発生させた物質は宇宙から地上に降りそそいだのかもしれないとあった。この仮説は子どもの途方もない想像力をかきたてた。人間はあの遠い星空からやってきたのだと思い込んだのだった。母によると、「小さかったころ、星のことしか話さないの。まあ、この子は大きくなったら、天文学者にでもなるのかしらと思った」というが、そうはならなかった。驚きは高邁な認識への架け橋ともなるが、また記憶の奥底に眠りつづけることもある。頭上になだれ落ちてくる花火を見上げて、思わず後ずさりしたことが、後年ひびいたのかもしれぬ。

星空といえば、後に読んだあるSFの記憶がよみがえってくる。作者も題名も覚えていないのだが、千年に一度だけ夜が訪れるという惑星の話で、初めて星空を見上げた人々の驚きを描いた短編だった。なるほどSFとはそういうものかと、その文学形式の本質を理解したような気になった。現実には起こり得ない、あるいは未来に起こるかもしれないある設定をすることで、テーマを端的にしかも斬新な形で提示することができる……。十代の半ば、さまざまの本を手さぐりで読んでいたころだった。後年、ボルヘスの『伝奇集』を読んで次のような一節に出会ったとき、少年時代のこの小さな発見を思い出すことになる。

長大な作品を物するのは、数分間で語りつくせる着想を五百ページにわたって展開するのは、労のみ多くて効少ない狂気の沙汰である。よりましな方法は、それらの書物がすでに存在すると見せかけて、要約や注釈を差しだすことだ。（「プロローグ」鼓直訳）

架空の惑星の住人のように、もの心ついて初めて星空を見上げたのはいつのことであったか覚えてはいないが、星空の鮮明な記憶は、怖さよりも想像力を目覚めさせた。

幼いころに読んでもっともおもしろかったのは、『ネズナイカ』という題名の本だった。ロシア語からの翻訳絵本だったのかもしれない。大判の横長の本で、色刷りの細かく描きこまれた挿絵が紙面いっぱいにひろがり、なかの一枚には人の乗った気球が野原に墜落した場面があったのを覚えている。語りの文章に擬態語がいくつも出てくるのがおもしろかった。つまり物語などまだ理解できない年齢だったのだろう。

擬態語で思い出したのだが、石井桃子の『ノンちゃん雲に乗る』になると、もう少しはっきりした印象が残っている。雲にもふわふわではなくデコボコのがあるというところがおもしろく、母にそれを言うと、母はさも驚いたように目をみはって、「そうなの！」と感心してみせた。本のことを話すと、人を驚かせることができるのだと、そのときに思った。

もちろん漫画雑誌も読んでいた。隣家の一歳下の男の子から、『少年』という雑誌をときおり借りて読んだ。その子も、出版社に関係したらしい親戚の家から、その雑誌が出るたびにもらってくるのだった。手塚治虫の「鉄腕アトム」が連載されていて、お茶の水博士、ひげおやじ、ランプ、ヒョウタンツギなどの登場人物がいまも目に浮かぶ。筋書などはまったく記憶にないのだが、未来都市を走っている車がどれもおもしろく、左右のドアがまるで象の耳たぶが垂れさがった形をしていて、乗り降りにはそのドアが上に開くのだった。

小学校の高学年になって、下村湖人の『次郎物語』を子ども向きに書きなおした版で読んだ。ともかく読み終えたのだが、主人公のおばあさんがなぜあれほど意地が悪いのだろうという点が腑に落ちなかった。人が生きるということの大変さを、このとき予感したのだろうか。

マルシャーク原作、湯浅芳子訳の『森は生きている』を忘れることはできない。これはシンデレラを思わせる境遇の少女が、大晦日の夜、まま母に季節はずれのマツユキソウを取りに行かされる物語なのだが、雪深い森のなかで、薄幸の娘は一月から十二月までの月の精たちに出会う。けなげな娘をあわれんだ月の精たちが魔法の杖をふるごとに、またたくまに冬が春になり、鳥が歌いマツユキソウが花ひらく……。後に劇団「仲間」の公演を見て目を見張る思いをした。照明による明暗と濃やかな光の効果によって、舞台が一瞬にして雪深い冬から花咲き鳥の歌う春に変わり、さらに俳優たちの声のひびきと、暖かそうに燃えさかるたき火を歌いあげる合唱とともに、本のなかの世界が鮮やかな光景となって目の当たりにくりひろげられるのを見たのだった。

宮沢賢治を初めて読んだのは、いつのことだったか。『注文の多い料理店』にはたしかにそれまで読んでいた物語とは違う何かがあった。表題作の料理店を舞台にした話は、知るはずもなかった西洋を思わせたのだが、登場する紳士方の言動にどこかわざとらしさがあるようで、読んでいてかすかな恥ずかしさを感じた。恥ずかしさというものが往々にしてそうであるように、おそらく自身のうちにそういうものがあったのだろう。

幼年のころの星空の記憶は宇宙への興味となった。たしか五年生の夏休みの宿題に、「光子《こうし》ロケット」なる一文を書いた。これは家で購読していた『少年朝日年鑑』に載っていた、未来のロケットは光の粒子を推進力にして飛行するという記事に心を奪われ、早速、自由研究に仕立て上げたものだった。これを読んだ担任の先生は、笑いながらおもしろがってくださった。思いきり想像力をふくらませて、暗い宇宙空間をまばゆい光の束を噴射しながらロケットが飛んでゆく、などと見て来たようなことを書いたのだった。

当時、子どもたちのあいだでロケット遊びがはやっていた。鉛筆のキャップにセルロイドを刻んで詰め、キャップの口をペンチでつぶして閉じ、密閉状態にする。それを蠟燭の炎で下からあぶると、なかのセルロイドが発火して、閉ざされた口のすき間から煙が噴出し、その勢いでキャップが小さなロケットのように飛んでゆく。それが危険で火事の原因ともなるので、学校ではしてはいけないと言われていた。小学校の裏手に小さな墓地があった。まわりを木立に囲まれていて人目につかない。ある日の夕方、家で鉛筆のキャップと下敷のセルロイドを切り刻んで作ったロケットをポケットに入れ、マッチと小さな蠟燭も用意して、墓地に向かった。台にした石の上に蠟燭を立て、小石を組み合わせた上にキャップを置いて、ちょうど蠟燭の炎がキャップにあたるように位置を調整した。火をつけると、逃げるように数メートル離れた墓石の背後に身を隠し、そっとのぞいてみていた。しかし何事も起こらない。火が消えたのかと思って一歩踏み出したとたん、小さなロケットは白煙を噴き出して舞い上がり、わずかに弧を描いて飛び去った。一瞬の出来事だった。ひそかな喜びと、わずかな罪悪感……。これが生涯ただ一度のロケット実験であった。

これも、『少年朝日年鑑』の記事に影響されたように思う。当時、東大の糸川英夫教授がペンシル・ロケットという数十センチの小型ロケットを製作し、盛んに実験を重ねていたことを知ったのも、その年鑑を読んでだった。子ども向きにやさしく書かれた科学の解説がことのほかおもしろく、発見した青かびの一種から抗生物質、ペニシリンを製造した細菌学者、アレキサンダー・フレミングの生涯を読み、それもまた宿題の作文に書いたことがある。いまでも覚えているのは、フレミングが授業中におならをして学校を退学させられたという逸話まで記したので、そんなことをどこで調べたのかと、先生にけげんな顔をされた。『少年朝日年鑑』のことなど、すっかり忘れていたのだが、ふと思い出すと、それにつれて子どものころのことが次々と記憶によみがえってきた。まさにベルクソンによる自発的記憶の一例といえるだろう。

中学生のときに寺田寅彦の随筆を知り、それが生涯最初の愛読書となった。いま思うと、『少年朝日年鑑』の読書体験が、寺田寅彦への架け橋となったのではないか。折々の幼い好奇心にかられていた子どもを、読書という大道の入口にまで導いてくれたのが、なにあろう、この久しく忘れていた年鑑であった。その廃刊を知ったときにはがっかりした。今から六十年ほど前の話なのだが、当時の関係者の方々がご健在なら、ぜひ感謝の気持を伝えたいと思う。

C・S・ルイスの『ナルニア国物語』など、イギリス児童文学の名作がまだ紹介されぬうちに、わが幼年時代はこうして過ぎ去った。

2　比類なき記憶のもたらした幸と不幸

比類なき記憶をテーマにした作品に、ボルヘスの短編「記憶の人、フネス」がある。これは、イレネオ・フネスという完璧な記憶力をそなえたウルグアイ人の短くも不毛な生涯を回想する話なのだが、物語は一八八〇年代に設定されており、ボルヘス誕生以前のことになる。生涯に三度しか会わなかったという語り手が最後に訪れたとき、フネスは落馬により脚の自由を失っていた。その事故の際に彼は意識を失い、意識がもどったとき、現在とともに過去が、そのもっとも古くもっとも些細な記憶をともなって、耐えがたいまでに豊かで鮮明なものとなってよみがえってきた。

主人公は訪れた語り手にたいして、プリニウスの『博物誌』に記録されている驚くべき記憶の例をあげることから話を始めた。麾下の兵士の名前をすべて名指しで呼ぶことのできたペルシアの王キュロス、その領土内の二十二の言語で裁判を行なったミトリダーテス・エウパドレス、記憶術の創案者シモニデス、ただ一度だけ聞いたことを忠実に復唱する術を心得ていたメトロドールス。しかしこのようなことが人を驚嘆させるということに主人公は心底驚いていた。フネスの記憶はそれらをはるかに凌駕していたのだった。

人がテーブルの上の三つのグラスをひと目で見てとるとすれば、フネスはひとつの葡萄棚を構成するすべての若芽、房、粒まで見てとることができた。彼は一八八二年四月三十日の夜明けに、南の空に浮かんでいた雲の形を覚えていて、それを記憶のなかで、かつて一度だけ目にした書物の大理石模様と比較し、ケブラチョの戦いの前夜、舟のオールがネグロ川の川面に描いた波紋と比較することができた。幾何学的な形態を記憶することは誰にも容易だが、フネスの場合、若駒の風になびかせるたてがみ、ゆらめく炎、長い通夜のあいだに死人のみせるさまざまの表情といったとらえがたい形を正確に記憶することができた。

中庭から射しこんできた夜明けの弱い光を受けて、一晩じゅう話しつづけた声の主がぼんやりと浮かびあがった。一八六八年生まれのフネスはそのとき十九歳だったが、エジプトよりも古く、預言者やピラミッドよりも蒼古たる青銅の像のようだった。発したすべての言葉が身ぶりとともに、彼の仮借ない記憶のうちにとどめられるのだと考えた「私」は、無用な身ぶりを加えまいとして、しびれたように身動きできずにいた……。「イレネオ・フネスは一八八九年、肺充血で亡くなった」と結ばれている。

ボルヘスはこの短編を不眠に苦しんでいたときに構想したという。そのころの切迫した作者の心情は次の言葉からも聞き取れる。

眠るにはいくらかものを忘れることが必要だが、当時しばらくの間わたしは忘れることができずにいた。目を閉じると、さまざまのものが浮かんでくる。家具、鏡、そして家。それは荒れ果てた広い家で、ブエノスアイレスの南側にあった。わたしは庭を、樹木を思いうかべた。その庭にはいくつかの彫像があった。こうしたすべてを振り払うためにフネスの話を書いたのだった。不眠の隠喩《メタファー》であるフネスを主人公にした、忘却に身をゆだねることの不可能である話を書いたのだった。

一度目にしたものをけっして忘れることのできないフネスとは不眠の隠喩であり、眠れぬ苦しみをフネスに託して書き終えたとき、作者は不眠から抜け出すことができた。すべてを忘却にゆだねたとき、眠りは訪れる。しかし忘却を知らなかったフネスは、神のみが堪えられるような途方もない記憶に押しつぶされ、若くして死ぬほかはなかったのだ。

フネスの不幸はそれだけではなかった。生前、彼は思索というものをほとんど知らなかったにちがいない。隅々まで記憶で充満していた意識に、思索の余地はほとんど残されていなかった。あたかも腐食銅版画の制作において、腐食液が余分な部分を溶解して鮮明な図像が浮かび出るように、思索に必要な一般化ないし抽象化は、忘却と捨象を経て初めて可能になるものであるから。

この回想はもちろん虚構だが、フネスの視覚的記憶に類する記憶力をそなえていた人物が、日本に実在した。京都に生まれた江戸後期の本草《ほんぞう》学者、小野蘭山《らんざん》（一七二九–一八一〇）。蘭山は江戸時代の本草学を大成し、シーボルトに東洋のリンネと称された。喜多村香城《こうじょう》（一八〇四–七六）の随筆『五月雨草紙』に、蘭山を的確に語った一編がある。

性強記《きょうき》にして一覧久《ひさしき》を経《ふ》るも忘れず。ある日、若年寄堀田攝州の邸に招かれたる折、一の花筒を示されたるに、蘭山暫《しばら》く詠《ながめ》て、是は梅樹の材なるが、定《さだ》めて大宰府の梅なるべしと云たるに、果して其通りなりしかば、如何して出処《しゅっしょ》まで知り得しやと尋ねられしに、去れば予等少年の時、大宰府に詣《もうで》し事あり。其時、梅樹の枯たるを伐木《ばつぼく》してありしが、其木の切り口及び紋理《もんり》、此品と能《よ》く似居《にお》れば、必らず是ならんと存じ、斯《か》く申せしなりと。其強記率《おおむね》此類なり。

（生まれつき記憶力にすぐれ、一度見ると久しく忘れることがなかった。ある日、若年寄の堀田攝州の邸で花を生ける筒をひとつ見せられた。しばらく眺めていた蘭山は、これは梅の木で作られておりますが、まちがいなく大宰府の梅でございましょうと言った。はたしてその通りであったので、どうして出どころまでわかったのかと尋ねられると、じつは私が少年のころ、大宰府［天満宮］に詣でたことがございました。そのとき、梅の木の枯れたのを切り倒してありましたが、その木の切り口と木目の文様がこの品とよく似ておりましたものですから、必ずこれであろうと思い、こう申し上げましたということであった。その記憶力のすぐれたこと、おおむねこのようであった。）

舟のオールが川面に描いた波紋を記憶していたフネスのように、蘭山は少年のころ目にした木目の文様を忘れなかった。しかし幸いなことに、蘭山はフネスよりもはるかに幸福な人生を送ることができた。本草学にすぐれた業績を残して、八十二歳の長寿をまっとうした。どこで二人の人生は分かれたのだろう。

蘭山には、やはり信じがたいようなもう一つの逸話が伝えられている。晩年、幕府に召されて江戸にあったとき、孫が嫁をともなって京から至り、身の回りの世話をすることになった。三年がたったころ、蘭山は孫にそっと尋ねた。「見かけぬ方がいるようだが、あのお女中はどういう方かの。」何十年も前に一度だけ目にした木目を記憶していながら、孫の嫁を三年も認知できなかったというのは、やはり尋常ではない。しかしその生涯をたどってみると、蘭山の奇矯さはいくらか理解しやすいものになる。

三歳のときに母を、八歳で父を亡くした蘭山は、その寂しい心をことさら植物に振り向けたのかもしれない。十一歳のとき、中国の本草の書『秘伝花鏡』を愛読し、全編を筆写したという。ひとつことに一途に心を傾ける少年であった。また、そうしたことを許すような家庭環境にあったのだろう。十六歳のとき、松岡恕庵《じょあん》という本草学者に弟子入りするが、わずか二年後(一七四六)に恕庵は亡くなり、以後は独学で研鑽を積み、二十五歳で京都河原町に塾を開いて、多くの門弟を育てた。名声は高まるも、常に恬淡としていた。人と交遊せず、会っても時候の挨拶を述べるだけで、雑談に及ぶことはなかった。専門の物産のことを問われると、諄々と説いてやまなかったという。類いまれな知力はひたすら植物界に焦点を結んでいて、世事や人事はその埒外にあった。あらゆる対象に対して無際限に働く、カメラのようなフネスの視覚的記憶とは異なり、蘭山の記憶は対象への興味に応じて選択的に働いたことになる。天満宮の梅の木の木目には完全に機能したその記憶は、孫の夫人にはまったく機能しなかった。

蘭山に人間らしい悦楽の時がなかったわけではない。三度の食事には、必ず散蓮華《ちりれんげ》に三杯の酒を飲んだ。一合にも満たない五勺ほどの量だが、ほろよい機嫌になると詩をくちずさみ、また笛を吹いてひとり楽しんだ。世人は彼を地仙、地にある仙人と呼んだ。谷文晁《ぶんちょう》(一七六三―一八四〇)の描いた蘭山八十一歳の肖像を見ると、一刀を腰にたばさんで正座した老人は、背を曲げてはいるが、右手の閉じた扇をまっすぐ膝に立て、左手を膝に置いて、眼光たしかに、血色のよい唇をわずかにゆるませている。膝に置かれた左手の長い指が、今にも動きそうに見える。

蘭山は生涯めとらなかったが、十八歳のとき、女中とのあいだに男の子をひとりもうけている。女中は家を出され、有義と名づけられた子は他家の養子となった。有義の子の職孝《もとたか》が、小野家に戻って家学を継いだ。先の逸話に登場したのが、この職孝夫妻だった。

肖像を描かせた翌年の庚午《こうご》七年（一八一〇）、蘭山は八十二歳の生涯を終えた。逸話に登場したつつましくも気の毒な職孝夫人は、天才の記憶の働かなかった例として、後世に語られることになる。

ところで、絶大な記憶力にめぐまれた場合、それは人間の意識と行動にどのような影響を及ぼすのか。ロシアの神経心理学者A・R・ルリヤ（一九〇二―七七）は、「記憶過多症」に苦しむ一患者の三十年にわたる観察記録をもとに、『偉大な記憶力の物語――ある記憶術者の精神生活』を執筆した。物語の発端は、一九二〇年代までさかのぼる。当時、まだ若い心理学研究者であった著者のもとに一人の男が訪れ、自分の記憶力を調べてほしいと言った。ルリヤは著書で男をシィーとしているが、本名をシュレシェヴスキーといい、新聞社に勤める若い記者だった。彼はウクライナの小さな町で生まれ、幼くして音楽の才能を認められバイオリニストをめざしたが、耳の病気にかかり音楽家志望を断念し、たまたま新聞社に雇われていたのだった。

ルリヤを驚かせたのは、シュレシェヴスキーの異常なほどの記憶力だった。しかも彼自身はそのことにまったく気づいていなかった。ひとたび見聞きし、あるいは学び、体験したことは、寸分たがわずその記憶におさめられ、いつまでも失われることがなかった。結局、シュレシェヴスキーはその才能を生かして記憶術者として舞台に立つようになる。職業として記憶術を用いるようになると、より系列化された方法を自ら考案して試みるようになった。記憶すべき事柄を視覚的なイメージにして記憶におさめるという基本原則は変わらないにしても、それらをよく知っている道筋にそって配置してゆく。彼はしばしばモスクワのゴーリキー通りを記憶の場として用いた。その場合、マヤコフスキー広場から始まり、途中さまざまの家や広場、商店のウインドに像を配列しながら、頭のなかでゆっくり歩いて記憶するのだった。記憶するイメージを熟知した場所に配列するのは、「記憶術とは何か」の章で述べるように、古典的な記憶法であった。彼はそうとは知らず独自にそれを考案したことになる。

だがシュレシェヴスキーはやがて困難な問題に直面することになった。個々の事柄を具体的な細部に至るまでそっくり記憶しているということは、前述のように抽象化、論理化する能力の障害となったのだ。ある事象を一般化するには、個々の具体性を捨象する、つまり忘れなければならない。こうして彼は「記憶過多症」に苦しむ一人の患者となった。その治療法とは忘れること。忘れられなければ、一晩に四度の舞台出演も苦痛となる……。

シュレシェヴスキーは思いもかけない方法を試みた。

覚えるために、他の人々は書く。……しかし、そのことは私には滑稽でした。そこで、私は私なりにやってみることにしました。人は一度書いてしまえば覚える必要はない。そして、もし手元に鉛筆がなければ、その人は書くことができず、したがって、それを覚えます。つまり、もし、私が書けば、それは覚える必要がないことを知ることになるだろう……。（天野清訳）

この逆説のような方法は完全とはいえなかった。しかし「私が書けば、それは覚える必要がないことを知ることになるだろう」というところに、さらなる解決のヒントがあった。ある日、一晩にすでに三回出演したあと、疲労困憊した彼は公演に用いた黒板が脳裏に現われないことを望んだ。すると、それは現われなかった。そのときひらめいた。「……つまり自分がそれを希望するか否かをたんに自覚すれば、それでよいのだ」。この方法は、それなりに効果をもたらした。

私が欲しなければ——像はあらわれないのだ——すばらしい気分だ……。

忘れることのできなかったフネスは急速に老いて亡くなり、孫の嫁を覚えられなかった蘭山は長寿をまっとうし、忘れることを知ったシュレシェヴスキーは、ようやく苦難から解放された。

3 読書の変容——素読から草双紙を経て近代読者の成立まで

内田百閒と湯川秀樹

大正の末年、陸軍士官学校でドイツ語を教えていた内田百閒は、自宅で個人授業を行なうことになった。生徒は聡明そうな若い女性で、名を長野初といった。個人授業を引受けるにあたって百閒の課した条件は過酷ともいえるものだった。毎日来ること。けっして差支えをこしらえて休んではいけない。時間ははっきりした約束はできないから、早くから来て、待っていてもらいたい。

前の日にやつた事は、必ず全部暗記して来なさい、解つても解らなくても、それが何のつながりになるかと云ふ様な事は、後日の詮議に譲るとして、ただ棒を嚥み込む様に覚えて来ればいい。解らないと思つた事でも、覚えて見れば、解つて来る。覚えない前に解らうとする料簡は生意気であると私は宣告した。（「長春香」）

高飛車な物言いが何ともいえないおかしみに転化するという、百閒の風貌を彷彿させるような言葉だが、理解は二の次にしてまず記憶せよというのだから通常の教授法ではない。これは幼いころに受けた素読の体験が反映しているのだろう。百閒はその思い出をこう語っている。

「大学」を紺の風呂敷に包み、土塀のつづいた淋しいお屋敷町を通つて、先生の許に行くと、細木原先生は、もう大變なお爺さんで、床の間の前に、赤い毛布で膝を包んで坐つてゐる。黄色くて、しみのある顔に、恐ろしく大きな眼鏡をかけてゐるから、初めは狸が化けたやうに思はれた。私が先生の机の前に畏まり、自分の持つて来た本を両手に捧げて、戴いてから、その上に開くと、先生は向うから、本の字を逆さまに見ながら、蝙蝠傘の骨で、字を突いてくれた。一字づつ、行の下に行きつくまで、蝙蝠傘の骨が私の方に近づいて来る。返り点で、ひつくり返る時には、骨の尖が、紙の上を躍る様に飛んで、何だか大変ちらくらして、急がしさうになる。骨は真黒だけれども、一番突尖の少し丸くなつた所だけが、紙の上を行つたり来たりする内に磨かれて、銀の玉のやうに、きらきら光つてゐた。

一生懸命に聞いてゐても、何の事だか解らなかつた。（中略）蝙蝠傘の骨の尖を見つめてゐると、それが段段字の横に外れたり、へんな風に、はずんだり、しまひに、あんまり動かなくなつてしまふ。（中略）先生の声があやふやになり、次第に上ずつて来て、鼻の穴から抜けるやうだなと思ふと、人を前に坐らしておいたまま、眠つてしまふ。仕方がないから、鼾をかいてゐる先生に、お辞儀をして、帰つて来た。（「琴書雅游録」）

素読はとりやめになり、後に百閒となる栄造少年はやれやれと思ったことだった。当時すでに素読はすたれつつあり、「誰もそんなものを習つてゐる友達はないのに、どう云ふわけだか、私は小学校から帰ると、漢学の先生の家に通はされた」のだった。こうして中断された素読ではあったが、それがどのようなものかは、少年にもいやおうなく実感されていた。「文章の意味にはおかまひなく、無暗に大きな声を立てて、字を読んで行くのだけれど、文字のつながりは、多く訓読に従ひ、または天《て》爾遠波《にをは》を入れて行くから、聞いてゐれば、日本語にはなつてゐるのである。ただ、読んでゐる方が、意味の解らぬ事に声を立ててゐるだけのことである。」

百閒よりも十八年遅れて明治四十年に生まれた湯川秀樹も、大正の初年に受けた素読の思い出を自伝に記している。五つか六つのころ、箱庭遊びに興じていた幼児は、学習という見知らぬ世界に導かれた。「そろそろ秀樹にも、漢籍の素読を始めてください」という父親に請われて、祖父が孫を相手に素読を行なうことになったのだった。母方の祖父、小川駒橘《こまきつ》は、慶応義塾の前身である鉄砲洲《てっぽうず》の洋学塾で福沢諭吉の教えを受けた洋学者だが、武家の出身で、漢学の素養があった。その日から子どもは夢の世界を離れ、むずかしい漢字のならんだ古色蒼然たる書物の世界に入りこむことになった。秀樹少年が初めに習ったのも『大学』だった。

祖父は机の向う側から、一尺を越える「字突き」の棒をさし出す。棒の先が一字一字を追って、「子《し》、曰《のたまわ》く……」私は祖父の声につれて、音読する。「シ、ノタマワク……」素読《そどく》である。けれども、祖父の手にある字突き棒さえ、時には不思議な恐怖心を呼び起すのであった。暗やみの中を、手さぐりではいまわっているようなものであった。手に触れるものは、えたいが知れなかった。緊張がつづけば、疲労が来た。すると、昼の間の疲れが、呼びさまされるのである。不意に睡魔《すいま》に襲われて、不思議な快い状態におちいることがある。と、祖父の字突き棒が本の一か所を鋭くたたいていたりした。私はあらゆる神経を、あわててその一点に集中しなければならない。辛かった。逃れたくもあった。寒い夜は、座《すわ》っている足の指先がしびれて来たし、暑い夕方は背筋を流れる汗が、気味悪く私の神経にさわった。(『旅人』)

辛い学習を積み重ねたことについて、百閒はともかく、後年の湯川秀樹はむしろありがたいとの思いを抱いた。

私はこのころの漢籍の素読を、決してむだだったとは思わない。戦後の日本には、当用漢字というものが生れた。子供の頭脳の負担を軽くするには、たしかに有効であり、必要でもあろう。漢字をたくさんおぼえるための労力を他へ向ければ、それだけプラスになるにちがいない。

しかし私の場合は、意味も分らずに入って行った漢籍が、大きな収穫をもたらしている。その後、大人の書物をよみ出す時に、文字に対する抵抗は全くなかった。漢字に慣れていたからであろう。慣れるということは怖《おそ》ろしいことだ。ただ、祖父の声につれて復唱するだけで、知らずしらず漢字に親しみ、その後の読書を容易にしてくれたのは事実である。

湯川秀樹の実兄である貝塚茂樹も、同じく祖父に素読を受けた思い出を『わが歳月』に記している。やはり六歳のころ、毎晩夕食後に、緑色の表紙のついた木版本の『大学』をかかえて、離れにある祖父の居間に通った。そのせいで、漢文に親しみを覚えるようになったのは、早期素読のもたらした最大の贈物であったと断じている。今でも四書はもちろん、『詩経』『書経』もかなり暗唱できると、素読の効用を語っている。

先の百閒の言、「ただ棒を嚥み込む様に覚えて来ればいい。解らないと思つた事でも、覚えて見れば、解つて来る。覚えない前に解らうとする料簡は生意気であると私は宣告した」という言葉は、奇しくも明治六年に士族の家に生まれ、六歳から四書の素読を受けていた杉本鉞子《えつこ》の回想とひびきあうようによく似ている。少女は意味が理解できず、教師に尋ねると、「よく考えていれば、自然に言葉がほぐれて意味が判ってまいります」といわれ、あるときは「百読自《おのず》ら其の意を解《かい》す」、また「まだまだ幼いのですから、この書の深い意味を理解しようとなさるのは分を越えます」といってさとされたのだった。

正しくその通りだったわけですが、私は何故か勉強が好きでありました。何のわけも判らない言語の中に、音楽にみるような韻律があり、易々と頁を進めてゆき、ついには、四書の大切な句をあれこれと暗唱したものでした。でも、こんなにして過したときは、決して無駄ではありませんでした。この年になるまでには、あの偉大な哲学者［孔子］の思想は、あけぼのの空が白むにも似て、次第にその意味がのみこめるようになりました。時折り、よく憶えている句がふと心に浮び雲間をもれた日光の閃きにも似て、その意味がうなずけることもございました。」（大岩美代訳

素読の体験を美しい比喩をまじえて語っている。その自伝『武士の娘』（*A Daughter of the Samurai*）は、後述するように、アメリカの読者のために英文で書いたものだった。

しかし幼年期に素読を受けるというこうした伝統も、大正の初年に幼年期を送った湯川秀樹（明治四十年生まれ）や中島敦（明治四十二年生まれ）の世代を最後に途絶えたようだ。

わたしが素読のことを初めて知ったのは、先に引用した湯川秀樹の『旅人』によってだった。この回想録が朝日新聞に連載された当時たしか小学校五、六年生だったが、高名な理論物理学者が古臭い素読に苦労したということに一種特別な印象を受けて、記憶にとどめていたのだろう。

ところが最近、三十年ほど前に読んで、そうした素読についての認識をすっかり改めた本が復刊されたことを知った。安達忠夫著『素読のすすめ』である。この本は、素読を現代によみがえらせようとする著者の真摯な情熱に発しながら、終始ものやわらかな語り口でユーモアも忘れない。素読がいかに古今の人間形成の礎となってきたかを説くとともに、現今の外国語の習得にも有効とする自在な発想によって、幅広い読者に訴えかける素読入門書となっている。

読者のなかには、素読というと非常にとっつきにくい感じがして、自分にはとうてい無理だと決めこんでいる方がおられるかもしれない。けれども、絵本の読み聞かせというのは、実は素読の方法なのである。試みに、子どもが生まれて二、三カ月のときから、膝にのせて、くりかえし絵本を読み聞かせてみてほしい。最初はまるで通じていないように思える。が、かなり早い時期から的確な反応を示すようになり、声をたてて笑うのも早いはずだ。(『素読のすすめ』)

著者は実際に自宅で近所の子供たちに素読を教えており、その経験がたしかな説得力ともなっている。漢文に限らず、和歌や俳句、仏典、現代詩、聖書などをテキストに、「ことばの生命力をじかに感じとる子どもの豊かな感受性を、わたしとしては積極的に評価したいと思う。子どもは蟬やとんぼを追いまわすのと同じ気持ちで、ことばの動きそのものを楽しむ。意味よりもまず音の響きとリズムが、耳を通して心に浸透していく」という。素読という読書法の効用といえるだろう。

素読の意義

読書の変容を語るにあたって、素読をめぐる逸話から始めたのは、次のような理由による。読書が上層の武士や僧侶といった一部の知識階級からひろく庶民にひろがったのは、十八世紀後半、明和から安永・天明・寛政年間であった。当時の初等教育は、寺子屋での手習いという文字の習得から始められ、それが修了すると、学問塾である私塾や藩校において漢文の学習が課せられた。漢文の習得はすべての学問の基礎教養であった。それは幼少期における素読の指導から始められたのだった。漢文という古代中国語を日本語で読む「読み下し文」には、長年にわたってつちかわれた特有のリズムがある。目で漢字を一字ずつ追いながら、その読みを聞くことに意識を集中させ、文章の意味にはふれない。ここに素読の本質があった。

昔からよく、あまり早くから文字を教えてはいけないとされてきた。足し算・引き算を教えるにも、数字という概念によってではなく、実際になにか物を並べて具体的に理解させるようにする。そうした配慮が子どもの健全な成長には必要とされた。このことを思いあわせると、幼児期に行なわれていた素読は、まことによく考えられた教育法だったといえるのではないか。文字をさし示して音読させることで、視覚と聴覚に注意を集中させ、意味を周到に抜き去っておく。それは意味という概念の定着する意識を透りぬけ、より深い無意識の層に、つまり身体性にまで沁みとおらせるメソッドであった。子どもはごく自然に、漢字という象形の要素を残した文字を身体で覚えるようになる。「意味も分らず入って行った漢籍が、大きな収穫をもたらしている」という湯川秀樹の言葉も、このようなことだったのだろう。そのときはわからなくても、後の成長につれて少しずつ理解できるように、それは心にゆっくりと沁みこんでいったのだった。

素読の特質として次のような指摘にも注目したい。初学者であっても、難解な中国の古典にいきなり取り組むことができた。「初学のためのテキストも、その道の大家の研究する書も同一だという事が、江戸時代の漢学学習における顕著な、驚くべき特殊性であった。専門大家と初学者との学修上の差異は、主としてただ学修目標の水準の差（研究の程度の差と読破した書の広さの差）だけであった。」（武田勘治『近世日本学習方法の研究』）。橋本左内、吉田松陰といった俊才は、すでに少年期に素読を通してひと通りの儒学的教養を身につけていた。さらには、二千年以上前に書かれた外国の古典を、いくらかの注釈によってではあれ、そのまま読める（あるいは読めた）とは、考えてみれば驚くべきことではないだろうか。

素読がわが国でいつごろから行なわれたのか、その詳細は不明だが、武田勘治によると、古くは八世紀の大宝令「学令」に見える白読が素読を意味したらしく、本居宣長《のりなが》（一七三〇—一八〇一）が素読をシラヨミと読んでいたのも、白読が意識されたのではないかという。中世には素読にあたる語は「文字読み」といわれ、『後《ご》法興院記《ほうこういんき》』『実隆公記《さねたかこうき》』などに散見されるという。「文字読」の語は江戸時代にも行なわれ、熊沢蕃山《ばんざん》（一六一九—九一）や伊藤仁斎《じんさい》（一六二七—一七〇五）もこれを用いた。文字読にかわって出てきた素読の語は、井原西鶴《さいかく》（一六四二—九三）の『本朝二十不幸』に初めてみえ、『日本永代蔵《にっぽんえいたいぐら》』にも使われた。素読はスヨミと読まれたようだ（『近世日本学習方法の研究』）。

貝原益軒『和俗童子訓』

江戸時代の児童教育に決定的な影響を与えたのが、貝原益軒《えきけん》（一六三〇—一七一四）の『和俗童子《わぞくどうじ》訓《くん》』であった。貝原益軒といえば、その『女大学』を連想して、封建時代の旧弊な人物が思い浮かぶかもしれない。だが、わが国最初のまとまった教育論『和俗童子訓』は、幼児の年齢と発達状態に即した体系的な視点から記され、近世教育への道をひらいたとされる。宝永七年（一七一〇）益軒八十一歳の著作であることを考えると、それまでの定型的な児童観とは異なる、経験に裏打ちされた好個の手引書だったのだろう。ひろく世に迎えられた事実がそれを示している。

全五巻からなり、総論（巻之一、二）、年齢に応じた学習課程を示した随年教法および読書法（巻之三）、手習法（巻之四）、女子教育法（巻之五）となっている。まず総論として幼児教育の基本を述べているので、その一端をみてみよう。

人はみな天地の徳を得て、心に仁・義・礼・智・信という五つの性をもって生まれてくる。この優れた性が悪しきことに染まらぬうちに、早くに良き教えをほどこすことが大切であると説く。（これは朱子学の理念によっているが、しかし益軒は朱子学の厳格な理論をこの教育論に反映させることはしなかった。八十一歳の著者はあくまで自身の経験とひろい学識をもとに独自の教育法を展開したのだった。）

乳母を求めるには、温和で慎み深く、心のこもった言葉数の少ない者がよいとする。愛におぼれることなく、厳しくしつける。児の好き嫌いにまかせてはいけないが、遊びは自然の情であるから、凧揚げ、コマ回し、まりつき、羽根つき、雛遊びなどは、児の好みにまかせてよい。

四民をとわず、礼儀・作法を教え、聖教を読ませて、仁義の道理を悟らせるのが教育の根本となる。学問は本《もと》であり、芸能は末《すえ》であることを忘れてはならない（芸能とは、教養として身につけなければならない、武芸を含む技能をいう）。

世に出てから支障のないように、文章と算数という実学も重んじる。文章が書けず、算数を知らなくては世間に通用しない。昔から算数を卑しんで大家の子弟に教えない風があったが、これでは世の経営はたちゆかなくなる。（益軒が算数という実学を重んじた背景には、壮年のころ藩の儒官として仕えた経験や、さらに当時大坂を中心に勃興しつつあった都市経済の発展があったと思われる。）

思想史において十八世紀前葉は、林羅山《らざん》（一五八三―一六五七）以来、後に官学となって幕藩体制を支えてきた朱子学の圧倒的な影響下にあった。天地万物の究極的根源である理が人間に宿って性となる。これが本然の性であり、あくまで清明を保って汚れることがない。ところが通常の人間は混濁した気質によって本然の性を曇らせ、種々の情欲に惑わされる。したがって気質の性の混濁を清めれば、本然の性にたち返って、仁・義・礼・智を備えた理想的な君子ともなり得る……。益軒の教えの根底には、このような朱子学の人間認識があった。しかし、深遠広大にして精緻に構築された思想体系が、その理論的な整合性のために、実践倫理に峻厳な厳格主義となって反映することへの深い疑念がすでに起こりつつあった。朱子学に人間生命の否定を感じとった先行者・伊藤仁斎はすでになく、続く荻生徂徠《そらい》（一六六六―一七二八）はやがて古文辞学を提唱して一世を風靡するに至る。益軒はそのような時代の潮流のなかにあって、自らも朱子学への疑問を『大疑問』によって表明することになるのだが、終生、朱子学者としてとどまった。

読書にかかわる事柄について、益軒はおよそ次のような教えを説いている。

児童は七歳［数え］になってから入学させる。初めは早朝に書を読ませるようにし、食後には控えて苦しい思いをさせないこと。半年を経て学習に慣れたら、食後にも読ませてよい。

ゆっくりと読み、一字一句よくわからせ、一字の誤りもないようにする。読書三到の言葉どおり、必ず心に到り、目に到り、口に到るようにする。三到のうち、心に到ることを重んじる。心をこらさなければ、見れどもみえず、口に唱えても覚えられず、覚えてもやがて忘れてしまう。心をこめてくり返し声に出してよめば、自然に覚えられ長く忘れることがない。読んだ回数をかぞえながらじっくりと読み込む。そのようにして一冊を読み終えてから、別の一冊にとりかかるようにする。

児童を教えるには、むずかしいことやまわりくどいことを言わず、要点を手短かに説き、興味を起こさせるように計らう。日課は少なめにして、日々とどこおりなく進められるのがよい。覚えにくいところがあれば、そこをくり返し読ませる。句読《くとう》つまり文に切れ目をつけながら、読む声は明瞭に、清音と濁音の区別をはっきりさせ、訓点をまちがえず、てにをはを正しく読ませること。文意を説かないという素読でも、字義や語意を少しずつ教えて導くのがよいとも言っている。

毎日、返り読み〔返読〕を数十回くり返させてから先に進む。それを怠るなら、何十冊も読んだところで何もならない。たとえ一冊でも習熟するなら、ほんとうの学力がつき効果は大きいとする。

素質ある児なら、八歳から十四歳までの七年のあいだに、小学、四書、五経などを終えられる。四書、五経をしっかり読み込んだなら、学力がつき、学問の基礎ができあがったといえる。その後は、年齢に応じてさまざまの本をひろく読むことができるようになる。以上が益軒の説いた読書法であった。それは塾や藩校などの教育現場において、どのように実践されていたのだろうか。武田寛治は『近世日本学習方法の研究』で江戸後期の読書指導の実際を調査した。それによって読書指導がどのように行なわれていたのかをうかがうことにする。

素読の実習課程

学問塾や藩校に入学した生徒は、それぞれが一人の師について個別の指導を受けるのが原則だった。素読というと、何十人もの子どもたちが師匠の声につづけて一斉に復唱する場景を思い浮かべることがあるが、それは今の学校の授業風景を重ねあわせた連想に過ぎず、事実とは異なるという。「江戸時代の教育は原則的に個別指導、個別学習で行われていた」（辻本雅史『「学び」の復権――模倣と習熟』）。句読点がなく切れ目なしに続く昔の文章に区切りをつけることを句読《くとう》といった。文意をつかむにはまず句読が必要だった。素読のことを句読という場合もあった。多くの素読生の学習に応じるため、藩校には読み方を教える何人もの句読師《くとうし》がおり、個別にその指導に当たっていた。子どもは特定の句読師について学び、両者は子弟関係で結ばれることになる。素読の指導に当たる句読師は教師としての序列はもっとも低く、ときには成績の優秀な上級生が句読師を務めることもあった。

登校した生徒はまず自分の句読師に挨拶し、部屋の片隅に積んでおいた自分用の学習机を運んで適当な場所に置くと、そこがその日の席となる。自分の番がくるまで、手習いなどの自習をしながら待っている。授業は出席した順に行なわれ、自分の番がくると、生徒は句読師の前に進み出る。生徒の前に大判の木版刷りの経書が開かれ、素読が開始される。師は字突き棒で一字ずつ差し示しながら音読し、生徒はそれを復唱する。これを付け読みという。その後、生徒は別にひかえている教師の前で、教わった文章を復読する。間違いなく暗唱できれば合格とされ下校できるが、できなければ再び句読師のもとに返され、再度の指導を受けることになる。

翌日は、前日に学んだ個所の復読から始まり、次の個所に進む。生徒はすでに学んだ文章を日頃からくり返し復習することになる。このくり返しの復習を温習という。素読とは、付け読み、復読、温習という課程を日々くり返し、経典を暗唱によって消化し、徐々に自分のものにしてゆく学習法だった。「こうして四書・五経は口をついて暗唱できるほどになれば、特別むずかしい本の外は、大てい自力で読むことができたという」（武田寛治）。素読を終えると、基礎教育は終了したとされ、多くの者はこの段階で学習を終えた。十歳から遅くとも十三、四歳までには修了したことになる。幕府の最高学府であった昌平坂学問所（昌平黌）は、四書五経の素読を終了したことが入学の条件とされた。昌平黌では、次の講義課程に移る前段階として、読書科を設けていた。その多くは左・国・史・漢（春秋左氏伝・国語・史記・漢書）や国史略・皇朝史略・十八史略などの歴史を簡単に記した史略を用いた。生徒は与えられた本を各自、教師の前に出て独り読みをして、誤りがあれば正され、不明な点を質問した。自身で読む「独り読み」は「自読」といい、この段階で素読は終了する。

講義

素読を終えた読書の第二課程は講義とされる。基本的な読み方を学ぶ素読課程にたいして、講義課程は意味内容の理解を学習課題とした。講義といっても、教師によるのではなく、学生が経書の義（意味）を講究することを主としていた。ときには教師が生徒に向かって経典の意味を解説してみせることも（こんにちの意味のように）講義といった。教師が本文の意味究明よりも、教条の精神をわかりやすく説き聞かせることを講談といった。

文意を考えながら、教師に頼らずに独力で読み進めるには、音読よりも黙読がふさわしい。この段階で黙読が導入されることになる。「読書」とは本来、音読を意味した。それにたいして黙読を意味した「書見」は、本文に注意をそそいで看《み》ることから「看書」ともいわれた。ここから、独りで黙読することを「独り看書をする」という意味で、「独看」といった。

独看の結果、当然ながら疑問や不明の点が生じる。そのため、「質問」という場が設けられていた。質問を受けるのは教師だけではなく、先輩の義務でもあった。藩校によっては、今日の大学の助手にあたる先輩が質問係を務めた。中級の教師がその任にあたる藩校もあった。水戸弘道館では、舎長が質問係を兼任したという。ある程度の生徒を擁する藩校では、生徒溜《だ》まりがあって、そこには独看に必要な字書などが備えてあり、文庫から書物を借覧することもでき、学校図書館の閲覧室の機能をはたしていたのだった。

こうして一人で読み進める力をつけた生徒は、最後の課程である「会読」に進む。読書の教育課程とは素読、講義、会読の三段階からなっていた。会読の意味合いは藩や学派によって異なる場合があるようだが、ここでは一般的と思われる定義に従った。

会読

会読とは、ほぼ同じような学力の生徒が数名ないし十名ばかりのグループを作り、討論をまじえながら一冊の本を読んでゆくという共同学習であった。参加者は読みや内容の疑問点を提出し、質疑応答を行なう。質疑に決着がつかないときには、教師に判をあおぐこともあった。こうした会読という生徒同士の討議には、それまでの読書とは違う一種の自由なにぎわいがあったのだろう。たとえば連歌や連句のような座に生まれる親密なはなやぎとでもいった雰囲気が想像される。

何かを期して集まれば、そこに精神の共同体がうまれる。たとえば茶会の場合、躙《にじ》り口を入って茶席につけば、身分も階級もないひとりの茶人となり、そこには張りつめたなかにも親密な場がひろがる。同様に、とはいってもにぎやかな熱気にみちてではあろうが、会読は平等の原則のもとに読書人がつどい、忌憚なく意見を述べあう場となった。厳しい身分制社会のなかで、それはつかのまのユートピアとして出現したのではないか……。そんな想像を裏づけてくれるのが福沢諭吉の場合である。

豊前国（大分県）中津藩に下級武士の次男として生まれた福沢諭吉の場合、少年時代に受けた会読が生涯を決定するような重要な体験となった。学者肌であった父親は藩の重要な責務をになったのだが、門閥制度のもとでは、軽輩の役人として一生を終えるほかはなかった。そんな亡父の心情を思い、またみずからも上士と下士との歴然たる差別に憤懣を重ねた彼は、「門閥制度は親の敵《かたき》で御座る」と心に決した。十四、五歳になって漢学塾に通い始めると、天与の才能が発揮される。「上士族の子弟と、学校に行て読書会読と云ふやうな事になれば、何時でも此方《こっち》が勝つ。学問ばかりでない、腕力でも負けはしない」（『福翁自伝』）。

漢学塾での「読書会読」においては、上士も下士もなく、勝負して、勝ち負けがはっきりする。福沢にとって塾は、いつでも勝ちを占めることができる、日ごろの鬱憤《うっぷん》を晴らせる場だったのである。もちろん、塾から一歩外に出れば、一挙手一投足すべて「門閥制度」の仕来りに従わなくてはならない、その屈辱感が、福沢の「門閥制度」への反発・憤懣をますます強めていったことは言うまでもない。それにしても、「読書会読」の場が、門閥制度の実生活と異なって、実力で勝負できる場であったことは重要である。（前田勉『江戸の読書会――会読の思想史』）

こうして学問にめざめた青年は、自由を求めて中津藩を飛び出し、大坂にあった緒方洪庵《こうあん》（一八一〇―六三）の適塾で蘭学を学び、今度はオランダ語原書の会読を体験した。漢学塾と同様、蘭学塾でも会読が行なわれていたのだった。『福翁自伝』によると、適塾での方法も、オランダ語初級文法の素読と講釈の段階を終えると、原書の会読に移った。「生徒が十人なら十人、十五人なら十五人に会頭がひとりあって、その会読するのを聞いていて、出来不出来によって、白玉をつけたり黒玉をつけたりするという趣向で」あった。会読前の予習では、疑問点を他人に尋ねるような「卑怯な者」は誰ひとりなく、みな懸命に調べるのだった。そのため、月六回の会読の前日には、「如何《いか》な懶惰生《らんだせい》でも大抵寝ることはない。ヅーフ部屋という字引のある部屋に、五人も十人も群《ぐん》をなして無言で字引を引きつつ勉強して」いたという。福沢はここでもめきめき頭角を現わした。会読という、身分制社会における例外的な場が、その才能の開花に幸いしたのだった。地方にまでひろまっていたこのような独特の読書形態が、後に幕末の志士たちを養成して、明治維新の到来をうながしたという見解（前田勉）にも注目したい。

江戸人の読書傾向

いうまでもなく、素読は漢文を対象にした読書指導であったが、一般の江戸庶民はどのような本を読んでいたのか。読書がどの程度浸透していたのかについて少し考えてみたい。浮世絵というひろく庶民に享受された文化は、情報媒体《メディア》としての役割もになっていた。時の人気役者や遊里の大夫、評判の町娘や盛り場のにぎわい、はては諸国の名所など、さまざまの情景を題材としたが、それらはいずれも江戸庶民の興味や話題をよび起こすものであった。画集に散見される読書する人物を描いた画面から、江戸人が読書にたいしてどのような思いを抱いていたのかを読み解くこともできる。

先日、ある図書館で浮世絵の大型画集を机上に開いて頁をひるがえしていると、珍しくも素読の場景を描いた一枚を見つけた。ボストン美術館所蔵、清長作「玉花子島栄茂素読之躰」とあった。何かに専念していると、偶然のみせるこうしたほほえみに出会うことがある。

画面には、まだ幼い少女が書見台を前にして朗読し、年上の三人がひろげた本を見ながら少女の声に聞き入っている。解説によると、書見台の少女は、当時天才と称された十一歳の玉花子《ぎょっかし》といい、その傍らには黒い紋付の母親がそっとひかえている。床の間の生花が文字通りに花をそえ、傍らの書物箱には源氏湖月抄と記され、その学識をうかがわせる。画面の左端には、少女が美笑流の生花、石州流の茶の師匠であるとうたわれ、教養と学識をそなえた幼い天才が人々の話題をよんでいたことを思わせる。天明五年（一七八五）の作。ありふれた素読の場景が、清長風の清楚な品格をただよわせている。

浮世絵の場合、読書の場景に描かれたのは、ほとんどが若い女性であり、読んでいるのは『源氏物語』（鳥居清倍《きよます》作「源氏物語を読む女」）や『徒然草』（鈴木春信作「つれづれ草を読む美人」）など和書の古典が多く、四書五経のたぐいは見あたらない。こうした日本文学の古典や漢籍といった学問的な書物、当時「物之《の》本」といわれた堅い本を読んでいる絵はむしろ少なく、はるかに多いのは、楽しげに草双紙に読みふける女性を描いたものだった。登場するのは、天才少女ではなく、くったくのない町娘や遊女のくつろいだ姿であった。挿絵を主にしたやさしい草双紙が、いかに多くの庶民に読まれていたかをこれらの浮世絵は伝えている。

　ここで、文学史の大筋の流れを確認しておこう。本章の対象とする時代の始まり、つまり十八世紀後半、俳壇では、それまでの貞門や談林といった流派はすでに消えうせ、天明（一七八一―八八）中興とよばれる、蕪村・大祇《たいぎ》・樗良《ちょら》など、それぞれが独自の様式を追求する傾向が現われ、近代の萌芽を感じさせる。一方、散文作品では、京伝・馬琴・一九・三馬などの職業作家が現われた。これは、すでに述べたように、読書がひろく一般化して書籍の刊行が大幅に増加したという経済効果にあずかっていたことはいうまでもない。たとえば江戸時代二百六十五年間を通した書物の増加状態をみるため、西暦年代を横軸に、書物の成立数を縦軸にした表にすると、西暦一六〇〇年代の前半は年間百点未満しかなかったものが、十八世紀半ばで年間五百点を超え、一七五〇年代には千点を超す年が出てくる。「和本のピークはこの十八世紀末から始まり、統計で採取された十万点の半分、五万点となるのに江戸開府から約百九十年かかったのに対して、残りの五万点は最後の七十年ほどで達成している。その時期は、単に本の数が増えただけではない。種類も増加した。質的な変化も遂げたのだ。その広がった最大の分野は大衆向けの読み物である」（橋口侯之介『江戸の本屋と本づくり』）。

　前世紀の後葉に西鶴が隆盛をもたらした浮世双紙――憂世に生きる人々のおかしみと哀しみを描いた物語――はすでにすたれ、それに替わって、江戸中期から後期にかけて出版された大衆向けの読み物を草双紙と総称した。ほとんど仮名のみの文章に挿絵が添えられた草双紙は、やさしく誰にでも読め、二八《にはち》蕎麦といわれた一杯十六文の蕎麦よりも安かったので大量に出まわった。初期には表紙の色によって赤本・黒本とよばれたが、安永（一七七二–八一）頃に萌黄《もえぎ》色になって青本となり、それがさらに黄表紙となって文化年間（一七〇四–一八）まで続いた。黄表紙のほかに、吉原などの遊里を題材にした洒落本が現われた。洒落本は漢学の素養のある作者が先鞭をつけたもので、漢文によって遊里を描くという落差からおかしみが生まれる。後に漢文の要素が消え、江戸人の日常を描く人情本となって一般化し、明治初年まで行なわれた。人情本と同じ判型（中本）で、会話を主体にした細密な描写によって庶民の風俗を喜劇的に描いたのが、十返舎一九《じっぺんしゃいっく》（一七六五–一八三一）、式亭三馬《しきていさんば》（一七七六–一八二二）に代表される滑稽本だった。一九の『東海道中膝栗毛』初編が享和二年（一八〇二）に現われると、熱狂的ともいえる歓迎を受けた。草双紙は当初、紙数は五丁を一冊とした薄手のものだったが、数冊分をまとめて綴じ合わせた合巻《ごうかん》が生まれ、長編の読本《よみほん》となった。黄表紙、洒落本、滑稽本に才筆をふるったのが山東京伝《さんとうきょうでん》（一七六一–一八一六）であり、その京伝を師とし、勧善懲悪を理念とした読本の世界を構築したのが曲亭馬琴《きょくていばきん》（一七六七–一八四八）だった。

そうした作品を次々に生み出していった書物の形態について少し述べよう。周知のように、当時の書物は活字印刷ではなく、版木を一枚ずつ個別に彫る整版によっていた。効率が悪そうだが、しかし活字整版ではむずかしい仮名文字の続け書きをきれいに彫り上げることができ、文章と連係した挿絵に文字を書き添えることも自由という利点があった。さらに、刷り上げればバラシてしまう活字とちがって、版木は何度でも増刷が可能だった。平仮名を主に絵をあしらった読本の製作にはもっとも適した方法だったといえるだろう。

本の大きさ、つまり判型は、本の種類によっていた。大きさの順にいうと、大本《おおぼん》・半紙本《はんしぼん》・中本《ちゅうぼん》・小本《こほん》の四種類が主な判型だった。大本・中本は美濃紙を、半紙本・小本は半紙を基準にしている。

大本《おおぼん》　美濃判の標準寸法27㎝×39㎝を縦に二つ折りにした大きさで、現在のB5判に相当。美濃判ともいう。物之本はこの判型。

半紙本《はんしぼん》　半紙の寸法24～26㎝×32～35㎝を縦に二つ折りにした大きさ。物之本でも通俗的なもの、絵本などがこの判型。

中本《ちゅうぼん》　美濃判を四つ折りにした大きさで、大本の半分。18～19㎝×12～13㎝。現在のB6判に相当。草双紙はこの判型。

小本《こほん》　半紙本を二つ折りにした大きさで、現在の文庫本とほぼ同じ。洒落本はこの判型。その大きさから、別名を蒟蒻《こんにゃく》本ともいった。

製本のときに三辺を切るので、実際の寸法は原紙よりもすこし小さく、かつ一定でない。このほかに、中本を半分にした袖珍本《しゅうちんぼん》、大名家などに納める特製の特大本《とくだいほん》、懐中本《かいちゅうぼん》に用いられた小型の横本《よこほん》などもあったが、主要なものは以上の四種類となる。判型は分類の目安ともなった。雑多な和本を区分けするには、まず何冊かを両手で持ち、天地左右を軽くそろえるようにすると、判型によって大まかな分類ができる。

このように、煩雑と思われるかもしれない判型の説明にまで及んだのは、ジャンル意識が造本形態にも反映するところがあったからである。現代でも、たとえば学術書の多くはA5判や菊判で作られるが、とりわけ十八世紀には判型にも社会的な格式があったように思われる。身分制社会であった江戸時代には、士農工商という厳然たるものではないにしても、判型にもそれぞれに不文律の格が定められていたようだ。たとえば享保六、七年（一七二一―二二）の出版取締令による検閲は、「半紙以上の本に関してはかなり厳しく行われたが、小本のものは殆ど検閲の対象にはならなかった」（中野三敏『戯作研究』）。遊里関係の戯文が、目こぼしにあずかった小本で出版され、後にこれが洒落本として独立するということもあったのである。

山東京伝の滑稽本

代表的な戯作者を二人をあげるとすれば、曲亭馬琴と山東京伝というのがまちがいのないところだろう。馬琴は江戸後期の長編物語である読本、『椿説弓張月』『南総里見八犬伝』を代表作とし、今なお読みつがれている。一方の京伝は中期の黄表紙や滑稽本に才筆をふるったが、こんにちの一般読者には縁遠い作者となっている。馬琴が近代文学の視点からその勧善懲悪を批判されながらも、日本文学には稀な壮大な構想力と朗読するにふさわしい雄渾華麗な文章によって、少数とはいえ読者を魅了する磁力を失わないのにたいして、京伝は文才にも意匠の才にもめぐまれ、当時は馬琴以上の人気を博しながら、遊里の世界をこまやかに唯美的に描いた作品は、二百年後の読者には魅力を失ってしまったようだ。さらに言えば、その温厚な人柄が印象を弱めたのかもしれない。

馬琴を創作上の師と仰いだ幸田露伴は、馬琴と京伝・三馬・一九を対比させ、こう語った。「すべて仮作物語の作者と実社会との関係を観察しますと、極端に異なつた類例が二種あるのであります。一つは其の仮作物語と実社会と並行線なのであります。他の一つは其の仮作物語と実社会と直角的に交叉線をなして居る、――物語其物は垂直線を為して居るのであります。並行線をなして居るのは、作者の思想や感情や趣味が当時の実社会と同じであるところより生じ、交叉線をなすのは作者の思想感情趣味が当時の実社会と異なるところより生じるのであります。京伝だの三馬だの一九だのといふ人々は即ち並行線的作者で、其の思想も感情も趣味も当時の習俗と殆ど同じなのであり、随って其の著作は実社会をそつくり写したやうな訳合になるのです。馬琴に至りますと、杉や檜が天をむいて立つやうに、地平線とは直角をなして、即ち習俗を抽んでて挺然として自ら立つて居りますので、其の著述は実社会と決して没交渉でも無関係でもありませんが、併し並行はして居りませぬのです。（後略）」（「馬琴の小説と其当時の実社会」）。遊郭での優待が無上の栄誉とされたような堕落した天明前後の世相は、京伝などの叙述をみれば明らかにわかるという。そこで馬琴を評価する露伴の趣旨には反するが、ここでは戯作時代の実情のうかがわれる山東京伝の一編を紹介してみよう。

『百人一首和歌初衣抄《はついしょう》』は、天明七年（一七八七）刊行の洒落本。誰もが知っている百人一首をパロディ化し、牽強付会の限りをつくした珍妙な解釈で、江戸人の鬱屈を軽やかな笑いに転じてみせた。ときに京伝二十七歳、二年前に黄表紙の傑作『江戸生艶気樺焼《えどうまれうわきのかばやき》』を著わし、黄表紙、洒落本、滑稽本に才筆をふるい、その絶頂期にあった。

この滑稽本の俎上に載せられた和歌は十八首になるが、そのうちの一首、よく知られた在原業平の「ちはやふる神代も聞かず龍田川　からくれないに水くくるとは」についての戯釈（注釈のパロディ）をとりあげる。「此歌はあまねく人の知るところなれども、そのあやまちをただし、口伝をしるす」と書き出される。

「ちはやふる」

ちはやという女郎がいた。ある相撲取りとなじみになったが、この女はよく客をふるくせがあり、その相撲取りもさんざんにふってしまう。

「神代もきかず」

その相撲取りはちはやにふられてひとり寝のさびしさに、妹女郎の神代というのを口説いたが、神代もまた聞き入れなかった。

「龍田川」

その相撲取りの名を龍田川といった。その後、龍田川は相撲取りをやめて豆腐屋をはじめ、商いに精を出すようになった。

「からくれないに」

ちはやはあまりに客をふりつづけ、年《ねん》あけを迎えたが世話をしてくれる客もなく、たどん売りの女房となるがそれも続かず、ついに落ちぶれはてて龍田川の店とも知らず通りかかった豆腐屋にからをめぐんでくれと頼んだ。乞食同然の女が昔のちはやであることに気づいた龍田川は、からはくれねえとの心で、からくれないと詠んだ。

「水くくるとは」

ちはやは、しょせん飢えて死ぬよりは、いっそ身を投げてしまおうと水中に没したので、水くくるとは。

「とは」とは?

とはとは、ちはやの幼名なり。

よく知られた落語の原話はここにあったのかと思ったが、この話にはさらに前身があった。二十三年前にさかのぼる宝暦十三年春に出た翠幹子作の『百人一首戯講釈』にも同様の話がのっている。これは書名どおり百人一首の戯釈を並べたもので、なかの一編に「千早ふる」があった。筋立てはやや違っていて、なんと業平自身が登場する。業平朝臣は歌枕を訪ねて東《あずま》へ下り、隅田川のほとりに住まいして、吉原の遊女ちはやのもとに通う。業平はちはやにふられ、幇間の紙与《かみよ》、すなわち紙屋与兵衛に頼んでも埒があかない。ついに業平は金に困って吉原通いをやめ、真崎《まつさき》の川端に店をかまえて豆腐屋を営んだ。水に紅葉をちらして龍田川の三字を染め出した暖簾をかかげた。龍田川とは豆腐屋の屋号であった。ヤレ真崎のデンガクと評判になり、龍田川は日ましに繁盛する。一方ちはやは年《ねん》もあけたが、だれ引きうける者もなく、落魄して乞食になり、ある日業平の家とも知らずに通りかかった店でおからをもらおうとした。業平はおからを与えず、昔の振舞いを詰《なじ》ったので、ちはやは恥じて隅田川に身を投げてしまう。業平はそのいきさつを一首の歌に詠んだ……。先に引用した一節で、露伴は京伝について否定的な評価を下したが、『蝸牛庵聯話』ではこの『百人一首和歌初衣抄』を論じて、「京伝滑稽の才ありて、下品ならず、一九鯉丈の輩とは大に撰を異にす。初衣抄は当時盛に世に出でたる和歌の抄物を譏り諷せるが如くなれど、京伝は温和の性、他を譏るが如きことを好まず、ただ和歌の抄に擬して諧謔を為したる結果のおのづから、然るあるやうに見ゆるに至りたるなるべし」とその人物を称している。

京伝は、パロディを紙面のすみずみに仕掛けて、みずから興じているようだ。頭注には、注釈をよそおってまったく関係のないことがことごとしく述べられ、さらには中納言家持、喜撰法師、陽成院、伊勢、素性法師など、取り上げた十八首の作者にはそれぞれ系図が掲げられている。本編の在原業平朝臣については、次の図を参照。

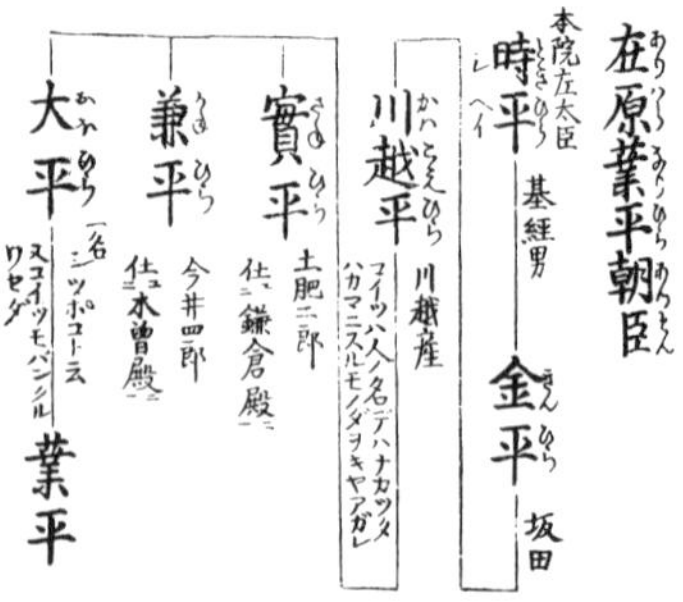

時平《ときひら》（本院左大臣）から業平朝臣に至るあいだに、金平《かねひら》、川越平《かわごえひら》、實平《さねひら》、兼平《かねひら》、大平《おおひら》という、いずれも平《ひら》で終わる名を連ねている。このうち、金平は坂田金時であり、川越平は袴に用いられる川越産の生地であり、大平はシッポク料理のこと。つまり、ひとつの形式にあらぬものを種々あてはめて意表をつく。この場合は、煩瑣な故事出典をもちだして和歌の抄書のパロディにしてしまう。これを「吹寄」の手法というらしい。

『初衣抄』はかかる吹寄の趣向で充満するのであるが、そこでは、類似と相違の錯綜が、子供の玩具箱をひっくり返す如く、読者の記憶の用簞笥を引っかきまわし、ひっくりかえさせて、快く知識遊戯の陶酔境に導いてゆく。ここに吹寄の面白さがある。（中村幸彦「戯作表現の特色」）

黄表紙や洒落本の作者の発想法のひとつに「うがち」（動詞「うがつ」）がある。「うがち」とはあまり人の気づかない弱みや欠点を見せることで笑いをさそい、野暮や粋という仕来りの美学につながりはしても、社会の改善をはかる意図などまったくなかった。「指摘というには刺戟的で鋭く、暴露というには迫力に乏しく、諷刺としては語り手即ち作者の主観があらわでなく、無責任なトピック的な放言による裏面観風なもの」（中村幸彦）が「うがち」であった。「うがち」には温かみがあり、指摘するほうも、されるほうと同じ仲間という意識がある。「お互いしようがないよな」その中途半端な特質が笑いを生むが、現実の変革には至らない。

黄表紙の読み方

ところで現代の小説ならば、文庫本でもどのような版であっても読み進むうえでなんら変わりはない。ところが草双紙や黄表紙など江戸時代の読み物は、絵と地の文と書入れ（漫画の吹出にあたる、登場人物などの話し言葉）とが、三者一体をなしているので、文章と絵がたがいに関連しあって効果をあげるという性質上、絵をふくめた紙面構成を読む、あるいは読み解いてゆくところにおもしろさが生まれる。つまり小説と同時に漫画を読む感覚も味わえるといえるかもしれない。ことによると、日本のマンガ文化はこの黄表紙あたりを源流の一つとしているのかと思えるほどだ。

その例として、黄表紙の嚆矢とされる恋川春町《こいかわはるまち》の『金々先生栄花夢《きんきんせんせいえいがのゆめ》』（安永四年、一七七五）をみてみよう。主人公の金村屋《かなむらや》金兵衛は、出世を夢見て田舎から江戸へ出てきた。江戸で名高い目黒の不動尊は開運の神なので、まずそこへ祈願に行く。境内に名物の粟餅屋があるので、立ち寄って餅のできるあいだ座敷でひと眠りしていると、大富豪の和泉屋から迎えが来て、婿入りすることになる。家督を継いだ金兵衛は遊興の道に引き込まれ、吉原や深川で豪遊をくりかえし、金々先生と呼ばれるようになる。やがて財産を傾けて離縁され、もとのみすぼらしい姿で追い出される、というところで夢がさめ、ちょうど出来上がった粟餅が運ばれてくる。

周知のように、これは邯鄲《かんたん》の夢によった謡曲「邯鄲」のパロディであった。絵には、さまざまの趣向がさりげなく施されているらしい。描かれた金兵衛の顔が、当時人気のあった二世瀬川菊之丞（浜村屋）の絵姿を思わせるという。この作品の刊行された二年前に、哀惜されながら病没したこの人気役者は放蕩でも有名であり、金村屋は明らかに浜村屋を連想させる。二枚目の絵に、金兵衛がうたた寝をして、これから始まる夢を見かかったところで、主人公の手にした団扇の破れているのに目をとめれば、これは言わずもがなとして文章に書いてはないが、読者はその貧しさを示す貧乏神の破れ団扇と気づくはずだった。さらに主人公の両足のふくらはぎに三つずつ灸のすえ跡がみえる。貧しい金兵衛が長い旅路を歩き疲れてたどり着いたことがわかる。

このような趣向がいたるところに隠されてあるらしいのだが、最後の絵に「もしもし餅が出来ました」と現われる粟餅屋の女房の袖に、桐の門が描かれてある。これは二世荻野八重桐《やえぎり》の家紋であり、女房の顔も八重桐の似顔に描いてあるという。当時、菊之丞と八重桐にまつわるある一件があり、それはだれ知らぬ者もなかったという話らしい。煩雑だが、その一件を以下に記すと――

宝暦十三年（一七六三）六月十五日、市村座出勤の荻野八重桐が舟遊びで溺死した。これは、閻魔大王が、同座の瀬川菊之丞に懸想し（同性ながら）、水虎《かっぱ》に命じて冥途へ連れて来させようとしたところ、水虎が菊之丞に惚れてしまい、両者が冥途へ行くの行かせないのと言い争っているうち、八重桐がそれを聞きつけ、身替りに入水したのだ、というのが平賀源内作『根南志具佐《ねなしぐさ》』（同年十一月刊行）の説である。女形荻野八重桐が同僚との舟遊山《ふなゆさん》で、蜆をとりに出て溺死した一件は、太平の江戸では噂の種になった。源内の自序によれば、それに目をつけた貸本屋の岡本なる人物が、源内にこの一件の戯文を求めたという。人気役者のからんだ事件性と、作者源内の奇才があいまってこれは人気を呼び、三千部を越えて売りに出されたと作者自身はいう。

この最後の絵に再び目を移すと、作者の周到な構成がみてとれる。夢がさめ、主人公が現実に戻ったのと時を同じくして、読者もまた八重桐の登場によって現実にめざめるのである。

大江戸の春と戯作の誕生

このような洒落本、滑稽本、黄表紙、合巻、読本、人情本などを総称して戯作という。戯作の誕生と発展を、江戸二百六十五年の流れに位置づけてみよう。周知のように、江戸時代を通じて、享保（一七一六―三五）、寛政（一七八九―一八〇〇）、天保（一八三〇―四三）の年号を冠した三つの改革が行なわれた。初めの二つ、すなわち享保と寛政の二期のあいだの七十年あまりが、戯作誕生の時期にあたる。その前半は宝暦（一七五一―六三）・明和（一七六四―七一）、後半は、安永（一七七二―八〇）・天明

（一七八一―八八）となる。この宝・明・安・天期は、政治的、経済的、その他あらゆる社会的な側面において、もっとも江戸時代的な社会であった。いまだ地方分権的色彩を残していた元禄（一六八八―一七〇三）以前と、すでに封建体制の崩壊の現われる文化（一八〇四―一七）以後とに挟まれて、いわゆる中央集権的封建制度（中世的な封建制と近代国家的な性格を示す中央主権制）の特色をもっとも明瞭に示す時代であった。上昇期における混乱と苦難、下降期における不安と退廃を免れた世であり、後に「大江戸の春」ともよばれるのがこの時代であった。

点描法で描かれた美しい風景画に目を近づけてゆくと、風景がほどけるように消え、かわって生々しい筆跡が現われてくる。同様に、大江戸の春のにぎわいのなかにも、時代に生をゆだねた人々の現実の姿が浮かんでくる。ほかならぬ戯作の誕生をになうことになった儒者たちの現実に焦点を合わせてみると――。

いわゆる元和《げんな》偃武《えんぶ》、つまり元和元年（一六一五）に大坂城が陥落し、以後、国内での大きな戦乱はあとを絶ち、太平の世が訪れる。家康は成立まもない幕政を確立し、武力によらずに体制の永続を図る方策を求めた。家康の意をうけた林羅山は、あらゆる存在と変化を一元的な「理」で統合する朱子学を奉じていた。朱子学は後に官学となり、林家は大学頭《だいがくのかみ》を世襲して明治に至る。しかし朱子学が一方的に民衆に押し付けられたというわけではない。永い戦乱のために疲弊した人々が、社会に秩序をもたらし、人心の安らぎをはかる理念を求めていたこともまた確かであった。

戯作の誕生は、朱子学が結果的にもたらすことになる意識統制と関連があった。天地の現象がすべて一元的な理によって支配されるという壮大にして精緻な思想体系は、多様で不合理にわたる人間生活に適用されるとき、非人間的な厳格さを露呈する。これには羅山の学んだ朱子学の性質が大きく関与していたと考えられる。豊臣秀吉による朝鮮侵攻は思いがけない学術交流をもたらした。朝鮮の儒者、姜沆《カンハン》（一五六七―一六一八）が慶長二年（一五九七）九月、捕虜として家族ぐるみ日本へ連行された。捕虜とはいえ、姜沆の学徳は日本でも尊敬されたので、寛大かつ友好的な待遇を受けたらしい。翌年、彼は羅山の師であった藤原惺窩《せいか》（一五六一―一六一九）と知りあう。姜沆のもたらしたコリア経由の朱子学が羅山に伝えられた。「しかも、その朱子学は、たんなるシナからの移入・祖述でなく、コリア独自の新しい解釈に基づくものであった。そうした独自性は、おもに李滉《イホワン》（一五〇一―一七〇）の開発による。（中略）コリア朱子学の精緻さは、惺窩を強く動かしたのと共に、羅山をもひきつけた。」（小西甚一『日本文芸史』Ⅳ）。

日本の場合、外国思想を本国よりも厳格に受けいれてしまう傾向がある。朱子学もその例外ではなかった。中国の文人たちは、儒教の規範に余裕をもって対することができた。公的には儒者・士大夫として厳しい倫理のもとで行動しながら、私生活においては、老荘風の琴・詩・酒を友とする風雅を楽しむ余裕を失わなかった。それにたいして李朝の儒者は、日本と同様、朱子学をより厳しい教義として精密化し、それを惺窩と羅山に伝えたのだった。外国の思想を移入する場合、往々にしてその形成過程の力動性には目が届かず、定式化された形式を尊重するという側面もあったであろう。以後、江戸時代の儒者たちは朱子学をめぐる切実な論争を重ねることになった。

伊藤仁斎と荻生徂徠は、十三世紀宋代に成立した朱子学という思想体系を、十八世紀日本の現実において読み解く試みにいどんだ。それは朱子学によって「歪曲された」聖人の言葉に、本来の意味をよみがえらせようとする試みであり、すぐれた資質をもってしても思索に長い歳月を要する探究でもあった。仁斎が煩悶をかさねた末に朱子学から脱皮し、徂徠が古文辞（古代の修辞）を学んで、つまり古代中国の言語の習熟を通して、古人の意識を追体験するがごとき半生の末に独自の解釈に至ったのが、いずれも五十歳前後であったことにもそれはうかがわれる。

伊藤仁斎（一六二六―一七〇五）は朱子学にたいして三つの批判を表明する。第一は、本来は豊かで自由である人間の欲望を抑制し、「天理」とされる静止した状態を理想とする朱子学の理念を誤りとする。第二は、いわば世界を構造化するための基本原理である「理」によって人事の統制をはかるという抽象主義を非とし、思想は事実の裏付けをもって初めて正しいとする実証主義を主張。高遠な理念よりも日常的な常識を尊重するとともに、確かな事実に至るための博捜を重んじた。第三は、抽象論から生まれる朱子学の教条主義と厳格主義を批判。人間には「理」によっては割り切れない面があり、善・悪によって切り捨てるのではなく、それぞれの立場を認める寛容さこそが孔子の教えであるとした。このように朱子学を批判し、儒学本然の回復を主張した仁斎の学説は古義学といわれ、勧善懲悪という朱子学の規定から文学を解放し、人情の表出と情の真実を伝えるのがすぐれた文学であるとの見解を示した。

日常卑俗の中にこそ人間の真実はあるというのが、仁斎の信念であった。生前、全国に門弟三千といわれた伊藤仁斎の多大な影響についてはすでに言うまでもないとしても、それが西鶴、近松、芭蕉に代表される元禄期文芸復興の一因となったであろうことを考えると、その影響の大きさと深さが改めて思われる。朱子学によって卑俗とされた人情の表現を、ありのままこそが貴いとするその教えは多くの作者を励まし、やや大げさにいえば自由の高揚へと導いた。

仁斎よりも一世代ほど後の荻生徂徠（一六六六―一七二八）は、仁斎の朱子学批判を継承し、さらに敷衍して世に広めたといえる。先の仁斎についての説明と重なる部分の多い言葉をここにくり返すよりも、徂徠が庄内藩酒井家の家老の質問に答えた『答問書』を引用する。朱子学を信奉する家老に、徂徠は学問の要旨を懇切にわかりやすく説いている。現代語訳で――

ご自分の気質が悪いと、たいへん気に病んでおられるご様子きかせていただきました。自分の欠点を知るということはよいことではありますが、気質についてあまり気に病みすぎるのはかえってよくありません。人の気質というものは、天から与えられ、父母から産みつけてもらった先天的なもので、その気質を個人の修養によって変化させる、などということは、宋儒（朱子学者）のくだらない妄説というもので、できないことを人に押しつける、無理の至りというものです。気質はどんなことをしても変化させることのできないものです。米はいつまでも米、豆はいつまでたっても豆です。ただその生まれついての気質をうまく養い育てて、そのものの持つ特性を十分に発揮できるようにするのが学問というものです。（中野三敏氏による現代語訳）

これを読むと、徂徠がなぜ世にもてはやされたのかがわかるような気がする。誰もがおそらく、規範に縛られたような気持が、思わずほっとゆるむのを感じたのだろう。この『答問書』には、読書についての助言も散見される。

とにかく、「学問は飛耳長目の道」と荀子《じゅんし》も言っております。この国にいながら、知らぬ他国のことどもを聞き及ぶのは、ちょうど耳に翼がはえて飛んで行くようなもので、現代に生まれて、数千年も昔のことを目に見るように知ることは、長い目を持ったようなものという意味です。ですから見聞があらゆる事実に広く行きわたっているのを学問と言うので、学問は歴史に極まることになります。その学識が古今和漢へ通じていないと、すべてにこの国の現代の風俗を基準にして物を見るだけのことで、それこそ本当に井の中の蛙です。

あるいは――

書物の中でわからないところがあると、退屈になってきます。そんな時は、わからないところはそのまま飛ばして先へ進むと、あとでわかってくるものです。

外国語の本を読むときの助言としても有効のようだ。取りつきにくい漢籍については――

それには、まず本文のみをざっと読むつもりで、『春秋左氏伝』『史記』『漢書』の類の、それほど深い意味のない書物ばかりをご覧になるのがよいかと思います。そのように学ぶうちに、文字というものに慣れ、文面の意味を取ることにも習熟なされます。それから六経（六つの経書。易経・詩経・書経・礼記・楽記・春秋）をご覧になれば、誰彼の注のない本文ばかりでも十分に理解されるはずです。

荻生徂徠による古文辞派の場合、詩文における徂徠の後継者であった服部南郭《なんかく》（一六八三―一七五九）の活躍がめざましい。南郭の校訂による『唐詩選』が享保九年（一七二四）正月に刊行され、徂徠はその四年後に亡くなるが、古文辞派が模範と仰いだ盛唐詩のこの詩集は、十九世紀中葉までに六万部以上を売り上げたと推測され、その派の隆盛を示すことになる。

（徂徠によって）一たび詩文の道で自己を生かす喜びを覚え、しかも文業を知識人の営為として正当化する根拠を与えられた漢学書生たちは、享保から宝暦・明和・安永にかけて堰を切ったように詩文に赴いた。漢詩の趣味が日本の社会に定着するのは実にこの時期からである。（日野龍夫「儒学から文学へ」）

古文辞派の創始者・徂徠が、古代中国の言語すなわち古文辞の学習によって先王の道に同化しようとしたように、南郭は李白や杜甫に代表される盛唐の詩風を模倣することによって、唐代の文人と自己を同一化しようとした。

流蛍篇《りゅうけいへん》
珠簾白露《しゅれんはくろ》　玉階の光《ぎょくかいひかり》　夜正に涼し《よるまさすず》
秋蛍を添え得て《しゅうけいそえ》　点点　風に随いて流れて定まらず《てんてんかぜしたがながさだ》
亦た高樹を追って昭陽に入る《まこうじゅおしょうよう》

（真珠のすだれ、白くひかる露、そして玉のきざはしに映る月光、さらに秋の蛍を加えて、秋の夜はまさに涼やかだ。点々と風に吹き流されてゆらめきながら、昭陽殿を包む高い樹々にゆらゆらと飛んでゆく。）

これは唐の詩人、王建の「宮詩二首」その二に「銀燭秋光　画屏《がへい》に冷ややかなり、軽羅の小扇流蛍を撲《う》つ、玉階の夜色　涼しきこと水の如し、臥して看《み》る　牽牛織女星」とあり（『三体詩』七絶）、流蛍・玉階・涼の語が共通することから、南郭の念頭にこの詩があったと知られる。南郭は帝の寵愛を趙飛燕《ちょうひえん》に奪われた班婕妤《はんしょうよ》の立場から詠じているという（『江戸詩人選集』第三巻の注による）。一読して、これが現実にはない場景を描いた詩であることが明らかだろう。冒頭の「玉簾」は真珠をつづったすだれ、つづく「玉階」は玉をしきつめたきざはし。二句めに「秋蛍」とあるが、日本なら蛍は夏ものであるはず。流蛍は最後に漢の武帝のいます宮殿へと飛んでゆく。いずれも中国の古典詩にみえる詩句をもちきたって、美しいイメージのパッチワークを作りあげている。南郭はまさに古文辞派の提唱する、唐詩の詩句を用いて偽唐詩をものすることに手腕を示した。

このような古文辞派の理想は矛盾をはらんでいた。盛唐の詩風がいかに美しく格調高いものであっても、その格調とは詩の本質である心情の自然な発露をさまたげる形式主義ではないのか……。当然ながら、やがてはこうした批判を受けることになるのだが、しかしそれはそれとして、疑いなく詩才にめぐまれた南郭のような詩人が、そのような詩編の創作をなぜ生涯つづけたのか、つづけられたのか、という疑問が残る。

その生き方は、宝暦以後輩出する文人たちに一つの理想像を提供するものであった。古文辞派の文学活動――古語の使用を通じて想像の中で古人になるという営為――が、元文から宝暦にかけて「世ノ人其ノ説ヲ喜ンデ習フコト、信ニ狂スルガ如シト謂フベシ」（那波魯堂「学問源流」）と評されるまでに有した魅力、南郭が古文辞派最大の詩人への道を歩んだのは、資質に恵まれると同時に、彼こそが最も強くその魅力に惹かれ、それを必要としたからに相違ない。彼の文学活動には、古文辞派における文学の意味が凝集していることが予想されるのである。（日野龍夫「擬古主義とナルシシズム」）

徂徠没後、その門流は経義派と詩文派に分かれたが、太宰春台《だざいしゅんだい》（一六八〇–一七四七）の継承した経義派はとだえ、南郭の詩文派が、芸術に流れた少なからぬ儒者たちの共感を得た。背景には、固定した体制に拘束され深い挫折感をかこつ知識人の存在があった。儒者の本分である「治国安天下」つまり国を治め天下を安んじることの実効性がすでに失われたとき、徂徠の志向した先王の道はとだえ、審美的な自己救済のイメージが詩を彩ることになった。ほかの可能性があったとしても、南郭は自分の資質にかなった道を選んで、詩人としての生涯をまっとうした。知識人たちの共感を得たことが、そのことを可能にしたといえるだろう。南郭にとってほとんど霊感のように作用した中国趣味《シノワズリー》が、当時の読書人をも魅了したのだった。

たとえば、読書三昧の日々を送った大枝流芳《おおえだりゅうほう》（生没年不詳）の随筆『雅游漫録』がある。著者は文人が机辺に備えるべき文房具の数々を語って倦むことがなかった。挿画を見れば、書斎はことごとく中国わたりの品々で飾られている。机上には開かれた書物、硯、筆と筆立て、水滴《みずいれ》、墨など。机に寄せてひじ掛けのある中国風の椅子、傍らに両開きの扉のついた本箱が置かれ、頭上の壁には横額。本文中、「靉靆《めがね》」という項目には、当時まだよく知られていなかったらしい眼鏡について事細かに解説している。

形質は薄くして透明、硝子石《ビイドロ》の如く、瑠璃色の如く、雲母の如し。文章を看る毎に目力昆倦《こんけん》、細書を弁ぜざれば、此れを以て目を掩《おお》えば、精神散せず、筆画倍《ますます》明《あきらか》に、中《あてる》に綾絹を用いて、之を聯《つら》ね、脳後に縛す。人皆識らず、挙げて以て余に問う。余曰《いわ》く、此れ靉靆《めがね》なり。西域満剌國《マルカ》に出ず。或いは聞く、公［潮州の林公という］南海の賈胡《ここ》［西域の商人］に得ると。（後略）客にかけてみせて、「此れ靉靆《めがね》なり」といって、その由来を説明しているところを思い描くと、何ともいえずおかしい。辞書をみると、眼鏡を靉靆《アイタイ》というのは、眼鏡を初めて中国にもたらした西域の商人の名によるとある。儋叟《たんそう》より六十年ほど後に生まれた頼山陽《らいさんよう》（一七八一―一八三二）は眼鏡をかけたというから、中国伝来のこの最新器具はやがてひろく普及することになるのだろう。

これに標記をほどこしたのが、博識の儒者、清田《せいた》儋叟《たんそう》（一七一九―八五）だった。すぐれた感性としかな批評精神をもった儋叟は、やたらな中国崇拝をとがめた。「詩嚢」の項に、唐の詩人、李賀が馬を駆って出でて詩想を得ると、従者に背負わせた古錦嚢に、書きつけた詩章をおさめたとの記述に、「唐人の事は論ぜず。日本人にしては俗甚だし。詩文嚢は胸中に有るべし」。

先に引用した詩にみられるように、詩作において自己を中国古代の人物に仮託した南郭は、生活そのものを虚構化した。上野池之端の居宅、芙蕖館《ふきょかん》は風雅の趣向を凝らした虚構の空間であった。また晩年の南郭は居室の四壁に自ら山水を描き、別乾坤に遊ぶ空想に耽ったという。この巧緻を極めた人工的生活は、ユイスマンスの小説『さかしま』（一八八四）の主人公、デ・ゼッサントを思わせるが、南郭はデ・ゼッサントより一世紀あまり先んじていたことになる。現実と虚構の逆転という事例は、しかし現代にも濃淡の違いこそあれ、それに類したことが起こるようだ。ある高名な中国学者が「わが国では」というとき、日本ではなく唐代の中国を意味するという話を耳にしたことがある。真偽のほどはわからないが、こちらは意識と現実の落差から生じた一種のユーモアであったのかもしれない。南郭在世当時の小ばなしにこういうのがある。儒者、品川へ引移《ひっこし》、弟子ども、家見の祝儀に行き、「先生は繁花《はんか》の日本橋をお見すてなされ、何のよき思召《おぼしめし》御座候哉《や》、儒者まじめな顔にて、「唐《から》へ二里近い」（『珍話楽牽頭《がくたいこ》』）。

形式主義におちいり、日常にそくした詩情に乏しい古文辞派への批判が、明和（一七六四–七一）の頃からまず上方に起こった。天台の詩僧である六如《りくにょ》（一七三四–一八〇一）や、後述の履軒とも親交のあった混沌社の同人、葛子琴《かっしきん》（一七三九–八四）がよく知られている。徂徠の影響の強かった江戸においても、天明年間（一七八一–八八）に山本北山（一七五二–一八一二）が出て、古文辞派を完膚なきまでに否定してみせた詩論『作詩志彀《こう》』を記し、元禄・享保以来の偽唐詩の伝統をしりぞけ、詩は平易な字句をもって清新な志をよまなければならないと提唱した。「北山の性霊説は袁中郎（明の詩人）のそれを祖述したものであったとはいえ、詩における個性主義、写実主義の提唱であり、一種の自由詩運動であったと言ってもいい。そしてそれはまさに古学派から折衷学派または考証学派へと推移した当時の儒学の趨勢と呼応し、さらに天明以後の一般社会の実証主義的・写実主義的傾向を背景として、そのなかから生まれでたものであると言うことができる」（富士川英郎『江戸後期の詩人たち』）。漢詩という古めかしい形式の文学表現にも、こうした時代風潮の、こういってよければ、時代精神の反映が認められるところに、ことさらおもしろさを感じる。

山本北山の性霊派の提唱に実作をもって応えたのが、江湖詩社を主宰した市河寛斎《かんさい》をはじめとする、その門下の菊池五山《ござん》、大窪詩仏《しぶつ》、柏木如亭《じょてい》などであった。

寛延二年（一七四九）川越藩士を父に江戸に生まれた市河寛斎の場合、少年期に古文辞派の詩文を学び、三十八歳のとき刊行した『寛斎摘草』は唐詩の格調を追ったものであったが、自身もそのような詩風にあきたらず、やがて性霊説を唱え、清新平明な詩風に転じたのだった。

客去る

客去りて　空斎《くうさい》　夜《よる》二更
瓶茶《へいちゃ》　再び石泉を汲みて　烹《に》る
月沈み　漏《ろう》少くして　人初めて定《さだま》る
秋静かなり　吟蛩《ぎんきょう》　四面《しめん》の声

（客が去り、部屋はひっそりとする夜の十時。再び水を汲みあげて茶をいれる。月は沈んで夜はふけ、世間も寝しずまる。秋の静けさのなかで、虫の声だけがあたり一面に聞こえている。）

まさしく、江戸人の過ごしたであろう秋の宵の静かなひと時を感じさせる一編である。日常のふとした情景を俳句をよむように漢詩にとりいれてみせた寛斎は、清新派の詩風の範を示したといえるだろう。

寛斎門下の詩人について特筆すべきは、菊池五山（一七六九―一八四九）や大窪詩仏（一七六七―一八三七）が、おそらくは史上はじめて、詩業で生計を立てられるようになったことである。師の寛斎はなお儒者として富山藩に仕えなければならなかった。それにたいして詩仏は豪邸を構え、大名・旗本から町人に至るまで訪客が絶えず、食客は常に十人を越え、本職の料理人を雇い、晩餐には八百善《やおぜん》から客膳を取り寄せ、また芸妓を呼んだという。

五山の場合、『五山堂詩話』を四半世紀にわたって逐次刊行し、当時の有力詩人をはじめ地方の無名詩人まで多数の詩を採りあげて論評を加えた。「地方の詩人たちも自分の詩がこの詩話に採録されるのを名誉とし、または名を売らんがために競ってそれが登載されることを熱望したのは、当時の五山が江戸詩壇において占めていた地位や権威を思えば、むしろ自然なことであったと言ってもいいだろう。そのあげく、五山は銀一朱を投ずる者に対してその詩一首を『詩話』に採録し、二朱投ずる者には評語を加え、一歩以上を投ずる者にはその詩に対してながながと讃辞をつらねたとか、投稿者の身上に応じて百疋二百疋、或は千疋の刻料を要求したとか、いろいろの取沙汰を生み、場合によっては痛くもない腹までさすられたらしいが、しかし、五山が当時の詩や詩人に対して行った論評は概して公正を失っていないし、その簡潔な、きびきびした表現と相俟って、『五山堂詩話』はやはり当時の権威ある詩書であったと言わなければならない」（富士川英郎『江戸後期の詩人たち』）。こうした出版事業が四半世紀にわたって続けられたのは、すでに十九世紀初頭に詩壇ジャーナリズムが成立していたことを示すといえるだろう。『五山堂詩話』に採録された詩人の数は五百三、四十名にのぼるという。詩の大衆化が詩人の生計を支えていたことになる。それでも柏木如亭のように、目のさめるような斬新な詩をのこしながら、貧窮のうちに漂泊の地で生涯を終えた詩人もあった。（余談だが、詩作という人間精神のいとなみに値がつけられ、それによって詩人がうるおい詩もまたかつてない隆盛を迎えた。そのほぼ一世紀後、菊池五山の後裔にあたる菊池寛が、出版のふるわない二月と八月に授与される文学賞をもうけ、小説の隆盛に寄与して現在に至っている。菊池氏の先後二代にわたるジャーナリストとしての才覚が、日本文学における詩と小説の存続にはかり知れない恩恵をほどこしたことなる。）

前述のように、北山の現実的で自由な詩風への転換は、儒学における折衷派や考証主義の行なわれたことと呼応する現象ともみられた。かつてのように『詩経』の意義は勧善懲悪にあり、儒者は経学をもっぱらにし、詩文の創作などすべきではないという道学者流は、さすがに影をひそめたかにみえた。儒者たちもここに至って時代にふさわしい成熟をとげたとも思われた。ところが寛政二年（一七九〇）五月二十四日、寛政異学の禁が出された。これは代々大学頭《だいがくのかみ》を勤める林家にたいする「正学」維持の通達であったが、幕府の規制は諸藩に及び、朱子学以外の学者は出仕を許されなくなるので、実質的には思想統制にほかならなかった。これは詩人にどのような影響を及ぼしただろうか。

たとえば市河寛斎の場合、禁令の出された年の六月、聖堂教授の職を辞することになった。学者としてもすぐれた資質をもっていた寛斎は学者の道を断念し、窮迫のなかで詩人として生きることを決意した。四十二歳であった。逆境が詩人を生むという一例であるかもしれない。しかし唐詩に精通していた詩人は研鑽を怠らず、『全唐詩逸』三巻を文化元年（一八〇四）、五十六歳のときに京都で出版した。これは中国に逸してわが国に伝えられた唐詩を採録したもので、後に本国で復刊され、学界・詩壇を驚嘆させたという。

東の寛斎とならんで論じられるのが、西の菅茶山《かんちゃざん》（一七四八―一八二七）であった。茶山は寛延元年に備後国神辺《かんなべ》に生まれた。生家は神辺の裕福な農家であり、十九歳のとき京都に遊学し、のちに故郷の神辺で塾をひらいて子弟に教え、その地で一生を過ごした。塾を廉《れん》塾といい、その住まいを、家から仰ぎみる対面の山、黄葉山の名をとって、黄葉夕陽村舎と名づけた。この命名ひとつとっても、その美意識がうかがわれるようではないか。

寛斎も茶山も儒者ではあったが、漢詩人として後世に名を伝えている。聖堂の教授を勤めた寛斎はむろん経書の講義を行なったにしても、その著作は『全唐詩逸』のほかに、『日本詩紀』五十巻、『陸詩意註』『三家妙絶』など、いずれも詩史や詩論のたぐいであった。茶山については、神辺での日々をよんだ次の詩が、なによりもその人となりを伝えてくれる。読み下し文と訳を——

雑詩　二

吾《わ》が家《いえ》は世《よ》よ農《のう》を業《ぎょう》とし　樸素《ぼくそ》　祖《そ》風《ふう》を守る
隣並《りんぺい》　皆《みな》　親戚《しんせき》　有無《うむ》　互《たが》いに相《あ》い通《つう》ず
衣食《いしょく》　足《た》らずと雖《いえど》も　安《やす》んずる所《ところ》は其《そ》の中《なか》に存《そん》す
時《とき》に茅索《ほうさく》の暇《いとま》を得《え》て　詩書《ししょ》　児童《じどう》に授《さず》く
嗟《ああ》　余《よ》は鹵莽《ろもう》の資《し》　肯《あえ》て琢磨《たくま》の功《こう》を望《のぞ》まんや
茅堂《ぼうどう》　春睡《しゅんみん》足《た》り　朝暾《ちょうとん》　竹叢《ちくそう》に上《のぼ》る
吾伊《ごい》　時《とき》に断続《だんぞく》し　嬉戯《きぎ》　簾櫳《れんろう》に喧《かまびす》し
喧《けん》を負《お》うて手《て》ずから茗《めい》を煎《せん》ずれば　楽意《らくい》　自《おの》ずから融融《ゆうゆう》

（わが家は代々農業をいとなんで、質素な家風を旨としてきた。隣り近所はどこも親戚で、互いに助けあいながらの暮らしだった。衣食は十分ではないが、そこに心のやすらぎを得ている。ときに農事のいとまがあると、学問を子どもたちに授けてやる。しかしわたしはどうも粗略なたちで、学徳を磨こうなどと望んでいるわけではない。茅ぶきのわが家にあってたっぷりと春の眠りをとり、朝日が竹やぶの上に昇るころに起き出す。子どもたちの本を読む声がとぎれがちに聞こえ、あそび声が窓辺にやかましい。日なたぼっこをしながら手ずからお茶をいれて飲んでいると、満ち足りた思いがおのずから湧き出てくる。)

この一編を読むと、日本の漢詩人たちがはじめて自分たちの身近な日常を平明な詩句によってよめるようになり、ことに茶山がもっとも人気をはくした詩人であったことも納得されるだろう。

儒者の夢想

固定された身分制社会にあって、当時の儒者がどのような思いをいだいていたかが、戯作の誕生にも深くかかわっていた。「はじめに」でふれた、晩年に失明してからも論語を机上に開いていたという儒者、中井履軒のことを語ろう。

中井履軒は享保十七年（一七三二）、大坂の懐徳堂に、学主をつとめていた甃庵《しゅうあん》の次男として生まれた。周知のように、懐徳堂は大坂町人たちの寄付金によって設立された町人のための学問所だった。履軒は三十代半ばに懐徳堂から独立し、以後は大坂市内の借家を転々としながら私塾の水哉館《すいさいかん》をいとなんだ。水哉とは『孟子』にみえ、滞ることなく流れる水を称する言葉で、勤めて止まざるをいう。かつて仁斎が京都堀川の家を水哉閣といったことが連想される。水がたえまなく流れるように、履軒は読書と研鑽に日々を送り、出仕を求めなかった。四十八歳のとき、履軒は米屋《よねや》町の狭く荒廃した住まいに愛着を寄せ、独自の工夫をほどこした。読書をする方丈の一室を彼は華胥国《かしょこく》と名づけた。部屋の入口に「華胥国門」という額を打ちつけ、みずからを「華胥国王」と称した。華胥国とは、古代中国の黄帝が昼寝の夢に遊んだという架空のユートピアであった。「華胥の国は幅員（広さ）至って大、亦《また》至って小。之を小とすれば則ち塵《わずか》に膝を容《い》るる。之を大とすれば則ち宇宙の外を包む」と漢文随筆『弊帚《へいそう》続編』所収の「華胥国記」に記している。米屋町、八百屋町といった界隈にあったその家は、往来のにぎわいを間近にし、清風の夕方や月の明るい晩に、この夢想家は天楽楼と名づけた二階の一室から夕景をながめ、町を通る人々の声に耳を傾けた。「天楽楼」とは『荘子』天道篇にある「人と和する者はこれを人楽と謂い、天と和する者はこれを天楽という」の語句による。世に隠れて天を楽しむが、その楽しみを言わず筆にせず、胸におさめてひそかにこの楼に蔵す。百年後に楼を壊つ者あれば、必ず鐘磬《しょうけい》［古代中国の楽器］の音を聞くであろう（「天楽楼記」）。現実という硬質の銅板上に、腐食性の夢想を作用させて浮かび上がらせた儒者の幻想画であった。

しかし履軒はただの夢想家ではなかった。好学の友人がオランダ輸入の顕微鏡を参考にして製作したものを覗き、その構造と機能を『弊帚続編』の「顕微鏡記」に記したように、科学への興味と明敏な精神を備えていた。「顕微鏡記」は日本で初めて顕微鏡を紹介した文献であった。さらに、時代に先駆けて天文学の研究を試みた麻田剛立《ごうりゅう》（一七三四–九九）と親交のあった履軒は、公転する惑星がそれぞれ黄道二十八宿をめぐる木製の天体模型を作りあげた。また「華胥国暦」なるものを作成したが、太陽暦を採用し、立春にはじまった一年を十二か月ではなく四季に区切り、春は九十三日、夏秋冬を九十一日とし、計三百六十六日で一年が終わる。以後、その一室には現実とは異なる時間が流れはじめたことになる。

現実の履軒には、当時の戸籍にあたる人別帳に記載がなかった。懐徳堂を離去したとき、事情により人別帳から姿を消し、「脇坂家中」という架空の身分で借家住まいをつづけた。文化十四年（一八一七）に八十六歳で亡くなると、死亡届ではなく、滞在していた旅人が出立したとの届出が家主から奉行所に出されたのだった。

このように記すと、履軒の生涯がまるでカフカの作中人物のような寓意性をおびてくる。まことにそれは、確かな社会的基盤をもたない儒者たちの存在をあらわす象徴的な事例であるかのようだ。科挙の制度をそなえた中国ならば、資質にめぐまれ研鑽をつんだ文人学者が官僚機構の上位にのぼりつめ、先王の道の実現に力をつくすこともできたであろうに――そんな思いがことあるごとに彼らをさいなんだかもしれない。ありあまる才能と自負をもちながら、不遇な境遇に甘んじざるを得なかった儒者たちがひそかに、あるいは仲間内で、戯作に興じたことが理解できなくはない。履軒の場合、『七経雕題』《しちけいちょうだい》や漢文随筆など儒者としての著作のほかに和歌も詠んでおり、ユーモアの感覚もそなえていた。聖典とされる古代中国の年代記『春秋』の形式を模して、桃太郎の昔話を漢文で記した戯著『昔昔春秋』なるものがある。おばあさんは川に洗濯に行き……が、夏五月夫人婆氏濯二于河一。有レ桃流来。秋七月公至レ自レ伐レ薪。冬十有一月桃公生［所謂桃太郎也］。読下し文にすると、「夏、五月、夫人の婆氏、河に濯《あら》う。桃有り流れ来たる。秋、七月、公、薪を伐《き》る自《よ》り至る。冬、十有一月、桃公生る。［所謂《いわゆる》桃太郎也］」というものであった。

しかし戯作に手をそめなかったのはなぜか。その漢文随筆にうかがわれるように、履軒が高邁な精神の持主だったからではないか、というほかはない。履軒はわが国漢学者中の一巨人ともいわれた。巨人は戯作を必要としなかった。現実を超える大きな構想力をもった思想家に必要だったのは、自己実現を可能にする新たな時代の到来であったろう。「はじめに」の一節に、視力を失ってからも、机上にひらいた論語を載せていた履軒の逸話を美しいと記した。しかしそのことは一面、時代の枠組みを超えた認識をふかく予感しながら、倫理的心得に終わらざるをえなかった精神の悲劇でもあったといえよう。

目の前に、中井履軒の画賛がかけてある。

東風は吹き散らす梅梢の雪
一夜挽回す天下の春
処叔《しょしゅく》（處叔は履軒のあざな）

淡い墨色で一息に引かれたような風の流れは、紙面の左下から吹き起こって渦を巻き、ほぐれて三すじに分かれてから、紙面の左半分を斜めに走り下って消えてしまう。淡く描かれた風を通して、もとはあざやかな紅をみせていたであろう梅花が、うすいあずき色の残色をかすかに点在させている。冬のさなかにわずかに花ひらいた梅は厳しい寒さに耐え、雪を吹き散らす春風をまつ。この画賛には夢想も幻想もなく、梅に託した自己実現の時の訪れを待つ、確かな現実感覚だけがある。履軒は終生、待ちつづけた。没後半世紀にして明治維新が訪れ、さらに二十年ほどして政治小説『雪中梅』が書かれ、厳しい冬に耐えて梅が春にめぐりあう希望はさらなる未来に託された。

漢文学習と外国語の習得

明治という新たな時代を迎え、西洋文化に目をひらかれた人々が登場する。ここで先に論じた素読また会読、ひろくいえば漢文の学習が、外国語の習得にも思いがけない効果を発揮した例に目を向けてみよう。前述の『武士の娘』の著者、杉本鉞子《えつこ》（一八七三―一九五〇）について、『素読のすすめ』はこう指摘している。「杉本夫人は、アメリカで貿易商を営んでいた夫を帰国の際に亡くし、数年後ふたたび渡米して、二女の教育のために文筆の道を志した。数年間コロンビア大学で日本文化史の講義を担当したこともあり、前後三十年にわたる米国生活を支えたのは、武士の娘としての厳しいしつけと教養だったのであろう。素読の早期教育がその主要な部分を占めていたことは言うまでもなく、彼女のすぐれた語学能力も、それによってつちかわれたのではないかと思われる。」

明治維新後の時代を、西洋文化の移入あるいは対決という構図でとらえると、どのような流れが見えてくるだろうか。

今日、スマイルス『西国立志編』*Self-Help* の翻訳者として記憶される中村敬宇《けいう》（正直）（一八三二―一八九二）は、福沢諭吉（一八三五―一九〇一）とならぶ啓蒙思想家として明治の世に大きな足跡を残した。敬宇も幼いときに受けた素読について次のように記している。

余《よ》思フニ小児の時既《すで》ニ記臆《ママ》シタル事ハ木ノ皮ニ文字ヲ刻ムガ如シ、ソノ木ノ大キクナルニ随《した》ガヒ文字モ亦《また》大ナリ、況《いわん》ヤ既ニ印識シタルモノヲ除キ去リ又之《これ》ヲ改ムルハ決シテ能《あた》ハザル事ナリ。

若木の樹皮に刻まれた文字は消えることなく木の成長につれて大きくなり、身についた知識は失われることはない。啓蒙家として西洋思想の紹介に努めながら、身についた儒者としての教養をも重んじた自身の生涯を暗示しているかのようだ。樹木がどのような環境にあってもバランスよく枝葉を広げてゆくように、その生涯は均衡と調和であったといっては理想化に過ぎよう。しかし明治初年にあって、北村透谷は敬宇を福沢諭吉と並べて論じ、敬宇を「旧世界と新世界とは、彼の中にありて、奇有なる調和を保つことを得たり」としている。

敬宇は天保三年（一八三二）幕臣の嫡子として生まれ、三歳で四書の素読を受け、神童と称された。十歳という異例の若さで聖堂（昌平黌《しょうへいこう》）の素読吟味の試験を受けた。素読吟味とは、四書五経および「小学」を終えた旗本の子弟が、林大学頭《はやしだいがくのかみ》を始めとする試験官を前に素読を試みる、年に一度の試験であった。敬宇はこのとき学業勉励を賞して白銀三枚を与えられ、以後これを契機に学業がいっそう進んだという。選ばれて昌平黌の寄宿生となり、儒官であった佐藤一斎を師とした。かたわら、桂川甫周《ほしゅう》についてひそかに蘭学を学んだ。蘭書を読むことは禁じられていたので、机上の見台に漢籍を開き、抽出《ひき》しのうちに蘭書を入れ、人の来ない間だけ読んだが、後には怪しまれて、しばしば詰問を受けるようになったと述懐している。そんな逸話がいくつも伝えられるが、身命を賭しても洋学を習得しようとする意志を失うことはなかった。「蓋《けだ》し洋夷ノ長ズル所ノ者六有リ、曰ク天文、曰ク地理、曰ク算数、曰ク器械、曰ク航海、曰ク医術。是ノ六者《は》、精緻工妙《こうみょう》、出天出地、漢土之及バザルナリト」という認識があり、「士人ノ彼ニ往カント欲スル者ヲ募リ、資ヲ厚クシテ之ヲ遣ハシ、彼ノ芸術ヲ学ビ、且ツ其ノ風俗形勢ヲ識《し》ラ使《し》ムルニ若《し》クハナシ」と主張した。三十歳の若さで幕府儒官として最高の地位についたが、慶応二年（一八六六）、三十五歳の敬宇は幕府の英国留学生取締役を命じられる。儒者としては異例のことであった。留学中も彼は漢文の暗唱を怠らず、ロンドンの下宿で敬宇のすぐ上の部屋にいた後の外務大臣、林董《ただす》の回想によれば、毎朝五時になると、『唐宋八家文』、『春秋左氏伝』、『史記』などを朗唱する声が聞こえてきた。これらの書物をいったいどこで手に入れたのかを尋ねると、すべて暗唱であったことを知って敬服の念にたえなかったという。

イギリスは当時ヴィクトリア時代にあたり、繁栄の絶頂にあった。敬宇はイギリスこそ日本がめざすべき理想の社会であると確信し、その隆盛は国民の人格、ことに自主自立の気風にあると考えた。その思いが『西国立志編』の訳述につながったのであろう。

慶応四年（明治元年、一八六八）、大政奉還の報を受けた一行は、英国留学を中断してわずか一年半で帰朝する。敬宇は滞英中に友情を結んだH・U・フリーランドから餞別として贈られた一書を帰航の船中にひらいた。本はS・スマイルス著『セルフ・ヘルプ』、節倹・正直・勤勉というピューリタン的倫理をわかりやすく説いて、十七か国語に翻訳された啓蒙書であった。彼はこの本を船中で熟読し、その半ばを暗唱するに至ったという。帰国後、転封を命じられた徳川亀之助（家達）に従って静岡に移住した敬宇は、学問所で講義をするかたわら、翻訳にとりかかった。漢文体の訳文を誰もが読めるようにと、漢字の右側にふりがなをふり、左側にはやさしい訓読みをほどこした。推敲の末に『西国立志編』と題して、明治四年刊行にこぎつけた。

初刊の木版半紙本十三編でさえ、出版部数は数十万部に及び、その後の活版や異本を加えると、百万部を突破したといわれる。ピューリタン的倫理を説いた訳書が、このような異例ともいえる反響を呼び起こした要因とは何だったのか。

ベストセラーとは、人々の漠然とした欲求に明確な形をあたえた書物だともいえる。それは時代の澎湃《ほうはい》たる活力に目的と方向性を定め、社会的な活動として現実化するものでもあった。前田愛は、「明治立身出世主義の系譜――『西国立志編』から『帰省』まで」という論考で、敬宇の『西国立志編』と福沢諭吉の『学問のすすめ』という明治初年の二大ベストセラーを採りあげ、時代の要請と読者の傾向を詳細に分析している。それを参考にしながら、『西国立志編』が当時どのように読まれたのかをみてみよう。

明治四年に刊行された『西国立志編』の読者層を年代別に三つに分けると、第一の世代は没落士族であり、家名再興の希望をその子どもたちに託した世代だった。彼らは学問による立身出世の可能性を啓示した『学問のすすめ』や『西国立志編』に励まされ、導きの糸を与えられたのである。

第二の世代はこの時期に青年期を迎えた読者であり、植木枝盛《えもり》（一八五七―九二）や徳富蘇峰《そほう》（一八六三―一九五七）などがぞくする。彼らは激動の時代に成長し、十全の教育を受けることができず、ほとんど独学で自己を形成した世代であった。維新の激動をくぐり抜けた苛烈な体験から伝統的な価値観を否定し去った第一世代の豪放・闊達さを失っていない青年たちだった。『西国立志編』流の勤勉刻苦を主軸とする内閉的な道徳律に、彼らが心底からの共感を寄せたかは疑わしく、また『学問のすすめ』冒頭の人間平等観には首肯できても、第六、七編にいう民権獲得の手段としての抵抗と革命とをしりぞけた福沢の態度には承服し得なかったであろう。

第三の世代は、教科書に採用された『西国立志編』に影響を受けた世代であった。『文部省年報』明治十年度の「小学教科書一覧表」には、『学問のすすめ』と『西国立志編』がともに記載されている。第二世代がこれらを自ら選びとった読者であるとすれば、第三世代は与えられた読者であり、教場で学習した世代であった。「学問は身を立てる財本とも云ふべき者にして、人たる者誰か学ばずして可ならんや」（明治五年八月二日太政官布告）とする当時の文教政策にかなう教科書として、二書は採用されていた。この世代に属する作家に、慶応三年（一八六七）生まれの幸田露伴がある。露伴がこの本から受けた影響ないし励ましは一時的なものではなかった。明治二十三年、二年前に処女作『露団々』を発表した二十三歳の新進作家は、少年雑誌に掌編「鐵三鍛」を掲載した。これは、十二歳になる貧家の少年のけなげな奮闘を憐れんだ老学者が、いくらかの金銭と自助論（『セルフ・ヘルプ』）を与えて少年を励ます話であった。さらに四十歳のとき、露伴は雑誌『中学世界』のアンケートに答えて、裨益《ひえき》を受けた書物として、四書に次ぎこの自助論をあげている。その二年後の明治四十一年にも雑誌『新公論』六月号に、「余が青年に推薦する書目」として、史記、平家物語、報徳記、杜詩、李詩、記紀歌集、萬葉、古今集、芭蕉句集につづけて、『西国立志編』をあげるほどであった。露伴は『風流仏』『五重塔』など理想主義の色濃い作品を書いたが、後年『努力論』『修省論』などを著わしたプラグマティストでもあった。露伴の場合、それはあい反する二面性というよりも、日常の些末な事柄から高遠な理想に至るまでよく力をつくそうとする、すこやかな志によっていたというほうがふさわしい（これを「修身斉家治国平天下」ですねといったら、朱子学を奉じていた露伴はうなずいたかもしれない）。娘の幸田文によれば、拭き掃除や障子の張替えを娘に教えるとき、作家は自らそれを完璧にやってみせたという。明治三十一年に少年のための読物として書かれた『文明の庫』は、社会の発展を支える技術の重要性を論じて、自立の精神とともに『西国立志編』のもう一つの側面を露伴が正確に読みとっていたことを示している。

明治十三年から十四年にかけて、政府は初期の開明的、啓蒙的な教育方針を大きく転換し、自由民権運動の抑圧に向かう。『西国立志編』も大幅の削除を強制された。明治十八年、五十三歳の誕生日をひかえた五月四日の日記に敬宇はこう記した。

> 独リ思フ。老苒々《ぜんぜん》トシテ至ル。碌々《ろくろく》古書堆中《たいちゅう》一トシテ世用ヲ為ス有ル無シ。学ブ所ノ英書屠竜《とりゅう》ノ技ト為ル。嗟々《ああ》何《いず》レノ時カ之ヲ用ヰテ世ニ施スコトヲ得ンヤ。

わが身の老いたるを思い、これまでに蓄えてきた蔵書を眺めて、一つとして世の役に立たなかった。学んだ英書も無用であったと嘆いている。明治初年に『西国立志編』が『学問のすすめ』とともにベストセラーとなり、福沢諭吉とならんで代表的な啓蒙主義者とうたわれた敬宇が、なぜこのような老残ともいえる思いを記したのか。先生、憂うること何ぞ是くの如きや。

北村透谷は明治初年をふりかえり、福沢諭吉と中村敬宇を次のように対比することになる。

> 福沢翁には吾人、「純然たる時代の驕児」なる名称を呈するを憚らず。彼は旧世界に生れながら、徹頭徹尾、旧世界を抛げたる人なり。（中略）彼は平穏なる大改革家なり、然れども彼の改革は寧ろ外部の改革にして、国民の理想を嚮導したるものにあらず。此時に当つて福沢氏と相対して、一方の思想界を占領したるものを、敬宇先生となす。
>
> 敬宇先生は改革家にあらず、適用家なり。静和なる保守家にして、然も泰西の文物を注入するに力を效《いた》せし人なり。彼の中には東西の文明が狭き意味に於て相調和しつつあるなり。彼は儒教道教を其の末路に救ひたると共に、一方に於ては泰西の化育を適用したり。彼は其の儒教的支那思想を以てスマイルスの「自助論」を崇敬したり。（中略）改革家として敬宇先生は無論偉大なる人物にあらざるも、保守家としての敬宇先生は、少くも思想界の一偉人なり。旧世界と新世界とは、彼の中にありて、奇有なる調和を保つことを得たり。（「明治文学管見」明治二十六年）

さすがに透谷の慧眼は二人の人物の本質を捉えて誤らない。同時に自身の本意（物質面に終始して内実をともなわない改革への不信）をうかがわせるに足りる。したがって前者の絶大な功績を認めながら、好意はむしろ後者に傾いていることが感じとれる。

敬宇は国民の近代化には西洋思想の根幹をなすキリスト教の導入が必要と考え、唯一神の観念を儒教の経典に見いだそうと博捜に努めた。儒教における天が唯一神であるか、儒教とキリスト教思想が一致するかどうかという問題は、明末清初にイエズス会宣教師が布教に努めたとき以来の難問でもあった。賢明な敬宇がそのことに気づかなかったはずはない。だがこのとき必要であったのは、それがキリスト教の教義に妥当するかどうかの論証であるよりも、啓蒙思想家としての自身を納得させるに足る認識を得ることであったろう。西洋思想の翻訳は、儒教という思想体系と漢字という意味体系を駆使しての作業であった。しかし結局のところ、敬宇の思い描いた理想国家とは、いわば古代中国における三皇五帝の治世とイギリス立憲君主制との接合であり、それにたいして眼前に実現をみた明治国家は、ほとんどその陰画にほかならなかった（前田愛）。儒者の失望は深い。

明治十四年（一八八一）に刊行された松村操『明治八大家文』に、敬宇は漢文の名手として八大家のひとりとしてあげられている。その漢詩「雑詩二十四首」にはひとりの読書人の姿をうかがわせる五言律詩がみえる。

冬夜　将《まさ》に眠りに就《つ》かんとし
数杯　緑醽《りょくれい》を傾く
陶然　無何《むか》に入り

酒醒《さ》め　夢も亦《また》醒む
中夜　残書を理《おさ》め
燈火　一穟《いっすい》青し
千古　眼前に在り
誰か知る　此の時の情

冬の夜、眠ろうとして緑色をおびた美酒を数杯かたむけ、陶然として夢の世界に遊んだ。酒がさめると、夢もまたさめる。深夜、読み残した本をかたずけたが、燈火はなお一すじの穂のように燃え、遥か昔のことが眼前によみがえる。このときのわが心情を誰が知ろうか。

ここには、この詩の刊行された七十年前の文化八年（一八一一）の冬、菅茶山によって書かれた次のような詩が余韻となってひびいている。

冬夜の読書
雪は山堂《さんどう》を擁《よう》して樹影《じゅえい》深し
檐鈴《えんれい》動かず　夜沈沈《ちんちん》
閑《しず》かに乱帙《らんちつ》を収《おさ》めて疑義を思う
一穂《いっすい》の青灯《せいとう》　万古《ばんこ》の心

山の家は深く雪にうずもれ、軒の風鈴も動かず夜はしんしんとふけてゆく。取り散らかした書物を帙《ちつ》に収めて疑問に思いをめぐらし、一筋の青い燈火を見つめていると、遠い世の古人の心がしのばれるようだ。

この二編の詩には、青みをおびた燈火がひびきあうようにゆらめき、ふたりの詩人の心が共鳴しあうように照らしだされる……。書物は敬字にとって、幼くして学問への扉を開いてくれ、長じては立身への道となり、世に出ては時代に先駆けた知識を与えてくれる宝庫でもあった。そうした歳月の過ぎ去ったいま、読書はいわば無償の行為となった。かつての啓蒙主義者は、このとき初めて、読書のもたらす深く静謐な歓びにふれたのではないだろうか。

政治小説の出現

明治十四年、自由民権運動の高まりに衝撃をうけた政府は、九年後の明治二十三年に国会開設を表明し、運動の鎮静化をはかった。時代はほぼ目論見どおりに進み、危機感をいだいた民権運動家はなおいっそう啓蒙活動に努め、その一環として政治小説の刊行に至った。政治小説執筆の背景としては、明治十年代初頭に、当時イギリスの高名な政治家バルワー・リトンの小説の邦訳されたことが、政治的な主題の小説への導入と同時に、これまで卑賤なものであった小説が西欧では高い評価を得ているとの認識が、明治の人士を動かしたと思われる。素人でも小説が書けるとの思いから、ときの民権家が政治的な発言をこめて書いたのが政治小説であった（小西甚一）。

その代表作の現われたのは、明治十年代の後半にあたり、小説の革新を提唱した『小説神髄』の刊行（明治十八年）と前後するわけで、近代小説が成立する以前の小説がどのようなものであったのかを例証する事例でもあった。現代の視点から当時を遠望すると、政治小説は雄弁な漢文調に戯作の常套句をまじえながら、その理念においては、はるか後年の社会主義文学を思わせるというはなはだ特異な合成物ともいえる。しかし当時の歴史的文脈にあっては、時代の生み出した必然と思える産物でもあった。そこに政治小説のおもしろさがあると考える。

まずは、中井履軒のところでふれた（七九頁）『雪中梅』をみてみよう。明治十九年に刊行された末広鉄腸《てっちょう》（一八四九―九六）のこの作品は、政治小説の代表作の一つとされる。漢文体の序につづいて、「発端」は次のように始まる。

ドーンドーンドーンドドドドードープープープウプウプウプウプップー「何處《どこ》でか大層大砲が鳴てソシテ喇叭《ラッパ》の声が聞え升《ます》が何事ですかネ。「今日ハ丁度《ちょうど》明治一百七十三年三月三日で国会の祝日でハ御座《ござ》らぬか。「左様《さよう》左様、ソシテ本年度の議事院も今日開会に為《な》るとか聞《きき》ましたが、丁度一百五十年の祝日に当り何よりお目出度《めでたい》ことサ。

擬音を駆使したこの書き出しをきわめて新しいとする見解（飛鳥井雅道）にたいして、この手法は戯作の手法の流用ではないかとの反論がある。たとえば式亭三馬の『浮世風呂』前編巻之上「朝湯の光景《ありさま》」の――「夜あけからすのこゑ　かアかアかアかア／あさあきんどのこゑ　なつと納豆引（音引「ー」の意）／家々の火打の音　カチカチカチ……」。前田愛によるこの反論は、新奇な政治小説が、文体においては古風な人情本の流れの延長でもあったことを喝破したものだった。

物語は明治一百七十三年、つまり国会開設から百五十年後という設定になる。かつては弱小国家として外国から蔑まれていた日本は、今ではめざましい発展をとげ繁栄を謳歌している。大雨で上野博物館の背後の鶯谷の崖が崩れ、石碑が現われた。これを解読すると、昔の国会開設に尽力した人物の功績を記念したもので、その著書に『雪中梅』というのがあった。これを上野の書籍館《しょじゃくかん》にあるのを探しあてて筆記したものがこの物語という。

明治十年代末の現在を記すのに、はるか未来の視点からするという屈折した手法は、このころ「未来記」としてよく行なわれた。自由民権運動の参加者たちが、予定調和として未来の成功をかかげてみせ、その発端となったかつての高揚した運動の余映を身に受けて、敗北が決定的となった現状からの復活を試みたとも考えられる。鉄腸自身、同年に『二十三年未来記』を書いて多数の読者を得ているが、こうした未来記への興味は、オランダ人科学者のディオスコリデスによる『二〇六五年――未来瞥見』(一八六五)が明治初年に紹介されていたという背景が考えられる。それはオランダ語から訳された近藤真琴訳『新未来記』(明治十一年)と上条信次による英訳からの重訳『後世夢物語』(明治七年)であった(栗田香子「幸田露伴と未来」――『露団々』の時間的考察」)。明治人の時間・歴史概念の変革に、二作が重要な役割をはたしたとする。当初の政治小説には未来記との関連があった。

近い将来の国会開設をみすえて、主人公の民権活動家は啓蒙活動に奔走している。演説会では雄弁で聴衆を魅了し、討論では理をつくして相手を心服させる。一途な理想主義者だが、著述による収入では生活費にもこと欠く有様だった。そのとき見知らぬ人から思いがけない援助を与えられる。それは時代に先駆けて進取の気性をもった才色兼備の富裕な乙女であった……。

明末、清初にかけて盛行した中国の才子佳人小説が、明治の才子とそれに理解と同情をもつ佳人の物語となったのだった。こうした既定の筋書にしたがって進行する叙述のなかに、作者の政治論や時代状況が脈略なしに織り込まれてゆく。

登場人物の命名をみると、主人公が国之基《もとい》、ヒロインが富永春、日和見主義の人物が川岸萍水《へいすい》(萍は浮草）。いずれも姓名には寓意があり、深い内面をもたない類型的な人物という印象を免れない。しかし『雪中梅』は驚くほどの売上を記録したという。当時、近代小説の理解者はまだ存在せず、読者はこの政治小説を大がかりな人情本として楽しんだのではないだろうか。

明治十六年に報知新聞社より刊行された、古代ギリシアの都市国家テーベ《テーベ》における民主勢力の戦いを描いた政治小説が、矢野龍渓の『経国美談』であった。これは斉武の名士威波能《エパミノンダス》、巴比陀《ペロピダス》らが、武力により政権を奪取した専制勢力に抗して民主政治を確立し、さらに盟邦阿善《アテネ》の支援を得て、宿敵斯波多《スパルタ》を破ってギリシア全土に覇をとなえるに至った経緯を史実によって物語った雄編ということになる。

「凡例」によると、ギリシア正史を忠実に翻訳・編纂したもので、古代の詳らかでない部分にのみ想像力をはたらかせたとある。主人公のひとりペロピダスが背後に迫る追手を逃れて、仲間につづいてまさに川を渡ろうとするとき――

巴比陀《ペロピダス》モ小石橋ヲ駆ケ通リ今二十間許ニテ彼方《カナタ》ノ岸ニ達セントスル時、主ハ誰レトモ白羽ノ一箭、巴比陀《ペロピダス》ニ向ツテ飛フヨト見エシカ、一声高ク嘶キツツ、乗タル馬ハ主モロトモ、橋ノ下ナル逆巻ク水へ、真倒マニ落入テ、死生モ知レスナリニケリ。嗚呼經綸ノ大才ヲ懐テ知勇一世ヲ蓋フノ英雄モ唯一條ノ流矢ノ為メニ底ノ水屑《ミクズ》ト消失セシハ憐レ果敢《ハカ》ナキ有様ナリ。

まるで見て来たようなと思われるかもしれない。引用二行目の「主ハ誰レトモ知ラヌ」と「白羽ノ一箭」が掛け言葉になっていることに目をむけよう。それによって、読者のさまざまな思いは定型のうちにおさめられる。打ってかわって、次のような場面もある。

圧制の支配する祖国を逃れた二人の同志が、再会を期して別れを告げる場面——

時シモ短キ夏ノ夜ノ早ヤ真夜中ノ頃トナリ月ハ隈ナク照リサヘテ四辺《アタリ》ニ人ノ影タニ見エス千草ニスダク虫ノ音《ネ》ハ轉《ウタ》タ哀レヲ添ヘニケリ。二人ハ遂ニ此處ヨリ袂ヲ分チ各々其ノ志ス方ニソ走リケル。此日ハ是レ紀元前三百八十二年第八月十二日ノ事ナリキ。

夏の夜の隈なき月明、千草にすだく虫の音という情景を読めば、これが古代ギリシアの話とは思えないが、同志の離別という場面の印象を強めるには、こうした常套的な美文を必要としたのだろう。読者はとくに違和感など覚えなかったにちがいない。情景描写に工夫をこらし、構成は綿密、読者の興味をつないでゆくストーリーテラーとしての才覚も随所に感じられる。こうした作家としての技量に加えて、立憲政治家としての理想主義があいまって、龍渓の『経国美談』は当時の青年読者を熱狂させたのだった。

『雪中梅』は驚異的な売れ行きを示したというが、二十年代初頭から政治小説は衰退に向かい、ほぼ十年にわたる役割を終えた。その原動力でもあった民権運動の凋落と、紅葉、鷗外、露伴による新しい文学の興隆とが、政治小説の存在基盤を失わせたといえるだろう。唯一その後も読みつがれ、政治小説の掉尾《とうび》をかざったのが、東海散士《さんし》（一八五三—一九二二）（本名、柴四朗）の『佳人之奇遇』であった。明治十八年に初編を出し、明治三十年の八編で中絶したが、なお絶大な人気を保つことになったのは、なぜか。

作者の東海散士を思わせる同名の主人公が、スペイン名家の出であり、祖国の革命運動に奔走して亡命中の女性革命家、幽蘭《ユーラン》およびアイルランド独立運動の女性闘士、紅蓮《コーレン》とフィラデルフィアで出会い、ともに世界諸国をめぐって互いの不遇に同情を深め、淡い恋情を抱きあうに至る。出会いのとき紅蓮《コーレン》は——

既ニシテ一妃輕裾《けいきょ》ヲ提《かか》ゲ徐歩シテ散士ガ傍《かたはら》ニ近ク。年二十三四綠眸皓齒《りょくぼうかうし》黄金ノ髪ヲ垂レ（西洋人綠眸ニシテ毛髪ノ金光アルヲ稱シテ美人トナス）、細腰氷肌遊散ノ文履ヲ踏ミ、纖手ヲ揚ゲテ楊柳一枝ヲ折ル。其態度風采梨花ノ露ヲ含ミ紅蓮ノ綠池ニ浴スルガ如シ。

（さるほどに、供の令嬢がゆるやかに歩んで散士の傍らに寄り来たった。年は二十三四、瞳は青く歯は白く、金髪を垂れ（西洋人は瞳が青く髪が金の輝きあるを美人と称す）、細身で肌は氷のように透き通り、散策用の飾りのある履物をはき、細くたおやかな手をあげて柳の一枝を折りとった。その様子はさながら露を帯びた白い梨の花が紅の蓮の咲く緑の池にゆあみするかのようであった。）

その令嬢は散士に会釈して尋ねた。失礼ながら、あなたは先日、川に小舟を浮かべていた折に行きあった方ではありませんか。あの渓谷は牧童や漁師さえ訪れることは稀ですのに、ましてあなたのような立派な貴公子にお会いするとは。お見受けするに、黒髪にその鋭い眼差し、あなたはスペインの士人ではありますまいか。散士は答えていう、いや私は東海の旅人、志をいだいてこの地に遊学している者です（作者はかつてフィラデルフィアのペンシルヴェニア大学に学んだ）……。こうして物語は始まるのだが、毅然とした日本男児の登場は、鹿鳴館（明治十六年落成）のような滑稽な欧化主義を苦々しく思っていた人士に感銘を与えたにちがいない。だがそれだけでこの作品が人気を博したわけではなかったろう。

幽蘭と紅蓮の抱いた祖国への悲壮な思いに心を動かされた主人公は、みずからの故郷である会津藩敗残の恥辱とその後の辛酸を語りはじめる。この体験が作品執筆の根幹にあったことはすでに諸家の指摘するところだった。会津藩滅亡を体験した東海散士の士族的実感こそ、「そのままアイルランド、スペイン等々の独立運動に対する散士の論理的思考の基礎」をかたちづくっている（橋川文三）。『佳人之奇遇』十六巻を通じて彼が執拗に問いつづけたのは敗者にとって正義とは何かという難問《アポリア》であり、賊軍の汚名をこうむった会津藩の雪冤は、『佳人の奇遇』の執筆を促した有力な動機のひとつであったはずだから」（前田愛）。作者である柴四朗は、幼くして体験した会津藩への封建的忠誠の心情を、いったん支配と隷属の関係から解き放って、あらためてナショナリズムの自覚へと昇華させるという容易ならぬ内的経験を経ていたのであろう。

　他の政治小説と同じように、この作品も広い意味での民権思想に根ざしたものではあるが、しかし、無名の民衆の啓蒙・育成を主眼においた政治小説とは一線を画している。登場した佳人は、引用した立居・振舞の描写にうかがわれるように、名家の生まれ（幽蘭）であり、富裕な貿易商の令嬢（紅蓮）という選良の民であった。表現もまたそれにふさわしい。漢文読み下しの文章は荘重、艶麗、沈痛、悲壮にわたり、ときに怨恨、鬱屈をこめるが、つねに整いを崩さず美しい。随所に漢詩が挿入されて場景に余韻をただよわせる。たとえば帝政ロシアにおいて立憲制を求めて皇帝を批判した一学生が処刑されるに及んで——

　　夜静かにして漏聲（時計の音）響き。窓暗くして月食青し。
　　是非　棺を蓋うて定まる。笑うて自由の為に瞑す。

読者は、ロシアの学生が漢詩を詠んだことに違和感など感じなかったであろう。むしろこうした場面に挿入される漢詩の効果を堪能したにちがいない。当時の若き読者がいかに熱狂したかは、徳富蘆花の自伝小説『黒い眼と茶色の目《はで》』の次のような一節にもうかがわれる。

然し佳人之奇遇の華麗な文章は協志社（同志社のこと）にも盛に愛読され、中に数多い典麗な漢詩は大抵暗記された。敬二が同級で学課は兎に角詩吟は全校第一と許された薄痘痕の尾形吟次郎君が、就寝時近い霜夜の月に、寮と寮との間の砂利道を『我が思ふ所故山に在り……月は大空に横たわって千里明らかに、風は金波を揺かして遠くに声有り、夜蒼々兮望茫々、船頭何ぞ堪えん今夜の情』と金石相撃つ鏗鏘《こうそう》の声張り上げて朗々と吟ずる時は、寮々の硝子窓毎に射すランプの光も静に予習の黙読に余念のない三百の青年ぶるぶると身震ひして引き入れられるやうに聞き惚れるのであつた。

ここで文学史に目を転じると、明治二十三年に鷗外の『舞姫』が刊行され、時代はロマン主義に転換する。明治三十年代は漢詩文が隆盛を迎える。今では信じがたいが、有力新聞の多くが漢詩欄を設けることになった。このロマン主義と漢詩文の隆盛が、二つの要素を合わせもつ『佳人之奇遇』の成功に大きく寄与したといえるだろう。明治四十年代になると、漢詩文は退潮し、『佳人之奇遇』も姿を消して、読書はやがて新たな局面を迎える。

近代読者の成立

まさに先駆的な読書論であった前田愛の『近代読者の成立』（昭和四十八年）は、明治維新に引きつづく四半世紀は、日本人の読書生活が大きな変革を迫られた時期であったとし、その変革の過程をつらぬく契機を三つあげている。

1　均一的な読書から多元的な読書へ（あるいは非個性的な読書から個性的な読書へ）。

2　共同体的な読書から個人的な読書へ。

3　音読による享受から黙読による享受へ。

いずれも共同体という集団のいとなみから、個性的・個人的な享受へと向かう方向性は明らかだろう。1と2についてはとくに贅言を要するまでもないとしても、3については説明が必要と思えるので、具体的に補足すると――

子どものころ、ときおり電車の中などで、老人が唇をかすかに動かしながら本や新聞を読んでいるのを見かけたのを覚えている。あれは昭和三十年以前のことだったろうか。いかにも年寄りじみた様子に思えたが、後にそれが音読の名残であったことに思い至った。わずか二世代か三世代前には、音読が行なわれていたのだった。前田愛は、明治時代の家庭におけるごく一般的な読書風景が、たとえば小説を音読する読み手の声に、家族みなが耳を傾けるという、共同的な享受の仕方であったことを、その時代の人々の日記や回想の一節を例に引きながら論じている。このことは、一家団欒をおもんじる日本の「家」の生活様式、またこの時代の識字率の低さ、さらに戯作文学の民衆演芸的な性格などの諸条件にもとづいていたとする。

音読はパセティックな集団感情を高揚させるのに効果的であった。前述のように『佳人之奇遇』は、漢詩文のリズムにたいする感受性を共有していた書生たちに好んで朗唱された。当時の読者はたとえば『雪中梅』をどのように読んだのだろう。

第七回　少女動㆓名士心㆒十三弦
秀才認㆓恩人書㆒卅一字

高山峩々《がが》として蒼翠《そうすい》を含み、其の麓を流るる谷川ハ石に激して飛湍《ひたん》となり、其の響き洶涌《きょういう》として風雨の如し。渓《たに》に臨んで三層の高楼あり。屹然《きつぜん》と対立《たいりふ》するハ、世に名高き箱根湯本の福住楼《ふくずみろう》なり。

夕風涼しき川べりの一室《ひとま》にて、かき鳴す妻琴《つまごと》の音

ゆかりよしあるはつ草の、わか葉のうへをみつるより、いとどかわかぬ袖の露、なほうきまさるたびねかな」うつつなやひとりね、よハのまくらにふきまよふ、み山おろしに夢さめて、なみだ催す瀧の音」いざさらバみや人に、ゆきてかたらん桜ばな、木《こ》の間《ま》のけしきとなるを、風よりさきに見せバや」（後略）

最初の二行が対句仕立てになり、つづいて「高山峩々《がが》として蒼翠《そうすい》を含み」と小気味よく流れ、「ゆかりよしあるはつ草の」以下は七五調の美文となってつづく。散文の場合、五七五といった音数律の規則性は、読み手の心の微妙なリズムをむしろ消し去ってしまうようにはたらく。和歌や俳句なら、五七五は一回かぎりの詩律《ミーター》となって詩情を包みこむ。また連歌の場合なら、それは句と句の間の距離感を整え、付かず離れずという効果をもたらす。しかし散文でくり返される五拍七拍の音律は、メトロノームの刻むリズムのような機械的な反復になりかねない。（それにしても、なぜ五拍と七拍が日本語の音数律として定着したのか。神田秀夫の論考がこの問題に明快な解答をすでに（昭和十二年）与えている。音数律が有効にはたらくには、それぞれの音節をある単位に凝集させる必要がある。しかし四音は二音プラス二音に、六音は三音プラス三音に分解しがちなので、音数律の単位は素数でな

くてはならない。ところが、三音以下は単位として小さすぎ、十一音、十三音では大きすぎて凝集力に乏しく、その間の素数といえば、五音と七音しかない。日本の詩律が五音と七音を基本とするのは、そのためである。）

ところが明治二十一年、まったくことなる読み方を求める作品が現われた。二葉亭四迷の「あひびき」だった。これはツルゲーネフ『猟人日記』中の一編を翻訳したもので、狩猟に出かけた主人公が、農家の純真な娘と地主に仕える高慢そうな若者との密会を目撃する話なのだが、まったく異なるリズムをもった文体だった。冒頭の一節――

> 秋九月中旬《なかば》といふころ、一日《あるひ》自分がさる樺《かば》の林の中《うち》に座してゐたことが有ツた。今朝から小雨が降りそそぎ、その晴れ間にはおりおり生ま煖《あたた》かな日かげも射して、まことに気まぐれな空ら合ひ。あわあわしい白ら雲が空ら一面に棚引くかと思ふと、フトまたあちこち瞬《また》く間雲切れがして、無理に押し分けたやうな雲間から澄みて怜悧《さか》し気に見える人の眼の如くに朗《ほが》かに晴れた蒼空《あおそら》がのぞかれた。自分は座して、四顧して、そして耳を傾けてゐた。木の葉が頭上《づじやう》で幽《かす》かに戦《そよ》いだが、その音を聞たばかりでも季節は知られた。それは春先する、面白さうな、笑ふやうなさざめきでもなく、夏のゆるやかなそよぎでもなく、永たらしい話し声でもなく、また末の秋のおどおどした、うそさぶさうなお饒舌《しやべ》りでもなかツたが、只漸く聞取れるか聞取れぬ程のしめやかな私語《ささやき》の声で有つた。そよ吹く風は忍ぶやうに木末を伝ツた。照ると曇るとで、雨にじめつく林の中のやうすが間断なく移り変ツた。

仮名遣いを別にすれば、やや古めかしい現代文として通るのではないだろうか。このような散文に特有の内在するひそかなリズムは、作者および翻訳者の詩想が読み手の意識の深いところで共鳴するような効果をもたらしている。冒頭の「秋九月中旬《なかば》といふころ、一日《あるひ》自分がさる樺《かば》の林の中《うち》に座してゐたことが有ツた」。このさりげない一行には視点の新しさが感じられる。秋のなかばという時、樺の林のうちという所、時と所のうちに包まれながら、「自分」を描写する眼差しをもつという主観客観の自在なゆらぎが、読み手の意識にそれとなく伝わり、内的リズムを導き出すように働いているのではないか。

一見して目だたないが、作者は音律を整える工夫を随所にこらしている。引用の三行目「まことに気まぐれな空ら合ひ。あわあわしい白ら雲が空ら一面に」という「ら」音のくり返し。八行目の「面白さうな、笑ふやうなささめき」のように、副詞や形容詞を積み重ねる方法。六行目の「自分は座して、四顧して、そして耳を傾けてゐた。」という、動作と同調する同音の連続。さらに、小雨、日かげ、白ら雲、蒼空、葉ずれ、陽光、という時の推移によって自然が微妙に変化してゆく。その推移につれて読み手の意識もゆるやかなリズムを印象づけられる。

このような当時としては斬新な散文の出現を、一般の読者はどのように受け取ったのだろう。たとえば、ロシアの小説を初めて読んだという硯友社の石橋思案は、『国民の友』に発表された『あひびき』について、「チト無理と思はれる形容詞やヒツコイ文句が曉天の星同様キラキラ見えるのは如何にも残念で堪りません私は序《ついで》ながら世の言文一致躰で小説をお書きになるお方にここの處をよくご注意あらん事を偏《ひとえ》に願ひ上げます（中略）小雨が忍びやかに怪し気に私語する様に降ツて通ツたト書いてあります成程意味を強める為めかは知りませんが小雨の降り様にはチト大業ではありませんか」という具合であった。小雨なら、しとしとと、しめやかに降るべきであるというのであろう。

一方、鋭敏な感性をそなえていた読者は、「あひびき」の新しさを読み誤らなかった。島崎藤村は「長谷川二葉亭氏を悼む」で次のように語っている。

柳田国男君がまだ若かった頃、私は君と一緒にある雑木林の中で夕方を送ったことがある。「ああ秋だ――」と其時柳田君は「あひびき」の中を私に暗唱して聞かせた。あの一節は私もよく暗記したものだ。国木田君があの翻訳を愛唱したことは『武蔵野』の中に書いてある。

国木田独歩は「あひびき」の自然描写に触発され、『武蔵野』を書いたともいわれる。「ああ秋だ！」の一節に同様の感慨をもったひとりに、田山花袋があった。

「あひびき」の飜訳は二十一年の「国民の友」に二号にわたつて出た。あの細かい天然の描写、私等は解らずなりにもかうした新しい文章があるかと思うて胸を躍らした。「ああ秋だ！ 誰だか向うを通ると見えて、空車《からぐるま》の音が虚空にひびき渡つた……」その一節が、故郷の田舎の楢林の多い野に、或は東京近郊の榛の木の並んだ丘の上に、幾度思い出されたことか知れなかつた。明治文壇に於ける天然の新しい見方は、実にこの「あひびき」に負ふところが多いと思う。

後年の象徴派詩人、蒲原有明は――

そのころは未だ中学に入りたてで、文学に対する鑑賞力も頗る幼稚で『佳人の奇遇』などを高誦して居た時代だから、露西亜の小説家ツルゲーネフの翻訳といふさえ不思議で、何がなしに読んで見ると、巧に俗語を使つた言文一致体――その珍らしい文体が耳の端で親しく、絶間なくささやいて居るやうな感じがされて、一種名状し難い快感と、そして何処か心の底にそれを反発しや

うとする念が萌して来る。余りに親しく話されるのが訳もなく厭であつたのだ。(「『あひびき』に就て」『二葉亭四迷』所収)

「その珍らしい文体が耳の端で親しく、絶間なくささやいて居るやうな感じがされて」というところに、原文の詩想の再現をめざした翻訳者の意図を正しく読みとった、早熟な中学生の鋭敏な感性がうかがわれる。同じくそれに感応した明治の文学青年は「あひびき」を収めた『片恋』を読んで──

「片恋」は「うき草」ほど私を打たなかったが、その中の「あひびき」の自然描写は、これがまた私には驚異であった。こう云う自然そのものの足音や、ささやきまでも聴きとれるような、美しい描写は、とうてい人間わざとは思われなかった。私は、その頃としては思い切った美装の「片恋」をかかえて、中学の裏手のお寺へつづく林の中を、ひる休みに独りでよく彷徨した。そして自分をツルゲーネフの作中の人物になぞらえ、始業のラッパの鳴るまで、夢見るような気持ですごした。(青野季吉「明治の文学青年」)

それまでの定型的で一律な韻文のリズムとは異なり、『あひびき』の文体は内在する微妙な散文のリズムであった。韻文のリズムは情感にうったえ、散文のリズムは論理や思想にうったえるといえるだろう。漢詩文を朗々と読みあげるのでは、散文のリズムを感じとることができにくい。黙読はそれを可能にした。さらに黙読は音読よりもはるかに速読にむいていた(速読はけっして望ましいことではないが、そうした要請にこたえるのも読書法といえるだろう)。黙読こそが現代に求められる読書法であった。

黙読により何が変わったのか。『孤独な群衆』で知られるD・リースマンは、コミュニケーション史の観点から、文化の発展段階を三つに分けている。第一は口話コミュニケーションに依存する文化、第二は印刷された文字のコミュニケーションに依存する文化、第三はラジオ・映画・テレビ等の視覚メディアに依存する大衆文化である。リースマンは、黙読の習慣の成立をピューリタニズムとの関連でとらえる。印刷術の発明された十五世紀から、ピューリタニズムのもとに個人的、内面的な読書方法が一般化する十八世紀までは、活字文化時代の前期ないしは準備期と規定される。これをうけて前田愛は、日本の場合、活版印刷術の移入に先立つ木版整版印刷の期間が、ほぼこの音読の時代に対比しうるとし、木版印刷が活版印刷に交替する明治初年が、リースマンのいう口話コミュニケーションの段階から活字コミュニケーションの段階への過渡期、それもその最終期であったと規定する。

印刷された文字は自律的な媒体《メディア》としての機能を充分に発揮しえず、口話コミュニケイションの複製ないしは再現の手段としての役割をなお兼帯していた時代なのである。このことは、いいかえるならば、活字が個人的なコミュニケイション様式として作用する一方、家族共同体・地域共同体・精神的共同体等、集団を単位とするコミュニケイション様式として作用する場合も少なくなかったことを意味している。家族共同体における戯作小説や小新聞、地域共同体における新聞解話会、精神的共同体における政治小説は、それぞれこの集団的・共同的な享受方式のあり方を典型的に示しているものであろう。(『近代読者の成立』)

「あひびき」には散文の内在するリズムがあり、これを聴きとるには、声をあげるよりもむしろ耳をすまさなければならなかった。ひとり声をひそめて読むうちに、孤独な読書への扉がひらかれ、近代読者の誕生に至った。

それから一世紀あまりを経て、わたしたちはいま、さらにもう一枚の扉をひらいたことになる。扉の向こうには、電子媒体《メディア》という未知の大洋がひろがっている。この先、読書という内的な体験はどのような変容をこうむることになるのか……。

過去のパノラマをのぞくように、あるいは自分の歩いてきた道すじをたどるようにして、二世紀半にわたる読書の歴史を述べてきた。過去はそのようであったにしても、読書の未来を語ることは「はじめに」で述べたように慎もう。理想の行末を思い描かないではないが、なによりも恣意に傾くことを恐れる。

しかし、いかに不確かとはいえ、未来もまた一日いちにちの積み重ねと考えるなら、ことはずっと簡単明瞭になる。世の趨勢はともかく、自分の未来を決定するのは、自身による日々のいとなみではないか。今後の残された日々にあっても、読書が以前にもまして深くしずかな喜びであるように。

4 中世ヨーロッパ修道院における読書法

前章では、江戸時代から明治に至るおよそ二世紀半にわたる読書の変遷をたどり、素読という独自の読書法から近代読者の成立までをみた。この章ではさらに時代をさかのぼって中世ヨーロッパに至り、舞台は十二世紀前半のパリにあったサン・ヴィクトル修道院に移る。そこではどのような読書が行なわれていたのかをさぐり、当時の書物であった羊皮紙の写本の特質を考え、そして思いがけない要因が読書の変容をうながした事実に及ぶ。ピリオドとコンマなどの考案が新たな時代の到来をもたらしたという意外な事実にも目をとめてみよう。

サン・ヴィクトル修道院

現在、セーヌ川のシテ島にそびえたつノートル・ダム寺院は当時まだ存在せず、そこからほど近い左岸にその修道院は建っていた。今のパリ市第五区にある、パリ大学理学部の敷地にあたるという。その修道院付属公開学校の校長を務めたサン・ヴィクトルのフーゴーは、中世ヨーロッパにおける読書と教育を語るとき、欠くことのできない人物であった。彼は古代の記憶術を中世に復活させ、それを学習法として実地に活用した教育者でもあった。その実像は、十二世紀パリの同修道院にあって、同時代と後世に多大の影響を及ぼした神学者であった。ダンテは『神曲』の天国篇に、二十四の星々になぞらえた、アウグスティヌス、トマス・アクィナス、アシジの聖フランチェスコなどキリスト教の賢者二十四人のなかに、フーゴーを加えることを忘れなかった（天国篇、第十二歌）。一〇九六年頃に生まれ、一一一五年頃パリのサン・ヴィクトル修道院に入り、後半生を信仰と学究に捧げたという。その令名が高まるにしたがい、優れた人材が教えを受けに参集し、後にサン・ヴィクトル学派と称される多くの学者、詩人、神秘家を輩出するに至った。一一四一年二月十一日、四十四歳の若さで敬虔な死を迎えたことを記録は伝えている。

フーゴーは優れた教育者でもあった。一一二五年に修道院付属公開学校の教師となる直前、初学者のために『ディダスカリコン（学習論）——読解の研究について』という入門書を著わしている。この読書論を参考に、中世ヨーロッパにおける文化と学問の中枢であった修道院ではどのような読書が行なわれていたのかを考えてみよう。

『ディダスカリコン』の論旨は、初学者の心がまえから広範な学問体系に及び、そのすべては神といういわば垂直な遠近法の消失点にむかって収斂されてゆくのだが、ここでは具体的な読書法というテーマにしぼってその概要を記すにとどめる。

フーゴーは自らを語ることが少なく、その生地がどこであるかについてさえ諸説あるほどなのだが、めずらしく次のような思い出を記して、学ぶことにおける地道な努力の大切さを説いている。

まだ学生だったころ、わたしは自分の目にとまったすべての物や、手にしたすべての物の名を知ろうと努めた。物の名を知らずにその本質を知ることはできないと考えたからだ。一日に何度も、自分に与えられたわずかな知恵をふりしぼって、こざかしくもひと言ふた言を記しただけだったが、こうして自分なりの見解と、学びとれたあらゆる問題と反論をわたしは心にとどめた。しばしば互いに対立しあう論争について、これは修辞学者の問題、これは弁論家の問題、これはソフィストの問題というように、自分なりにそれらを整理した。

番号がわりに小石を並べたり、敷石に炭で印をつけたりもした。目の前に手本を置いて鈍角と直角と鋭角の三角形の違いを明らかにし、平行四辺形は二辺を乗じると四辺形と同じ面積になるかどうかを、歩幅を測って知ることができた。冬の夜にはしばしば占星術師のように、夜空をじっと眺めて時を読んだ。また持っていた弦を取り出して、木枠の番号に合わせて張り、音の違いを聞き分けられるかを試したり、その快い響きを楽しんだりしたものだった。

これらは確かに子どもらしい探究心のなせるわざだったが、けっして無益ではなかったし、こうして得た知識が今では身になっている。わたしは自分の知識をひけらかすためにこの話をしたわけではない。わたしの知識などしれたものだ。わたしがいいたかったのは、大きな飛躍を試みてかえって奈落に陥ってしまうのではなく、一歩ずつ着実に歩む人が進歩をなしとげるということなのだ。(『ディダスカリコン』第六巻第三章)

冬の夜空を眺めて時を読んだというフーゴーは時計を知らなかった。時計も四分儀もなく、三十六の定められた星々によって占星術師が時を読む時代だったのだ。

序文で、フーゴーはまず学習の心構えを説く。たとえ才能に恵まれなくても、たゆまずに努力をつづけるなら、その知力以上のことを獲得するに至る。それにたいして、最高のことを成しとげるのは不可能と知り、その結果、容易なことさえなそうとしない者がいる。知らないことは弱さではあるが、知ろうとしないことは邪《よこしま》であると説いて、努力する者を励まし、怠る者を戒める。

また、豊かな才能に恵まれながら、世俗の雑事に心を奪われ、あるいは世の悪徳に染まり、天与の才能をむだにしてしまう者がいる。彼らは厭うべき者である。さらに、貧しいために学ぶことをあきらめた者がいる。しかし貧しくとも、飢えと渇きに耐え、知の果実を手にした少なからぬ人たちもいる。こう諭しながら、志さえあれば学びの道は万人に開かれていることをフーゴーは説いている。

序文はつづけて、読書の重要性を述べる。

学ぶには二つの方法を基本とする。読書《レクティオ》と瞑想《メディタティオ》である。読書は学びにおいて第一の地位を占めるものであり、本書は読書のための規則を論じている。読書について学ぶには、とくに三つのことが必要とされる。第一に何を読んだらよいか。第二にどのような順序で読んだらよいか。何を先にし、何を後にするか。第三にどのような方法で読んだらよいか。これら三つの点について、この本はひとつずつ論じている。（同前）

引用の冒頭に提示された、読書《レクティオ》*と瞑想《メディタティオ》という、読書の過程を二段階に分けることがフーゴーの読書論の核心となる。

＊ここで読書と訳されたラテン語のレクティオ lectio には、二つの意味があるようだ。一般的な読書のほ

かに、読書の過程を前後に二分した場合、瞑想の前段階としての読書である。さらにlectioにはより広い学習または講義の意味もある。

学びに必要なものとして、フーゴーは資質と修練と規律をあげている。資質とは、見聞きしたことを素早く理解し、それを保持する能力。修練とは、たゆまぬ努力によって資質を高めること。規律とは、日々の行動を知識と結びつけることによって、よき生涯を送ること。

資質をみがくには、次の二つによる。読書と瞑想である。読書とは本によって得た規則と教訓によって精神を形成することであり、それには三つの型がある。教える者の読書、学ぶ者の読書、そして単独の読書である。こうもいえる。「わたしは本を彼にたいして読む」「わたしは本を彼のもとで読む」「わたしは本を読む」。読書について考えるとき、とくに順序と方法が重要となる。

（同前、第三巻第七章）

資質とは、理解力という意味に近いようだ。ここで言われる「読書は本を通して得た規則と教訓によって精神を形成することであり」は、読書による自己形成と理解できる。問題はそれにつづいて、読書には三つの型があるというところなのだが、具体的にどういうことなのか。理解の鍵は、おそらく音読にかかわる。当時は黙読ではなく、音読が一般的だったことを思い浮かべると、最初の二つの場合、「彼にたいして読む」と「彼のもとで読む」が、場景として浮かんでくる。ここでヨーロッパ中世における音読と黙読の相違を考えてみよう。

中世において、読書とは通常、音声をともなっていた。中世の修道院文化の研究に大きな足跡を残したフランスの修道士ジャン・ルクレールによると、「古代と同じく中世においては、通常、人々は、現代のように主として目で読むのではなく、見たものを唇で発音しながら語り、発音された語に耳を傾けながら、「書物の声」voces paginarum を聞いたのである。人々がもっぱら行なうのは、まさしく聴覚による読書である」。読書は全精神とともに全身体をともなう行為だった。運動療法を必要とするいくつかの病気について、古典古代の医師たちは、散歩や競争や球技とならんで、体操として読書を勧めたという。反対に、病気の修道士はしばしば体力を消耗する読書を控えなければならなかった。読書は多分に身体の活動をともなう行為だったのである。

なぜ黙読が難しかったのかは、当時の書き方を思い浮かべると理解できる。語間のスペースもなく、句読点も、大文字・小文字の区別もなしに、文章はびっしりと隙間なく記されてあった。読むには一語一語を分節しながら声に出して、あるいは指先で一字ずつたどりながら読み進めるほかはなかった。黙読の成立した経緯については、のちに詳述することにする（一三七頁以降を参照）。

先の引用にもどる。読書の三形態について、「わたしは本を彼にたいして読む」は、まず教師が生徒にたいして音読してみせることを表わし、二つめの「わたしは本を彼のもとで読む」は、生徒が教師の面前で（先の）本を音読することを表わしているとなる。三つめの「わたしは本を読む」は、生徒が（学んだ）本をひとりで黙読するということになるだろう。生徒はこのとき、音読よりも静かに集中できる黙読によって、本をより深く理解し、記憶に刻みこんで血肉化するように努めた。これら三つの読書方法は、初学者が段階を追って進む学習過程であったことになる。まず教師が生徒に向かって読みきかせ、ついで生徒が教師にたいして読み上げ、最後に生徒がひとりで黙読して、読書の三過程を終える。

次に、文意の理解という点から、やはり読解を三段階に分けて説いている。

読解は三つの要素を対象とする。文と意味と真意である。文とは適切に配置された言葉であり、構文ともいう。意味とは文字どおりに示される明らかな表示である。真意とはより深い理解であり、解釈と注釈によって見出される。これには順番があり、第一に文、第二に意味、第三に真意となる。これによって、読解は修了する。(同前、第三巻第八章)

ここでも対象を三つに分類している。まず字句を明らかにし、ついで文章の意味をつかみ、最後に隠喩的な表現に隠された深い意味の理解に至る。これは明解だが、先の引用にあった読む立場による三つの分類など、しいて三分形式に則ったかに思えてわかりにくい。これらは三位一体論の反映なのか(三位一体とは、神は唯一にして、しかも父という神、子というイエス、そして聖霊の三者でもあるとする、キリスト教の根本教義の一つ)。中世学者エティエンヌ・ジルソンの『中世哲学の精神』に、「この世界のすべてのものを通じて神性の痕跡が認められるという、われわれに周知の中世的な世界観は、まさにこの意味に[たとえば同一の画家の描いた肖像画はどこか似ているように]解釈されねばならないように思われる。キリスト教思想家たちがこのような考え方にその想像力を自由に駆使していることは、何人も異論のないところであろう。サン・ヴィクトールのフーゴー、聖ボナウェントゥラ、ライモンドゥス・ルルス等は、非常に豊かな想像力と詩人たちのような歓喜とをもって、かれらに対してキリスト教の神の三位一体の象徴である三段の秩序を諸物の構造そのもののうちに発見することに専心している」(服部英次郎訳)。なるほど三位一体とは関係の構造化であった。少し視点を変えて、（こういってはなんだが）いっとき神を棚上げにすると、主体としてのわたしたちは外部の対象とさまざまの関係を結びながら生きている。三位一体とはそうした関係性の構造化であったとも考えられる。

たとえば物を見る場合、三つの要素が介在する。第一は対象である物。第二は見る人の意識に形成される物の「視像」visio。第三は見るとき物に目を差し向ける「精神の志向」intentio animi である（アウグスティヌス『三位一体』第十一巻第二章）。つまり、客体としての物と、主体としての見る人と、両者を結んで視覚を成立させる精神の志向性ということになる。

引用に戻ると、注解によって、語句の正確な解釈から始め、文に込められたより深い真意を理解するに至る。フーゴーによれば、読書はここで完結するわけではなく、次の瞑想の段階につづく。

瞑想とは一貫した筋道にそってなされる細心の思索である。（中略）瞑想は読書に始まるが、読書にまつわるいかなる約束事や方針にも拘束されることはない。それは広やかな大地をのびのびと散策し、その自由な眼差を真理の観想に重ねあわせるのだ。これら事柄の原因をあれこれと引きあわせ、ときには深淵に分け入り、何ひとつあやふやな曖昧なことを残さないことを喜ぶからである。（中略）このように学習は読書に始まり、瞑想のうちに完結する。（前掲書、第三巻第十章）

ここでは比喩を多用しながら、瞑想の本質を浮かびあがらせようとしている。さらに最終章の冒頭では――

さて読書にかんすることはこれで明解かつ簡略に解き明かすことができた。しかし学習の残りの部分、すなわち瞑想についてでは、ここで語ることは控えよう。というのも、これほど重大な事柄については特別な論説が必要となり、不十分に語るよりも、むしろ沈黙するほうがふさわしいからである。それはまことに微妙であると同時に喜ばしく、初心者を育成し、先学者をさらに鍛錬するのだが、いまだ論じられたことがなく、したがってさらに追究すべき事柄であるからだ。

（同前、第六巻第十三章）

要するに、瞑想とは筆舌に尽くしがたく、初学者も先学者も瞑想の体験をとおしてさらなる進歩をとげるものだとされる。悟達の内的体験としてはそのとおりであるにしても、少なくとも、わたしたちの考える瞑想とはどう違うのか。ルクレールは、「瞑想」がヘブライ語の「ハーガー」haga の訳語として修道院の伝統に取り入れられたことにふれながら、次のように説いている。

> 古代の人々にとって、瞑想することは、あるテキスト［聖書］を読み、それを「心で」学ぶことである。「心で」学ぶということは、この表現のもっとも本来的な意味、すなわち、身体、記憶、知性、意志を伴う自らの存在全体によって学ぶことである。口がテキストを発音し、記憶がこれを固定し、知性がその意味を理解し、意志が実践しようと欲するからである。（『修道院文化入門』、神崎忠昭・矢内義顕訳、傍点は引用者）

瞑想は口でつぶやきながら心にしっかりとどめること、つまり暗記をとおして深い理解に至ることを目的とする行為であった。* そのようにして達成された瞑想のすばらしさについては、フーゴーも言葉を惜しまなかった。

もし人が瞑想をよりいっそう親しく愛することを学び、そしてきわめて頻繁に瞑想に専念しようと望むなら、その人生はまさに楽しいものとなり、苦難のときには最大の慰めを与えられるだろう。とりわけそれは魂を地上の職務から解き放ち、この世の生にあっても永遠の安らぎの甘美さを前もって味わわせてくれるだろう。（『ディダスカリコン』、第三巻第十章）

＊瞑想あるいは黙想とも訳されるラテン語の meditatio は、けっして沈思黙考することではなく、引用にあるように、この時代には小声で唱えながらことばを記憶におさめることを意味していた。

ここで、重要と思われる「瞑想」meditatio という語の意味の変遷について、少し詳述しておきたい。「瞑想」meditatio は本来、声に出して読み記憶することを意味していたが、カンタベリーのアンセルムス（一〇三三―一一〇九）は瞑想を論じた『モノロギオン』で、声に出さず心のうちで思うという今日の意味で用いた。それは十二世紀のシトー会を中心に行なわれたという（古田暁によるアンセルムス「モノロギオン」序の注記）。しかしフーゴーは明らかに小声で唱えるとし、この時代にはそれが一般的であった。たとえば詩編を例にとると、従来の新共同訳では、詩編1の2に「主の教えを愛し、その教えを昼も夜も口ずさむ人」とし、最新の聖書協会共同訳（二〇一八）には「唱える人」とあり、「別訳『口ずさむ』」と注記している。定評ある『エルサレム聖書』は「つぶやく」murmure と訳し、その注記に「この小声で唱えることが meditatio である」と明記している。

＊

以上のように、読解は文、意味、真意の理解という三段階を経て修了する。学習はさらに最終段階である瞑想によって完結する。このような境地に至るための有力な手立てとして、フーゴーは記憶のための秘術を伝授することになるのだが（後述の「記憶術とは何か」を参照）、ここでは修道士たちが詩編を当時どのように学んでいたかについて一瞥しておこう。

詩編の学習

中世を通して、旧約聖書の詩編を学ぶことが、聖職者に限らず、一般的な子弟教育の基礎をなしていた。幼くしてラテン語で書かれた詩編を学ぶことが、読み方の学習であった。なぜ、母語よりも先にラテン語の読み方を習ったのかとの疑問がおこるかもしれない。信じがたいようだが、長いあいだラテン語が筆記に用いられる唯一の言語であった。中世の人々は詩編によって読むことを覚え、長じては詩編を日々の心の糧として、また苦難のときには心の支えとして生涯を送った。

そのように詩編が広く、また深く人々に親しまれたことについては、二つの事情が考えられる。第一に、詩編は本来、笛や琴にあわせて歌われ、リズムとともに心身に深く刻まれた歌であったこと。第二に、聖書を手にして読むことのできる人はごく限られた時代にあって、多くの人々は詩編を通して聖書の教えを学んだこと。誰も詩編の二編か三編を覚えていて、ことあるごとに唱えるのを習いとしていた。修道士になろうとするには、詩編百五十編すべてを一字一句たがわず記憶することを求められた。修道院における祭式は、ほとんど詩編の朗誦をともなっていたからである。才能に恵まれた者が半年で記憶したという話があるが、通常は二、三年を要したという。

修道士の教育は、早い時期に聖書のことばを心に深く浸透させるように、ふつう七歳から始められた。成人の場合には、まず世俗の教育によって身につけたことをぬぐい去り、聖書についての瞑想で心を満たすようにした。六世紀に書かれた『教師の規則』は、修道院における詩編教授の実際を伝えている。それによると、冬には、聖務日課の一時課（午前六時に唱える聖務日課の祈り）から三時課（朝九時の祈り）までの三時間、生徒たちは十人ずつ各部屋に分けられ、なかのひとりが読み、ほかの者はそれを聞くという形で授業が行なわれた。子どもたちは文字の知識のある者のもとで、蠟の書字板に書きながら字を覚えてゆく。読み書きのできない五十歳以下のおとなにも、やはり読み書きを学ばせる。互いに相手が読むのを聞きあい、文字と詩編をまだ覚えていない者に教えることを順番に行なう。生徒は年齢も学力もさまざまであったらしく、そのような教え方が有効だったのかもしれない。それから書字板と書物を置き、三時課のために立ちあがり、三時間にわたった精神の修養にたいして感謝の祈りを捧げて終わる。

夏は、六時課（正午の祈り）から九時課（午後三時の祈り）までの三時間、同様の学習を行なう。すなわち、ある者は読み、ある者は聞く。ある者は字を習っては別の生徒に教え、ある者は詩編をくり返し覚える。ときには、若い修道士たちを大修道院長のもとに連れてゆき、その前で詩編や賛歌などを暗誦させる。いまだ詩編を覚えていない者には、書字板を持たせて旅をさせ、同行する年長の修道士に学ぶことを義務づけていた。

幼い修道士は詩編を大声で読みながら覚えるので、静寂と沈黙を重んじる修道院では、時間を制限し場所を隔離するなどの措置を講じなければならなかった。ドル・ド・ブルターニュの司教であった聖マグロワールは、しずかに休んでいる修道士たちの邪魔にならぬよう、海辺に行って勉強に励んだ幼いころの思い出を記している。

記憶の重要性

フーゴーは記憶の重要性を説いてこうもいう。

> したがって、わたしたちが何かを学ぼうとするときには、それを要約し簡潔で確かなものにして記憶の小箱にたくわえておき、後に必要になったとき、どんなものでもそこから引き出すことができるようにしなければならない。ときおり思い返して反芻するように味わうことをせず、ないがしろにするなら、これらは記憶から消えうせてしまう。（『ディダスカリコン』第三巻第十一章）

いったん記憶の小箱に蓄えた言葉も、反芻するようにたえず思い返さなければならない。「反芻する」という隠喩に注目しよう。記憶とは古来、牛のように「反芻する」ものであった。中世の学者は、つぶやきながら暗記した書物を、牛が芳草を反芻するように、つぶやきながら思い返して血肉化した。反芻はこうして、口の動きをともなう記憶行為の隠喩となった。ことばのリズムに身体も同調してひびきあい、ことばは記憶となって深く浸透する。それが当時の記憶法だった。本書の「はじめに」でふれたように、ゴルツェのヨハネス（九七六年以降没）は、真夜中の祈禱から夜明けまで、暗闇のなかで一匹の蜂のように、ぶんぶんと途絶えることなく詩編を唱えていたという。蜂蜜は文章の真理にもたとえられた。「蜂蜜が蜜蜂の巣胞から抽出されるように、隠喩から真実が引き出される」（同前、第六巻第三章）。

中世における記憶の重視は、たんに教育の場に限られたことではなく、ヨーロッパ古来の文化的な背景をともなっていた。トマス・アクィナスやアシジの聖フランチェスコは、その優れた記憶力が卓越した人格の証しともされたが、これは中世を色濃く染めた時代精神だった。記憶と知性と意志とは一つの生命であり、一つの精神だったのだ（アウグスティヌス）。近代日本において、たとえば南方熊楠の場合、超人的であったらしいその記憶力が語られるとき、こういって許されるなら、スケールの大きな奇人というニュアンスがいくらか含まれていないだろうか。記憶はかつての価値を失ってしまい、その傾向は時代趨勢として今後さらに加速されるだろう。記憶をデータとして外在化し、電子機器に保存することが可能になった。人類の膨大な知の遺産が容易に入手可能になると同時に、人間精神にとっては多大の危うさを含む事態ともなった。記憶をすべて外部の媒体にゆだね、人間はただ知性をはたらかせるだけでよいという極論も耳にする。はたして記憶をともなわない知性なるものがあるだろうか。

記憶をこのように機能として考えることは、中世人にとって理解を絶する認識であったにちがいない。この時代には限られた数の書物しかなかったため、ことさら記憶が重視されたのではないかとの考えが浮かんでくる。これにたいする反証をメアリー・カラザースはいくつかあげている。それによると、十四世紀に生きたフランシスコ会修道士オッカムのウィリアムは、豊富な蔵書をつねに利用できる立場にありながら、記憶するために読み、著述の際には、本を手にせず、自分の記憶の蔵書から膨大な資料を意のままに引き出すことができた。中世後期以降、写本の数が増えたにもかかわらず、記憶重視に深く根ざした中世文化の本質は変わらず、「記憶術が保存された第一の要因は、記憶を道徳心の形成と同一視する見方にあったといえるだろう」（『記憶術と書物』、別宮貞徳他訳）。中世人にとって記憶とは、『ディダスカリコン』（第三巻第七章）の引用にあったように、自己形成にかかわる倫理的なものであった。だからこそ、卓越した人格の証しともされたのだった。精神集中とたえざる反芻によって、学んだ文章をすべて記憶に収めることのできた人々のことをフーゴーは語る。

彼らはそれらをすべて記憶に収めてしまったので、いかな解答や確証を求めるにも、本を手にとってページをめくり、問題の解決に至る規則や道理を探しもとめることなく、ただちに事の詳細を思い浮かべることができたのである。（同前、第三巻第三章）

彩色写本の発する光

わたしたちは不幸にして、半透明ともみえる羊皮紙に描かれた彩色写本を、ゆらめく蠟燭の灯のもとで恩寵を求めるように読み進んだ経験を知らない。したがって、写本から光が発するという表現を単なる比喩として読んでしまう。それでは中世の人々の読書の本質をとりにがすことになるだろう。

十二世紀の人々が光の性質をどのようにとらえていたかを知るには、現存する〈冊子本 *codex*〉の中から一枚の細密画を選び、およそどんなものでもよいが、後世の絵画のとなりに並べてみるとよい。この二枚を比べるならば、だれでも一瞬にして羊皮紙に描かれている対象物は、それ自体が光っていることに気づく。むろんそれらは発光性の絵具で描かれているわけではないし、まったくの闇の中では見ることもできない。しかしろうそくの灯の下に引き出されるやいなや、顔

も衣服も象徴もそれ自身が光り始める。(イヴァン・イリイチ『テクストのぶどう畑で』岡部佳代訳)

これは視覚というものを中世人がどのように認識していたかにかかわる問題でもあった。中世には、対象から発せられる光と目から発せられる光とが交差することによって、初めて視覚が成立すると考えられていた(ロバート・グロステスト「虹について」)。対象は外光を反射するのではなく、内発する光によってかがやき、目も自らが光を発することによってものを見ていたのだった。知は光であり、われわれはそれに照らされるという表現に、一度ならず出あう(「知は人が自分自身を認識するよう人を照らしてくれ……」(『ディダスカリコン』第一巻第一章「学芸知の起源について」)、「知によって照明を受けた不滅の精神は……」(同前)、「知がわれわれの心のなかでかがやいてくれますように。そしてわれわれをその小道で照らしてくれますように」(同前、第六巻第十三章)。

写本には半透明の羊皮紙が用いられていた。「羊皮紙は最初は黄色味を帯びていたが、後にローマで純白のものが作られるようになった」(同前、第四巻第十六章)。その羊皮紙に手書きの文字が入念に筆記され、彩色された挿画と行頭の大文字を飾る文様が添えられていた。写本は複製ではなく、一冊ずつがオリジナルの作品であった。つまり美術品に類似した価値をもつものであった。眼によって感覚される光には、魂から発する内的な光が重なりあっている。中世の敬虔な人々はまさにそのかがやきを見たのだった。そのころ各地に建てられたゴチック式大聖堂の薔薇窓が、朝の光を受けて燃えたつのを見上げたときのように。

余談だが、フランス語で書かれた彩色写本のある解説書では、「細密画」にミニアチュール miniature ではなく、より広い意味をもつというアンルミニュール enluminure をあてている。その enluminureという綴り字には、「光」lumièreという文字が見え隠れしている。「そして母よ、仏蘭西人《フランス》の言葉では、あなたの中に海がある。」とうたったのは三好達治だったが、細密画enluminureのなかには光lumièreが透かし模様のように織り込まれていたのだった。

＊三好達治の詩集『測量船』所収の「郷愁」の一節に、「海、遠い海よ！　と私は紙にしたためる。——海よ、僕らの使ふ文字では、お前の中に母がゐる。そして母よ、仏蘭西人《フランス》の言葉では、あなたの中に海がある」。漢字では海のなかに母があり、フランス語では「母」mèreの中に海merがある。

聖ルイといわれたフランス王ルイ九世（在位一二二六–七〇）は、サント・シャペル聖堂の宝物室に自身の書庫をそなえ、みずから書物を手にした読書家であった。その読書の場景が伝えられている。毎日、礼拝堂つき司祭たちが礼拝堂で終課を唱えているときに、彼［＝聖ルイ］は自室に戻り、ある長さ、すなわち三ピエ［約一メートル］ほどの蠟燭を灯し、それが燃えているあいだ聖書やほかの聖なる書物を読んだ。蠟燭が燃えつきかけると礼拝堂つき司祭の一人が呼ばれ、ともに終課を唱えた。（ギヨーム・ド・サン・パテュ「聖ルイの生涯と奇跡」）

この逸話が紹介されている前川久美子著『中世パリの装飾写本——書物と読者』によると、「聖ルイは、一人静かに書物を開き、蠟燭の光のもとで読書することを習慣としていたのであろう」。

十三世紀から印刷の開始される十五世紀初めに至る二世紀余りのあいだに、中世ヨーロッパは美しい装飾写本を数多く制作するようになった。それまで修道院で行なわれていた写本制作は都市の工房へと移り、注文主も従来の高位聖職者から国王や王妃、貴族や貴婦人に受けつがれた。そこで制作された写本がいかに美しく豪華なものであったか。前川氏のこの本は収録の図版を通して、その美術品としての見事さをうかがわせてくれる。

歴史の現実と読書

ところで、フーゴーという神学者は、いったいどのような歴史の現実に身を置いていたのか。厳しくも敬虔な次のようなことばをフーゴーは遺している。

ある賢者は学びの方法とあり方について尋ねられたとき、こう述べている。「謙虚な心、探究への熱意、しずかな生活、無言の探索、貧しさ、異国の地、これらが多くの人々に読書のおりの不明な点を明らかにしてくれるものだ」。(『ディダスカリコン』第三巻第十二章)

学びとは読書にほかならない。日々の生き方がここにあげられた六つの条件にかなっているなら、知が授けられる。あくまでも謙虚に熱意を失わず、しずかな日々のなかで黙々と探究に専念して、貧しく質実であること。清廉な修道士の姿が浮かんでくる。だが最後にあげられた条件、「異国の地」とは何を意味するのだろう。学び、読書する者たちにとって、そして天国が真の祖国であるべき者にとって、この世界は異国の地であるとフーゴーは説く。

祖国が甘美であると思う人はいまだ未熟な初心者にすぎない。けれども、すべての地が祖国であると思う人はすでに強い人である。しかし、全世界が異国の地であると思う人は完全な人である。未熟な人は世界のなかの一点に愛を固定したのであり、強い人は世界に愛を分散させたのであり、完全な人は世界への愛を消し去ったのである。

幼少の頃より私は異国の地に生きてきた。そして、どれほどの悲しみをもって、精神がときにみすぼらしい［故郷の］農家の小さな暖炉を後にするものか、後にどれほど率直に、大理石の炉辺や鏡板に飾られた広間をさげすむものかを、私は知っている。（同前、第三巻第十九章）

時は第二次十字軍の時代であった。クレルヴォーのベルナールの呼びかけに応じて、何万人もの人々が祖国という共同体を後にした。放浪の職人や学者たちも陸続と聖地へと旅立った。それに呼応して、学ぶ者は孤独な精神の流浪を求められた。修道院の生活は「安住のなかの巡礼」とされたのだった。現代にあっても、読書によってこの厳しくも純一な「個我の自覚」に、それぞれの複雑な孤独を重ねあわせてみることはできるかもしれない。

それゆえ、人生における最高の慰めは知の探究であり、知を見出す者は幸いであり、知を所有する者は祝福される。（同前、第一巻第一章）

フーゴーはさらに、知の探究は哲学、つまり英知への友愛であると語る。先の引用で、地縁や血縁との決別を説いた著者は、さらにより高い次元の友愛を説く。

さらにこの知への愛とは、魂が理解するとき、かの純粋な知から受ける照明であり、またある意味では、自分自身へと引き戻ることでもある。したがって、この知恵の探究は神性と純粋精神とのあいだの友愛と思われる。（同前、第一巻第二章）

友愛はここでは神性と純粋な精神とを垂直に結ぶものとされる。それはまた横のひろがりとなって、人間同士をひろく結びあわせる絆ともなる。学生の精神を包む知の輝きは、周囲の人々を友とすることに導く。東アジアの伝統にあっては、ここで『論語』冒頭の一節が思い出される。「学びて時にこれを習う、亦《ま》た説《よろこ》ばしからずや。朋あり、遠方より来たる、亦《ま》た楽しからずや。」遠方より訪ねてくれた東洋の友は、神にむかって収斂されるようなことはなく、しずかに佇んでくれるかのようだ。

先にふれたように、フーゴーは一般的となった黙読という読み方にいち早く注目し、三段階にわたる読書課程の最後に位置づけた（一〇八頁参照）。しかし慧眼の教育者も、後述するように、黙読が読書の本質を大きく変えてしまうことにおそらく気づかなかったであろう。フーゴーによる読書は、文の意味を理解する読解の段階と、記憶に収めた文章を内面化する瞑想の二段階に分けられていたが、しずかな黙読は、この読書の二段階をひとつに融合させた。

十二世紀には、都市の勃興にともなうさまざまの現象が現われ始めた。都市の住民のなかには、子どもを医者や法律家や官吏などの職業につかせようと望む人々があった。フーゴーの教えた修道院付属学校と並んで、十世紀から十一世紀にかけてパリ、シャルトル、ランス、オルレアン、カンタベリーなど、各都市に大聖堂付属学校が創られた。修道院付属学校での教育が、典礼の実践や修道者の倫理的・宗教的陶冶をめざしていたのにたいして、都市にあった大聖堂付属学校は時代の新たな要請にこたえようと、積極的に人間および自然を理解するための教育を行ない、時代の主導的な地位を占めるようになった。この人文主義の萌芽はルネサンスを待たず、ボローニャやパリ、やがてオックスフォードに最初の総合大学となって開花した。つまり学問と教育は聖職者から学者の手に移ったのだった。フーゴーの唱えた「聖なる読書」ということば自体が十四世紀には使われなくなり、人間の知性をあらわす「精神の読書」がそれに代わる。

これと関連して教育の現場に起こった重要な変化は、学生数の増大だった。一一四〇年頃、ヨーロッパ各地から学びに来た学生も含めて、パリ在住の学生の総数は二千人から三千人と推定される。特定の限られた学生ではなく、多数のより一般的な学生を対象にしたとき、より合理的で効率的な学習法が求められたのは、ごく自然の成行だった。黙読の普及も、次章のテーマである索引の出現も、このような時代の現実を背景にしていたと考えられる。

十二世紀は分水嶺をなす時代だった。「当代のもっとも重要な神学者」（サン・ヴィクトルのリカルドゥス）とも「博学無双の神学者」（ボナヴェントゥラ）とも称えられたフーゴーは、去りゆく時代を代表する最後のひとりとなった。サン・ヴィクトル学派も、フーゴーの死後、急速に凋落し、時代は新たな展開をむかえる。

修道士はいつ本を読んだのか

先年、グランド・シャルトルーズ修道院の日常を記録した映画を見る機会があった。フランス・アルプスの山中に立つこの修道院では、世の喧噪から隔絶された修道士たちが、今なお数世紀前と変わらぬ日々を送っていた。定められた聖務日課のあいまに、静謐のうちに独房で読書をする姿が映し出された。白い僧衣をまとった修道士が、窓からの光を斜めに受けながら、机上の書見台に立てかけた本によみふける場面がことのほか印象に残った。修道院において、読書といういとなみはどのように位置づけられていたのだろう。だいぶ遡るが、六世紀の修道院におけるベネディクトの会則には次のような規定があった。

復活祭［春分後の最初の満月のあとの日曜日］から十月一日まで、朝、一時課を終わったならば、第四時ごろまで必要な仕事をし、第四時から六時課の時刻まで読書を行わなければならない。六時課のあと、食事を終えたならば、完全な沈黙を守りながら、それぞれの床について休む。独りで読書をしたいと思うものは、他のものの邪魔にならないよう、これをなすべきである……十月一日から四旬節［復活祭の前の、日曜日を除く四十日］の初めまでは、第二時の終りまで読書を行わなければならない。第二時に三時課を唱え、九時課まで、指定された仕事に従事しなければならない。九時課の第一の合図があると、みな仕事をやめ、次の合図があるのを待つ。食後は読書または「詩編」［の学習］に取り組む。

四旬節中は、朝から第三時の終りまで読書に従事し、それから第十時の終りまで、課せられた仕事をしなければならない。また四旬節中に、みなが図書室からそれぞれ一巻の書籍を受け取り、これを初めから順を追って通読しなければならない。これらの書籍は、四旬節の初めに渡される。

（以下略。『聖ベネディクトの戒律』古田暁訳。文中の注［…］は引用者）

読書は修道院の日課に組み込まれていた。とりわけ四旬節の四十日間は、キリストが四十日間荒野で断食したのを思い起こすために定められた悔悛の時期とされていた。信者は食事を減らし、鳥獣の肉を控えた。そのような時期にふさわしい書物が勧められたのだろう。

修道院には写本室があり、工房では写本の制作も行なっていた。この時代に修道院は読書という文化活動の拠点でもあった。ロワール川のほとり、トゥールのサン・マルタン修道院の写本室の碑文には、修道院付属学校の設立者であったアルクイン（七三五頃–八〇四）の次のような言葉が記されてあった。

聖なる書の筆写は価値ある仕事で、写字生は、それにふさわしい報酬を受ける。書籍を筆写することは、ぶどう畑を耕すことよりすぐれている。耕すものは胃袋のために働くが、筆写するものは魂のために働く。(『ヨーロッパ成立期の学校教育と教養』)

黙読のもたらした読書の変容

ほんのわずかなことの積み重ねが、年月を経るうちに思いがけない結果をもたらすことがある。ピリオドやコンマという書記法の考案が黙読の普及につながり、それはやがて読者の意識に変化をもたらし、時代の変革にまでつながったというのも、そうした事例のひとつといえるだろう。前述のように、古代のラテン語は句読点も単語間の切れ目もなしにびっしりと記されていて、一字ずつ指先でたどるように分節しながら発音することで、かろうじて読み進めるほかはなかった。こうした苦労は句読点の考案によって軽減されたが、何よりも画期的だったのは、単語間にスペースを置く分かち書きの採用であった。

分かち書きは七世紀にアイルランドで考案された。これが古代ローマ文化の中心地ではなく、辺境ともいえるアイルランドに出現したことがおもしろい。しかも、学者ではないがラテン語を読まなければならなかった人たち、たとえばミサのおりに詩編を声たかく歌う聖歌隊の隊員が、苦労のすえに編みだした工夫ではなかったかとも思える。学者ならばプライドをかけて、ひたすらラテン語の読解に励んだのではないだろうか。

分かち書きの導入は黙読を可能にし、読む速度を飛躍的に高めた。それは一語ごとに声に出して読む必要がなく、また表音文字であるアルファベットの読み取りを、まるで漢字を読むときのように、一瞬のパターン認識に変えてしまったような効果を発揮したのだった。読書の効率をおそらく数倍も高めるという、革新的な出来事であったにちがいない。

黙読はまた読書に静寂をもたらした。本来、無言と沈黙を重んじた修道院では、読書室の隔壁を石の壁にして修道僧のつぶやきが他の迷惑にならぬよう配慮をかさねてきたのだが、もはやその必要はなくなった。さらに黙読は写字生の作業にも静けさをもたらした。これまで著作は口述筆記で行なわれ、写本の制作においても、読み上げる声を聴きながらの作業であったが、黙読の普及につれて、修道院の写本室には静寂という指示が課せられた。そうした指示がいつ行なわれたかが、黙読の普及を示す目安ともなった。最初にそれが行なわれたのがイギリスの修道院においてで、八世紀のことであった。大陸では九世紀、フランスはトゥールのサン・マルタン修道院においてであった。十二世紀末には、フランス各地に黙読が普及したとされる。

そうした黙読への移行は写本の挿画にも反映されている。中世初期の写本には、写字生を表わす福音書の作者が、手にした本を読み上げる天使の声を聴きながら記す姿が描かれていたが、九世紀以降、福音書の作者は、傍らに掛けられたり仕事机の上に置かれた巻物を見ながら記すように変わっている。しかも写本の紙面には分かち書きにされた文章が見てとれる。

こうした黙読の普及は、執筆形態を大きく変えることになった。従来の写字生に頼った口述筆記は、むしろ内容の要約というべきもので、著者の細かな意図を表わすには程遠いものだった。羊皮紙の粗い表面に流動性のない大文字を記す作業は手間がかかり、著者の語る内容を忠実に再現することが難しいという技術的な問題があった。アウグスティヌスは孤独という個人的な事柄を書きとらせることの困難を嘆いている（『ソリロキア（独白）』）。分かち書きと、良質の羊皮紙、さらに書きやすいゴシックの草書体が作られ、自筆による執筆が容易になったのだった。その結果、執筆はひとりで行なえる個人的ないとなみとなった。ひとり机を前にして坐り、書見台と書物を納めた飾り棚に囲まれて執筆する誇らしげな著者の姿が描かれるようになったのは、中世も終わりを迎えようとするころであった。それは知識人の誕生であり、新たな時代の到来を告げる象徴でもあった。

注目すべきは、執筆において心理的な自由度がはるかに増したと考えられることだ。意識に浮かんだ発想を写字生に伝えるよりも、自らしずかに書き記す場合、中世という時代の制約、そして何よりもローマ教会による異端という抑圧感がやわらいだであろう。従来、新たな知の探究は抑圧され、錬金術は禁じられ、至高の存在との直接的なかかわりは異端とされたが、沈黙に守られたひとりだけの世界がひらかれたいま、内なる光がやがて訪れるルネサンスと宗教改革をもたらすことになる。

以上のことは読む側にもそっくり当てはまるだろう。前述のように、聖王ルイは蠟燭をともし、ひとりしずかに本に読みふけった。読書人の誕生だった。「読書の変容」の章に登場した近代読者と方向性を同じくする意識が生まれ、孤独への扉が音もなくひらかれる。しかし中世人であるかれは、その彼方にまばゆい光明を感じとっていたのかもしれない。

5　索引の誕生

索引の効用

わたくしごとになるが、エッセイを書きはじめたころ、江戸期の随筆は隠れた宝庫のように思えたものだ。几帳面な古人が和漢にわたる読書の一端を淡々と記した名著があり、名著とはいかないが、なにがしか興味をそそる一節の記されたものもある。かつて江戸の随筆は読書人にとって格別の読書分野とされていた。明治十年代の初め、十五歳の鷗外は通学のかたわら貸本屋に通って雑書を読んでいた。机上には、日記と「紺珠」と名づけた備忘録が置いてあった。

それから机の下に忍ばせたのは、貞丈雑記が十冊ばかりあつた。その頃の貸本屋の持つてゐた最も高尚なものは、こんな風な随筆類で、僕のやうに馬琴京伝の小説を卒業すると、随筆読《よみ》になるより外ないのである。こんな物の中から何かしら見出しては、例の紺珠に書き留めるのである。

（『ヰタ・セクスアリス』）。

このとき鷗外の手にしていたのは、木版本の『貞丈雑記《ていじょうざっき》』だった。この時代にはまだ閑暇というものがあった。江戸人の筆まめと閑暇の生みだした随筆は、読むほうにもそれなりの余暇を必要とした。

『貞丈雑記』は故実家にして幕臣であった伊勢貞丈《さだたけ》（一七一八―八四）の随筆で、すべて十六冊ある。礼法、祝儀、人品、人物、人名など三十五項目に分けて記されている。それは鷗外の博大な教養をかたちづくる礎石のひとつともなったのであろう。最後の書籍之部から――

一、書籍を幾巻と云ひ、又巻の一・巻の二などと云ふ事は、上古には紙なかりし故、竹をわりて、火にあぶりて油をぬきて、其わり竹にうるしにて文字を書きて、韋《かは》にてあみつらねて、巻いて置きし故、幾巻といひし也。又一篇・二篇といふも、あみて置きし故也。篇はあむとよむ字也。書籍を作る事を、書をあむと云ふも、右の事より起りたる詞也。其後紙をつぎて巻物をするも、右の趣をまなびたる也。巻物はよむ時くりひろげて、便り悪しき故。折本・とぢ本にするなり。とぢ本なれども、猶古の趣を以て、幾巻共巻の一などとも云ふ也。

こういう淡々とした行文をしずかに追うのも、読書の楽しみのひとつだった。江戸の閑暇がこうした随筆を生みだしたとはいえ、しかし閑暇はそのための必要条件にすぎない。随筆『五月雨草紙』の作者、喜多村香城《こうじょう》（一八〇五―七六）は、幕府の医官であった博識の先考（亡父）の思い出を次のように記している。

博覧強記、凡《およ》そ天下の書に於て読まざる所なし。壮年の頃には一旦夜に書籍の厚き一寸づつを読まれたり。冬夜、燈火の上に酒銚子を釣り下げて置く。時は深更に至り、寝に就く時は微温にして丁度燗せし程になりしといふ。其の頃は雑書を博《ひろ》く読む事流行して、読む毎に必ず抄録する事なり。先考手抄の書は凡《およ》そ三百巻程の大冊あり。唐家以来の小説雑記類、其の数甚《はなは》だし。余が少年の時も読み尽くして抄録せざれば益なしと教督されたり。故に余が抄録も二百巻計《ばか》りなりしが

（後略）（『五月雨草紙』）

いかに読み尽くそうとも、抄録を残さなければ何にもならぬ。経書から雑書に及んだ多読の文人は、抄録によって要旨を記憶におさめ、そうして、多岐にわたった心を整えた。深更の読書を終えると、ほどよく温められた寝酒が待っていた……。江戸の随筆の濫觴《らんしょう》を思わせる一挿話といえよう。

江戸の随筆はただ閑暇の読書に向いていただけではない。暇にまかせて読んだ本が記憶におさめられ、いつしか教養となって、何かのおりに効力を発揮するというのが、読書人の抱いた思いであり、読書の口実でもあった。これは閑暇を楽しむ読書人ばかりではなく、学者にもいえることのようだ。随筆類の閲読は学問研究にも資するという。宮崎市定は吉川弘文館の『日本随筆大成』についてこう書いている。

> 私が旧版の『日本随筆大成』を三期揃えて、附録まで併せ全部所有していると話すと、大ていの人はいぶかしげな顔をして、それは奇特なことだ、とほめてくれる。併し私にとっては別に不思議ではないので、私が随筆書を手許におく必要を感じたのは、専攻する中国学の研究上から会得した知恵で、それが日本学に及んだわけである。
>
> 私は大学の卒業論文の題目に中国史における宋、元の交替期を選んだところ、それが混乱の際であったため、本来あるべき正統的な史料が悉く散佚していて、事実の脈絡を辿るだけにも甚だ困難を感じた。その欠を補ってくれるのは当時の人の見聞を記した随筆なのであった（「中国の随筆について」『独歩吟』所収）。

しかし、あわただしい時代にあっては、随筆類の通読はなかなかむずかしくなる。そこで索引が求められる。宮崎市定は索引のありがたさをしばしば記しているが、『論語の新研究』執筆にあたっては、索引の活用を語ってじつに真率だった。儒学において当初は革新的であった清の考証学が、結局は経書の本文を死守するだけの保守主義の砦となってしまったことを批判した上で——

これに反し古典を本文のままで解釈することに見切りをつけ、解釈不可能な箇所には誤謬があるかも知れないと明言する私のような立場は、言わば浅学の者の発想である。といって私は決して卑下しているのではない。それどころか、反って意気軒昂として言あげする者である。というのは中国古典の研究はもうとっくに浅学者の時代に入っているのを知るからである。たとえば古典の索引が学会に歓迎されている現状などは、その疑うべからざる明徴である。自信満々の考証学者ならば十三経に索引などは要らぬ。本文は全部頭の中に叩きこんであり、いつ何時でも即座にたぐり出して見せるからだ。ところが今の学者のどれだけがそんな芸当の眞似でもできるだろうか。既に浅学の時代に入ったなら、浅学時代にはまたそれなりの研究方法、発表の形式が考案されなければならぬ。浅学時代に入りながら、浅学的実践の確立せぬのは、大きな矛盾である。私は正に浅学を代表してそれをやろうとしているのである。論語の本文だけでもまだ暗記できないでいる私の研究には、哈佛燕京學社の論語引得は不可欠の参考書であった。もしこれが無かったら、私の研究は大きな障害を受けたであろう。（『論語の新研究』）

引用の末尾にあげられた中国語の書名「論語引得」とは、論語索引のこと（index の中国語訳が引《いん》得《とう》）。これまで索引の重要性が一般論として語られることはあっても、自らの研究に索引を活用したことをこう明言した例は珍しい。自身のなしとげた研究成果に確信をもった学者にして初めていえる言葉ではないだろうか。

　江戸人の書きのこした随筆類はまさに汗牛充棟、さすがの柳田国男も嘆息をもらすほどだった。明治以後に活字化されたものだけでも膨大な量にのぼる。あるとき古書店で、太田為三郎編『日本随筆索引』正・続二巻を見つけて迷わず購入した。以後たいへん重宝している。丸谷才一はある談話のなかで、石川淳の「江戸の随筆は通読してそれほど面白いものではないので、太田為三郎編の『日本随筆索引』を活用するのがよい」という言葉を紹介している。編者の太田為三郎は明治年間、帝国図書館にあって随筆索引の編纂に歳月をついやし、大正十五年に岩波書店から本書を刊行している。その労あって、これまでどれほど多くの人が恩恵にあずかったことだろう。

　ところで索引はいつ誰によって作られたのか。ある百科事典には「索引は、活版印刷による書籍が世に出るのと同時に作成され始めたと考えてよく」とあり、外国の百科事典にもそう明記されているものがあって、それがほぼ定説のようだ。しかし実際にはそれよりもずっと早く、すでに三世紀には、著作を構成する文節の要旨を書き出してまとめたものが用いられていた。読者はこれに目を通せば、求める一節がどこに出ているかを知ることができた。しかしこれは索引というよりも、その原型ともいうべきものであった。それから十三世紀半ば、フランスの修道院でアルファベット順による最初の索引が作られるまで十世紀を経ている。それは索引の成立に要する幾多の条件が整えられるに必要な十世紀であったといえるだろう。書物の形態をふくめた書記法の発達、書物と深く関連する記憶術の盛衰、十二世紀ルネサンスという時代潮流、ストア哲学の成立、そしてほとんど忘れられた人物たちによる大小さまざまの貢献……。索引の成立というささやかな歴史にも、人知れぬドラマがあった。

最初に索引の作られたのがフランスの修道院であったように、その誕生がキリスト教と密接な関係があったのはなぜか。キリスト教はとりわけ「書物の宗教」といわれる。紀元前一千年を過ぎたころ、ユダヤの王ソロモンが首都エルサレムに最初の神殿を建てた。その壮麗な神殿の中心部、もっとも神聖とされたところに神像はなく、そこにはただ十戒を刻んだ二枚の石板が置かれてあった。後にその教えは旧約・新約の聖書に記されて、西洋における書物の原型となった。

新約聖書に含まれる四つの福音書「マタイ」「マルコ」「ルカ」「ヨハネ」は異なる書き手によってそれぞれ別の時期に成立したとされるが、いずれもイエスの生涯と教えを伝えている。問題は、四福音書の記述には異同が認められることだった。四つの福音書のうち、「マタイ」「マルコ」「ルカ」の三福音書は一致する点が多く、共観福音書といわれる。ところが「ヨハネ」と共観福音書とのあいだには大きな相違があった。共通する記事は一割にも満たないといわれるほど決定的に違っている。さらに共観福音書のあいだにもいくらかの不一致が認められた。たとえば「マタイ」によると、ヨセフの夢に御使《みつか》いが現われて、許嫁のマリアが聖霊によって子を宿したことを告げるのだが、「ルカ」によるとマリアのもとに御使いが現われ、同様の受胎告知がなされたとされる。このような矛盾を読み解いていかに調和と一致をはかるのかが聖書注解の課題となった。イエスとはいったい誰であったのか。イエスは何を告げたのか。そこで四福音書「マタイ」「マルコ」「ルカ」「ヨハネ」の記述を子細に比較・検討する必要が生まれた。そのどちらが真実なのかを断定するというよりも、それらの矛盾を契機としてより高い認識に至ろうとするのが神学者に課せられた使命であったといえるかもしれない。また実際のミサや説教においても、四福音書からその時機にふさわしい一節を選んで読み上げ、それについて意をつくして信者に語るために、聖職者は各福音書の記述を容易に参照する方策を求めたのだった。

神学上の論議を別にすれば、各福音書の比較参照はそれほど困難な作業ではないと思われるかもしれない。しかし西暦紀元初頭における書物の形態と書記法を考えると、それは途方もない労力と時間を要したにちがいない。書物がこんにちのように読みやすい形態と紙面をそなえるに至るまで、どのような変革と工夫の積み重ねがあったのかを、ここで一瞥しておきたい。

巻物から冊子へ

印刷ではなく手書きによる写本であった当時の書物は、参照に便利な冊子本《さっし》ではなく、巻子本《かんす》（巻物）であった。「イエス書《ふみ》を巻き、係りの者に返して坐《ざ》し給《たま》えば」（「ルカ」２・20）とあるように。ある一か所を参照するにも、巻物を巻き戻していかなければならなかった。新たに登場した冊子本のことをもっとも早く記したのが、新約聖書のパウロ「ティモテオスへの手紙」の一節とする見解がある。「あなたが来るときには、わたしがトロアスのカルポスのところに置いてきた外套を持って来てください。また書物、特に冊子のものを持って来てください」（「ティモテオスへの手紙」Ⅱ、４・16）とパウロがギリシア語で書いたのは西暦六七年のことだった。しかし聖書協会合同訳（二〇一八年）では冊子ではなく羊皮紙とあり、これが一般的のようだ。

冊子本の出現を告げる確かな事例として、ローマの詩人マルティアーネスの逸話がある。ホメロスの一大叙事詩が一冊の冊子本に収められているのを見て感嘆した詩人が、巻子本（巻物）であった自作の諷刺詩『エピグラム集』を、旅先でも読みたいという読者の要望にこたえて、西暦八五年、その第一部を扱いやすく携帯に便利な冊子本に仕立て直したのだった。マルティアーネスはその後、第七部に至る残部もすべて冊子本に作り直している。巻子本しか知らなかった当時の人々にとって、冊子本の出現は、さぞ斬新に思われたのだろう。冊子本がひろく普及して、書物の一般的な形態となったのは、四世紀頃といわれる。

めざすページをすぐに開くことのできる冊子本は、いちいち巻き戻さなければならない巻子本よりもはるかに参照を容易にした。さらに扱いやすくかさばらないという利点があった。マルティアーネスの作製した冊子本は旅行に携帯するために、とくに掌におさまるほどの小型に作られ、四十八ページにおさめられた。もとの巻子本は段組みにして四十八段、長さは四メートル以上あり、* 巻けば直径が四ないし五センチとそれほどかさばるわけではなかったが、読むときにはこれを両手で持って広げていなければならなかった。

＊巻物は（縦書きに記された日本の巻物のように）軸と並行して横書きに記されたと考えられがちだが、西洋の場合、これは中世の特殊なものに限られ、古代からつづく巻子本は軸と直角に記された。したがって左右が一定の幅の段をなして並べられ、左側の軸に近い巻末から右側の巻頭に向かって読み進むことになる。ただしヘブライ語は右から左に書き進むので、これとは逆向き

になる。長さ四メートルとは標準的な長さであったようだ。

句読点の考案と分かち書き

前述のように、当初、文章は切れ目もなしに記されていて、読み手はたいへんな負担を強いられ、一文字一文字を指でおさえるようにしながらゆっくりと声に出して読み進めるほかはなかった。つまり、ひと目で単語を読みとることができないため、連続する文字をたどってまず音節を認識し、その音節を結びつけて単語を認識するという経過をたどって、はじめて読むという行為が成立した。それでも記されてある文章についてまったく知らなければ、読み解くことはむずかしかったようだ。当然、読みやすくするための工夫が数世紀にわたって積み重ねられることになる。

まずは句読点。残された写本のあるものには、読み手の書きいれた句読点に類したものが認められるという。こうした覚書のような独自の記号が句読点の発端になったのだろう。したがって当初は統一されたものではなく、ピリオドやコンマ、セミコロンなどの句読点が地域や時代によって独自に用いられ、ようやく十一世紀末に一応の統一をみたと考えられる。

何を目安に句読点をつけていたのかについて、中世の人々はわたしたちと明らかに違っていた。それは当時、文章は黙読ではなく音読されていたことと、中世には構文についての理解が曖昧で、それぞれの単語の識別がはっきりしなかったことによると思われる。西暦八一二年から七年のあいだにサン・ジェルマン・デ・プレ修道院で作られた写本には、グレゴリア聖歌の場合に音の高低を表わす記号「ネウマ」によく似たものが句読点として使われている。このネウマとはもともと文法上のアクセント記号に端を発し、記憶のための補助として使われ発達したという（平凡社『世界大百科事典』「楽譜」の項）。こうした句読点とネウマとの類似性によっても、句読点が当時、構文ではなく声の抑揚に応じてつけられていたことがわかる。文の途中で調子を上げて間合いをとる場合、つまり読点には、セミコロン「；」を転倒させた記号「⁝」を用いた。セミコロンとピリオドの役割は今とは反対に、文の終わりにはセミコロンが、列挙するときの軽い休止にはピリオドが置かれた。十世紀頃の写本に、句点を表わすのにピリオドの頭に山型の記号をかぶせたもの「⌃・」が散見される。これは十二世紀以降、シトー会（十一世紀にフランスで創立された修道会）の写本にみられ、中世を通して用いられたという。括弧と感嘆符の考案はイタリア古典学の副産物であったようだ。シャルルマーニュ（カール大帝、七四二―八一四）の治政下に出された福音書抄録集の豪華版に、初めて疑問符が現われた。その形「？」を眺めていると、相手に訊き返すことを示す耳の形をピリオドの上に重ねたのではないかと思えてくる。

句読点のほかにも読みやすくするさまざまの工夫がなされた。それまでの大文字にかわって視線の流れに逆らわない小文字の書体が作られ、引用文や注釈は本文とひと目で区別されるような紙面構成に整えられた。ヨーロッパ中世の写本に特徴的な、彩色された大きな装飾文字が章やパラグラフの先頭を飾り、読みやすさとともに紙面に美しさを添えた。しかし読みやすさを一挙に高めたのは、単語と単語のあいだにスペースをおく分かち書きの書法だった。

前述のように（一二六頁以降を参照）、分かち書きは六世紀の末から七世紀の初めにかけて、アイルランドで始められた。文化の中心地から遠い辺境の地で、こうした革新的な発想が生まれたのは意外とも思われるが、アイルランドはこのころ、コルンバヌス、ガルスという優れた修道士を輩出し、けっして学術・文化の遅れた地ではなかった。ローマ帝国の版図の外に位置するアイルランドの人々は、母国語とかけ離れたラテン語を読みあぐね、苦労の末に単語と単語とのあいだにスペースを置く書き方を工夫したのだった。それは学者の手になったというより、ラテン語を読まなければならなかった一般の人たちによる苦心の末の工夫だったのかもしれない（二二六頁）。そう思わせるような事例がある。

じつはすでに大陸において、ラテン語の写本に単語をピリオドで区切る書き方の行なわれた時代があったのだが、紀元二世紀にはすたれてしまった。こうした逆行は理解しがたいが、そこにはまた複雑微妙な人間心理がはたらいていた。当時、読み手に多大の教養を必要とした読書は、限られた教養ある人士にのみ許された特権的ないとなみだった。そのようなエリート層は、読書を一般的なものにする方法の導入を喜ばなかったのである。

七世紀にアイルランドで始められた分かち書きも、ただちにヨーロッパ全土に普及することにはならなかった。また、ラテン語を母語としたローマ帝国の末裔にとって、書物はもっぱら学識ある奴隷に朗読させていたという、古き良き時代の記憶も作用したのであろう。

分かち書きの大陸への普及に転機が訪れたのは、十世紀にアラビアから論理学と新しい科学技術がもたらされたことによる。翻訳された難解な論理と複雑な理論の理解には、これまでの書記法のいわば再構成を必要とした。単語を一目で読みとることのできる分かち書きは、科学や論理学の書物にとどまらず一般の書物にも採用され、ひろく大陸に普及していった。

分かち書きは文章の読みとりを容易にすると同時に、読む速度を格段に速めた。たとえば短い単語の場合、表音文字であるアルファベットを表意文字のように、一瞬のうちに読みとることを可能にした。一瞥で読みとれる範囲をひろげた結果、読む速度を速めたともいえる。それはまた思いがけない結果をもたらした。それまでのように一語一語を声に出して読む必要がなくなり、黙読を可能にしたのだった。十二世紀にはフランス全土に分かち書きが行なわれ、黙読がひろく普及していった。

以上、数世紀にわたって続けられた工夫によって、索引の作成に必要な条件が徐々に整えられてきた。その間、索引がないための不便を人々はどのようにしのいだのか。じつは索引と変わらぬ機能を発揮するある独創的な方法が行なわれていた。それぞれの福音書の異同を確認するという目的において、それは一般の索引よりもはるかに効率よく機能したといえるかもしれない。

エウセビオスの共観表

同じ事柄を記した記述が四福音書のどこにあるかを示した表が共観表といわれる。共観表を初めて作成したのは、アレキサンドリアのソクラテスといわれたアンモニオス・サッカス（一七五頃―二四二頃）とされているが、それをより完全なものに仕上げたのが、『教会史』を著わした博学の司教、カイサレイア（パレスティナ）のエウセビオス（二六三頃―三三九頃）だった。エウセビオスの共観表は紀元三三一年頃にギリシアで編纂され、後にラテン語に翻訳されてひろく用いられた。

エウセビオスの共観表は十枚の表からなっていた。まず第一表には、マタイ、マルコ、ルカ、ヨハネの四福音書すべてに共通する個所が列挙されている。第二表から第四表には、四福音書のうちの三つに共通する個所が。つまり第二表にはマタイ、マルコ、ルカ。第三表にはマタイ、ルカ、ヨハネ。第四表にはマタイ、マルコ、ヨハネに共通する個所とつづく。さらに第五表から第九表には、四福音書のうちの二つが共通する個所。つまり第五表にはマタイとルカ。第六表にはマタイとマルコ。第七表にはマタイとヨハネ。第八表にはルカとマルコ。第九表にはルカとヨハネに共通する個所が記されている。最後の第十表には、四福音書のそれぞれが他にはない独自の個所があげられている。これは四福音書を順列組合せのように並べかえながら、各福音書の異同を明らかに示すというものだった。

参照のため、各福音書の全文を短い節に区切り、それぞれに番号をふって共観表の表示番号と対応するようにした。マタイは三百五十五節に分けられている。こんにち行なわれている世界共通の分け方によると、マタイ二十八章は千七十一節になるので、それよりもかなり大きなくくり方だった。

エウセビオスの共観表は次のように用いられた。各福音書の本文の脇の余白に節番号が記され、その下に赤で表番号が付けられている。表番号が1なら、その一節は第一表にあげられている。同じく2なら、第二表。以下、10まで同様。したがって福音書のどこを開いても、他の福音書のどこに同じようなことを述べてあるのかが、節番号に付された赤い表番号をみれば一目瞭然だった。表番号に導かれて共観表に至り、該当する福音書の節番号をみつけて参照項目にめぐり会える。この共観表は後に聖書の巻末に綴じ込まれ、何世紀にもわたって有効な手引となった。

九世紀末にロワール川のほとり、トゥールのサン・マルタン修道院制作の福音書に付された共観表の写真複写をみると、古代建築の正面《ファサード》のように、穹窿を頭上に頂いた四本の列柱が並んでいる。柱頭から柱頭へと半円をえがいてかかる三つのアーチの下には、それぞれ左右を列柱に仕切られた縦長の欄が三面かたちづくられ、そこに三段組にされた文字面の一段ずつが配置されてある。穹窿とアーチに上下を限られた余白に、CANON・IIと大きく題され、これが共観表の第二表であることがわかる。したがって三つの欄には、マタイ、マルコ、ルカの三福音書に共通する箇所が記入されていることになる。一種の索引にほかならない共観表は書物の巻末に付すのが妥当だろうが、当時の福音書の大半は、これを巻頭にかかげていた。その巻頭を飾る扉にふさわしい装飾効果をねらってのことであったのかもしれない。しかしメアリー・カラザースは、この図像表現には暗黙の意図がこめられていたとする。

古代建築の柱に仕切られた空間は、記憶術では典型的な記憶の場とされていた（「記憶術とは何か」の章を参照）。柱頭と基部の装飾は、記憶のための目印ともみえる。共観表は典型的な記憶の場に設定されていたのだった。つまり、この共観表自体が記憶の対象であったと考えられる。

この紙面構成について、メアリー・カラザースはこう明言している。「ここでは柱によって仕切られた長方形の空間の一番上に福音書の名前を書き、その下に福音書の文の番号を記している。さらに、ギリシア語のテクストでは四行、ラテン語のテクストでは五行ごとに横に線を引いている。時にはその線に色がついていることもあった。そうすると頁は、一連の長方形の小さな「箱」の集まりのような感じになる。どの箱にも五つ以上の項目は書かれていない。このようなレイアウトが記憶のやりやすさを念頭において工夫されたものであることは疑いを容れない」（『記憶術と書物』、別宮貞徳監訳、傍点は引用者）

つまりエウセビオスの共観表は本来、記憶することを前提に作られたものだった。書物を見ずに、記憶におさめた福音書を想起しながら参照するためのものであった。中世には聖書の全文を記憶している人物が実在した。エウセビオスの同時代人であった聖アントニオスは、聖書の全文を暗記していたと伝えられる。彼は博識の神学者であったわけではない。アレキサンドリアの司教アタナシオスの『アントニオス伝』によると、この人はエジプトの高貴な家系の両親から生まれ、家庭は裕福だったが、学問には心をよせず、虚飾のない純朴な若者に成長した。後年、異教徒の哲学者たちから文盲と嘲弄されたとき、彼は言った。「あなたがたはどう答えられますか。精神が先でしょうか。それとも文字が先でしょうか。どちらがどちらを創始し、案出したのでしょう。精神が文字を作り出したのでしょうか、それとも文字が精神を作り出したのでしょうか。」彼らは精神が文字に先んじ、精神が文字を作り出したのであると答えると、アントニオスは言った。「では、精神が健全であり、本来的なあり方をしている限り、文字を必要とするものではない。」これを聞いた哲学者たちはその理解力に驚嘆したという。読み書きにとらわれることのない高い英知というものがある。

十八か二十歳のころ両親が亡くなって半年も経たぬとき、アントニオスは教会で聖書の次の言葉が朗読されるのを聞いた。「もし完全になりたいのなら、家に帰って持ち物を売り払い、貧しい人々にあげなさい。そうすれば、天に富を積むことになる。それから、わたしについて来なさい」（「マタイ」19・21）。聖書では、この言葉を聞いた金持の青年はそうしたことのかなわぬ自分の境遇を悲しみながら立去ったのだが、アントニオスはイエスの言葉どおりに財産を棄て、貧しい修行者の道を選んだ。彼は生活を簡素にし、手仕事によって日々の糧を得ながら、残りは貧しい人々に施した。聖書の朗読に精神を集中していたので、彼は聖書に記された言葉が一言でも不毛の地にこぼれ落ちることのないよう、聖書のすべての言葉を記憶するに至ったのだろう。人々を驚かせたのは、アントニオスが聖書の写本を見ることさえしなかったことだった。ことによると、文盲といわれたのは、このことによったのかもしれない。

その後の二十年にわたる砂漠への隠遁は、悪魔の誘惑にたいする壮絶な闘いだった。聖者の悪魔との闘いは、多くの画家にインスピレーションを与えることになる。マティアス・グリューネヴァルト（一四七五頃―一五二八）、ヒエロニムス・ボス（一四五〇頃―一五一六）をはじめとし、現代のサルバドール・ダリ（一九〇四―八九）に至る画家たちが、さまざまの「聖アントニオスの誘惑」を描いた。文学では若きフロベールが『聖アントワーヌの誘惑』を書いている。現存する最古の聖人伝とされる『アントニオス伝』は後世に絶大ともいえる影響を与え、アントニオスは理想の修道士としてあがめられた。聖書の一節が朗読されるのを聞いて信仰に身をささげる決心をした逸話は、アウグスティヌスの心をとらえ、マニ教徒として苦悩していた青年をキリスト教に入信させることになる。さらにアシジの聖フランチェスコの回心にも、アントニオスの逸話の反映がみられるという。

三五六年、百五歳で逝った聖アントニオスの生涯は祈りで満たされていた。二十年にわたった悪魔の誘惑との闘いにおいても、変幻自在の悪霊にたいして徒手空拳のアントニオスを支えたのは、聖書の言葉だった。こうした祈りに満ちた日々のたゆまぬ積み重ねが、聖書の全文を記憶におさめるという難行を可能にしたのだろう。

時代は下るが、トマス・アクィナス（一二二五―七四）の次のような逸話がある。聖書にある特定の語句を鎖のように結びあわせて展開する「鎖《カテーナ》」という注解を執筆したさい、トマスを生前に知っていた人物の証言によると、トマスは「マタイ伝」二章九節の「彼ら王の言《ことば》をききて往《ゆ》きしに、視《み》よ、前《さき》に東にて見し星、先だちゆきて、幼児《おさなご》の在《いま》すところの上に止《とどま》る」を論じた項では、まず「マタイ伝」についてのクリュソストモスの文を引用して注釈を記し、さらに「ルカ伝」についてのアンブロシウスとレギミウスを引用して注釈を加えたという。このときトマスは該当の写本にいちいち眼を通したわけではなかった。それらはトマスの脳裡にすでに整然と収録されてあった。トマスがいかに優れた資質を備えていたにしても、このような卓越した記憶力は、人為的な記憶法、つまり記憶術によっていたと考えられる。

記憶がこのように重視された要因のひとつに、修道院的な聖書解釈の伝統があった。修道院文化という史観の提唱者であったジャン・ルクレールによると、「聖書のある一節の理解は、そこに用いられた語がほかの節にも用いられていることを想起することによって解釈を見いだすことにあった」。今日ならば、コンコーダンス（用語索引）を広く用いて解釈に至るというところだろうが――

中世の人々は、言葉を反芻することにより、聖書を「心で」、すなわち暗記して知るに至った。それぞれのテキストに描かれた状況に一致するテキストや、それぞれ他の語を解説する語を自発的に見つけることができるのである。ある種の生きたコンコーダンス（中略）となったのである。修道院的な中世は、書かれたコンコーダンスをほとんど用いない。連想し、関連づけ、比較するという自発的な働きで、解釈には十分だったのである（『修道院文化入門』、神崎忠昭・矢内義顕訳）。

自身が生きた用語索引であった中世人に、索引は必要なかったのだ。

十二世紀の時代背景

それでは十二世紀の末あるいは十三世紀の初めに索引の出現をみたのは、いったいどのような要因が働いたのだろう。それは「十二世紀ルネサンス」とよばれる変革を背景にした文化現象のひとつであったと考えられる。ホイジンガは「十二世紀ルネサンス」の重要性をこう語っている。

一二世紀は他に例を見ないほど創造的な、造形的な時代でした。普通ルネサンスに数えられる時代よりも、この一一〇〇年から一二〇〇年に至る時代の方がはるかに多くの目ざめたもの、発展したものを示しています。それはより明るい調子とより生き生きした拍子に変わるメロディとも、また、雲の切れ目から輝き出す太陽とも思われます。ここにまず、新しい誕生を語る理由があると思われます（「アベラール」、里見元一郎訳）。

さらにホイジンガは、過去二千年における文化の盛衰を概観すると、その高度に繁栄した時期はせいぜい二百年であったとし、西洋中世文化については十二世紀と十三世紀がその時期にあたっていたと明言する（『明日の蔭の中で』）。こうした文芸復興の機運によって、文化のさまざまの分野で旺盛な活動が開始されるのだが、教育の改革に焦点をあて、当時の学校の実態をうかがうと――

十二世紀前半、学校とは特定の場所に設けられた教育機関というよりも、著名な思想家を中心に学生や思想を同じくする学者たちの集うゆるやかな学派であったともいえる。しかし学校がまったくなかったわけではなく、古くはシャルルマーニュ（在位七六八–八一四）が設けた修道院と司教座聖堂に付属する学校があったが、十世紀にサラセン、ハンガリア、北欧などからの外敵の侵入によって荒廃した。その後、再興されたのだが、十二世紀に入ると文化の中心としての修道院は影響力を弱め、その付属学校の多くも衰えた。そもそも会則に従って日々営まれる修道院に、修道士ではない多数の学生が宿泊することには何かと支障をきたすこともあった。その点、都市にあった司教座聖堂の付属学校にそのような不都合はなく、司教座聖堂も地方に孤立しがちであった修道院にかわって社会的な地位を確立しつつあった。さらに修道院付属学校での教育が、典礼の実践や修道士の倫理的・宗教的陶冶という宗教教育であったのにたいして、都市の付属学校では、聖書や人間および自然を理解するための新たな方法や学問を重んじ、勃興する都市の学生たちの要求に沿う教育を行なったことがその隆盛をもたらしたのだった。著名な教師は、ヨーロッパ全土からやって来る数百名もの学生に囲まれた。

一一四〇年頃のパリの学生の総数は二千人から三千人と推定されるほどであった。この時代のパリにはノートル・ダム司教座聖堂付属学校のほかに、サン・ヴィクトルの修道参事会員学校およびサント・ジュヌヴィエーヴの共住聖職者団教会学校があった。サン・ヴィクトルの修道参事会員学校には令名高いサン・ヴィクトルのフーゴーを慕って逸材が集まり、学者、詩人、神秘家となって、後にサン・ヴィクトル派を形成することになった（一〇五頁）。一方、中世ルネサンスを通じてもっとも才気あふれる学者アベラルドゥス（『アベラールとエロイーズ』によって知られるアベラール、一〇七九―一一四二）は、ノートル・ダムで研究と授業を開始し、サン・ヴィクトルで公開講座を受講し、サント・ジュヌヴィエーヴの丘で教えた。アベラルドゥスの名声が多数の学生をパリに向かわせることになる。「フランスは知的な営みを独占してはいないにしても、その影響と輝きは抜きん出ていた。ことにパリの諸学校は一連の有名な教師によって際立った恩恵を受けた。（中略）彼らの知的声望と教育の質によって、ヨーロッパのすべての地域から学生がパリに引き寄せられた」（J・ルクレール、『中世の霊性』）。司教座聖堂付属学校を母体として、一二〇〇年以降、パリには神学、学芸、教会法学、医学の四「学部」が置かれ、大学が成立する。同時にアベラルドゥスのように卓越した知識によってひろく都市文化圏を舞台に活躍する学者が現われた。知識人の誕生である。

それまで修道院内の限られた学生を対象にしていた教育方針が変革を迫られたことは容易に想像できる。新興都市の住民の要請にこたえる世俗的な教育が求められた。学生数の増大に加えて、限られた時間内でより合理的な方法による教え方が必要とされるようになった。従来の記憶に頼るという多大の努力と時間を要する学習法、そうした体験自体が修道・徳育の一環でもあった学習法にかわり、知識の習得を重視する合理的な方法が望まれたのだった。大学の台頭は、書物の形態にも変化をもたらした。

それまでの聖書は厚く重たく、全部を収めるには何巻もの写本を必要とした。十二世紀になって、誕生前の羊の皮を明礬《みょうばん》を用いて細心になめし、さらに細かい軽石でなめらかにした薄くて軽い上質の「処女」羊皮紙ができるようになった。書体については、従来の大きく連続性のないゴチック体にかわって、カロリンガ体という小ぶりで流れるように連続する画期的な書体が現われ、細密な紙面構成とともに、携帯に便利な一冊の聖書が作られるようになり、大学版とよばれた。

さらに十二世紀後半にはストア神学（哲学）の成立という大きな知的革命が進行していた。神学者の意識にも研究方法にも大きな変化が現われた。ストア神学とは、従来の神学をいわば論理的に再構築したもので、アベラルドゥスに始まり、ペトルス・ロンヴァルドゥスを経て、十三世紀のトマス・アクィナスによって大成された中世期を支配する思想体系であった。それは奇しくも同時代の中国宋代に形成された朱子学に比せられるかもしれない。朱子学とは仏教思想の影響による形而上学的な論理によって儒教を再構築した思想体系だったといえるだろう。ストア学の本質はアリストテレスの論理学にもとづく弁証論《ディアレクティカ》といわれる議論の方法であり、「弁証論《ディアレクティカ》は真を偽から見きわめる透徹した議論である」（フーゴー『ディダスカリコン』）と簡明に定義されるが、時代に特有のこまかなニュアンスをのぞけば、文章間における論理の一貫性に着目し、論理的な説得力を組織化する言語の技術といえるだろう。弁証論《ディアレクティカ》は神学、哲学にとどまらず、ひろく法律、医学にも適用され、時代の支配的な思想潮流となった。

　このような論理思考（志向）は一派の動向というよりも、より深い時代精神に根ざしていたと考えられる。たとえばストア神学と対峙する修道院神学の勇、カンタベリーのアンセルムス（一〇三三―一一〇九）は、神の存在を、聖書の権威を括弧に入れて、ひたすら論理ひとすじによって証明してみせた独創的な論考『モノロギオン』『プロスロギオン』を著わしている。またアンセルムスはこのなかで、「瞑想」meditatioという言葉を、こんにちのように、しずかに内省するという意味に用いたことは、先にしるした（一一三頁）とおり。

　この時代を分水嶺とする事例として、次の指摘を書きそえておきたい。

　十一～十二世紀までは十字架上のキリストは明るい、穏やかな顔で、超越的な終末（エスカトン）を待つ姿勢をもって真正面を向いていたが、その後次第に下を向き、悲しい苦悩の顔に転じてくるのは、前者が死をも克服した勝利のキリスト（Christus victor）を表し、神の力を強調したのに対して、後者ではキリストの人性を強調して、人間の苦しみを共にする compassio（憐れみ）に力点が移ってきたことを示している」（古田暁）。

一一〇〇年頃から一三二〇年頃までをヨーロッパの歴史における偉大なヒューマニズムの時代、「おそらく最高のヒューマニズムの時代」（R・W・サザーン）とする見解がある。人間を中心とするこうした認識は、全宇宙を理解可能とする知性の尊重をうながすとともに、認識手段である言語の精密化、記述の厳密化へと関心を向かわせることになったと考えられる。

さらに、スコラ学が索引の誕生をうながしたことを示すこんな事例もある。それは旧約の「雅歌」の解釈をめぐる問題だった。中世の修道院でもっともよく読まれた書物は「雅歌」であり、修道院とスコラ学の雅歌注解は、両者が同じ「雅歌」を読みながら、まったく異なる対照的ともいえる視点から読み解いていたことを示している。J・ルクレールの分析によると、修道士の求めたのは、神と個々の魂との関係をとおして実現される霊的な結合であった。一方、スコラ学者のめざしたのは、神と教会全体との関係のなかで、真理についての神の啓示を知ることだった。修道士の文体は熱烈であり、著者の内的なリズムをとおして読む人の存在全体に訴えかけた。一方、スコラ学者の文体は明解にして簡潔であり、読む人の知性に訴えることを旨とした。

修道院神学を信奉する修道士たちは、「聖なる無教養は善いことだが、聖なる知識はそれに優る」という言葉どおり、けっして知識の習得を否定したわけではなかった。アリストテレスとボエティウスの論理学に影響されたという新しい神学にたいして、彼らは何を警戒したのか。「純朴は知識と歩みを共にするが、ある種の知識がもたらす高慢とは歩みを共にしない」とルクレールは述べる。「それは、ひたすらに神を求めることから精神をそらし、雑多で不必要な問題へと注意を分散させる恐れがある。質問、異議、論証は、たちまちのうちに錯綜した森、「アリストテレスの森」nemus aristotelicum に入り込むことになろう」(『修道院文化入門』)。

　鹿が深い森のなかで迷うように、言語の森のなかで道を失うことがないよう、内的な省察の書物ではなく、必要な知識を容易に得られる本が必要とされた。その代表的な一冊がペトロス・ロンバルドゥスの『命題集』だった。これは神学の主要な問題を過去の教父の教え、ことにアウグスティヌスの思想を要約したもので、「その優れた神学的体系性と論理的明晰さのゆえに、中世の神学教科書として広く採用された」(山内清海『命題集』解説)。『命題集』はパリ大学で神学の基本的教科書として採用されるとともに、トマス・アクィナスからルターに至る多くの神学者が「命題集註解」を講義したという。『命題集』編纂の名手といわれたロンバルドゥスはその序で、この書が「多くの勤勉な人や多くの博識ならざる人(私自身も含めて)に」必要であり、教父たちの見解をまとめたこの書は「研究者に労苦なしにその求めているものを提供し、多くの本を繙《ひもと》く必要を省く」として、これが内省のための書ではなく、便利な概説書であることを明記している。八百年前のこととはいえ、修道士とはちがって、限られた時間のなかで多大の学習を課せられた学生たちにとって、この本がどれほど歓迎されたかは想像できる。読んでもいないものを思い出すことはできず、全部を読まなくても要旨を与えられればいうことはない。

　「ロンバルドゥスのテキストは、十二世紀のスコラ学者の中では最も優れたものの一つだが、独創性に乏しく、さして個性的でもない。しかし、このこと自体が何よりも価値があり、学校の伝統における その影響を説明している」（J・ルクレール）とされた。その一般性が評価されたわけだが、ロンバルドゥスの斬新さは、編集方針とそれを視覚化する紙面構成にもみられた。現代の受験生がマーカーを使うように、注解の鍵となる言葉には硫化水銀を用いた明るい赤色の下線が引かれ、引用文は初めに二点を水平に置いた記号「‥」と、終わりに垂直においた記号「：」で囲んで、地の文から浮き出るようにした。欄外にはその出典が明記されている。これらは単に割付けのセンスにとどまらず、文化史上の変革でもあった。音読から黙読への移行が一般的になるにしたがって本は見るものとなり、紙面の視覚的な要素が重視されるようになった。論理、体系、秩序といった十二世紀の主知的な時代潮流に置いてみれば、こうした変革の方向性が明らかになる。著者や編纂者の意図は文章にとどまらず、紙面構成にまで反映された。現代につながる編集という総合作業が行なわれるに至った。書物と時代は映発しあい、歴史の胎動は書物に反映され、書物はまた歴史の進展を加速させる。

アルファベット順

これに関連して読書という行為の意味合いも大きく転換した。ひとことでいえば、修道士の読書から学者の読書への転換であった。フーゴーは読書に便利さを求めなかった。反対に、それが一種の苦行であることを隠さなかった。ほかならぬその苦行のなかに甘美さを見いだすことを説いたのだった。「このように、蜂蜜は巣の中に密封されているからこそいっそう好ましく、大きな努力を要するため見つけ出した喜びもいっそう大きくなる」（『ディダスカリコン』第五巻第二章）。「一方、聖典がしばしば好んで蜜蜂の巣に譬《たと》えられるのは、簡素な乾いた言葉におおわれているように見えながら、その中身は甘美さに満ちているからだ」(同前、第四巻第一章)。

ロンバルドゥスの用いた紙面構成は、一世紀ほど前に北イタリアのロンバルディアで活躍したラテン語文法学者にして辞書編集者であったパピアス(一〇五〇年頃)がすでに試みていた。パピアスは時代に先がけて、幾つかの画期的な割付けを考案した。後述するように、大きさの異なる三種類の文字を用いて、区別を際立たせ、注釈を欄外の余白に記して見やすくし、出典の著者名には略語を用いた(イシドルス Hisidorus を his. とし、アウグスティヌス Augustinus を aug. として、別に略語表を示した)。しかしこうした工夫は注目されることなく、ロンバルドゥスによって再発見されるまで一世紀ほど忘れられていたのだった。

パピアスの最大の功績といえるのは、アルファベット順の配列であった。それ以前にも、アルファベット順を用いた書物は存在した。* 明確な原則としてアルファベットを用いたのは、パピアスの辞書『学問学習の初歩』*Elementarium Doctrinae Erudimentum* が最初だった。ラテン語でアルファベットを Elementa といったが、題名の「初歩」*Elementarium* にはそんな含みもこめられていたのだろうか。

*セビリヤの司教イシドルス(五六〇頃―六三六)は、その『語源』において、すでにアルファベット順の配列を試みているが、それは各項目の最初の二文字に関してであった。そのほかにも古代から中世にかけて、ラテン語学習のためのアルファベット順によるラテン語の用語集や、聖書

用語集などが作られていた。さらにさかのぼると、初代キリスト教会教父であり、聖書のラテン語訳であるウルガタ聖書をのこしたヒエロニュムス（三四七頃–四二〇）は、聖書に出てくるヘブライ語の名前の注釈の一部にアルファベット順を用いたという。

しかもその発想は巧みな紙面構成にも現われていた。見出し語のアルファベット表記には大小三種類の文字を使い分けた。冒頭の文字はもっとも大きなA・B・C……と書かれ、続く二文字目はそれよりも小さな字で、Ab・Ac……となり、三文字目はさらに小さな字で、Aba・Abb……と続き、それらは本文の傍らの余白に配列されていたので、一目瞭然であった。ちょっとした思いつきにすぎないようだが、そこにはただ紙面を美しく飾るのではなく、視覚的な効果を機能として用いたところに、時代を超えた斬新さが感じられる。

しかしその画期的な試みは同時代の評価を受けることはなく、反対に世の非難を浴びた。それは世に先んじた偉業がしばしば蒙らなければならない不遇だったともいえる。今となっては理解しにくいが、項目をアルファベット順に配列するという試みは、理性に反する蛮行とされた。神はこの世界をすべてが調和するように創造された。万物は秩序ある関係で結ばれ、それぞれが整然たる階層のうちにふさわしい位置を占める。著作はそのような諧調にみちた照応関係を反映しなければならず、すべてを平準化してしまうアルファベット順を用いることは、万物の理にかなった照応関係を洞察していないとみなされた。

十三世紀にもこうした認識が消滅したわけではなく、万物のなかでも石や草といった低い階層にあるとされたものについてのみアルファベット順を用いることが行なわれた。また冒頭の一文字にアルファベット順を採用したある索引では、Cの部にcaelestis「天の」の下部項目として、angeli「天使の」をのせ、さらに善い天使と悪い天使がいることから、boni「善い」とmali「悪い」の項を挿入している。こうした旧来の配列を論理的な配列といった。アルファベット順の採用は、なお万物の置かれた合理的な秩序を無視した非論理的なものとされたのだった。結局パピアスの偉業はその後一世紀にわたって忘却の淵に沈むことになる。

アルファベット順の革新性についてイヴァン・イリイチは、「このABCの機械的な順列を参照技術として用いることこそ、概念革命における重要な要素だったのである。項目を具体的な事柄によって並べるよりは、ささやかな順列を用いて並べるというこの革新的な方法は、新たな秩序を求め、造り上げようとする十二世紀の希求の表現の一つである」(『テクストのぶどう畑で』)としている。十二世紀という時代は新たな秩序を様々な分野で実現させた。建築(カテドラルの建設)、法律(ローマ法の復興)、経済(活発な経済活動)、そして都市文化の開花。しかし、それらにも増して、書物における紙面構成の刷新、なかでもアルファベット順索引の出現は、知的革命の表現であるとともに、さらにそれを推進させる強力なしかし目立たぬ要因となって、後世に計り知れない影響を及ぼすことになる。

奇しくも同時代の日本では、「いろは」を配列基準にした最初の辞書、橘忠兼《たちばなのただかね》による『色葉字類抄』が編纂されつつあった。これは平安時代末期にあたる天養(一一四四)から治承末年(一一八〇)に至る三十四年を要して編纂された全三巻の字書であった。まさにロンバルドゥスによる『命題集』の制作年代（一一五五–五八）と重なっている。いろは歌がアルファベット順のような反応をひきおこさず、むしろ弘法大師の作として尊ばれたのは、森羅万象のはかなさを詠みこみ、仏教的な悟りを暗示するという意味もあずかっていたのだろうか。

索引制作の現場

これまで述べてきた先人たちによるさまざまな試みが個人の努力によっていたのにたいし、アルファベット順の索引作成は多数の修道士による組織的な作業として行なわれた。これは、索引作成が時代の要請に促された事業であったことを示すともいえるだろう。この歴史的な事業は一二三〇年、パリのサン・ジャック街にあるドミニコ会修道院でサン・シェールのフーゴーによって始められた。フーゴーは一一九〇年頃ローヌ河のほとりのヴィエンヌに生まれ、パリで学んだ後、一二二五年にドミニコ会修道士になった。一二四四年に聖書の注釈書作成を準備中に、ラテン語聖書の索引の必要性を感じ、その実現に乗り出した。五百人ともいわれる修道士の尽力によって一二四七年以前に完成された。ラテン語訳聖書にある一万語をアルファベット順に収録したもので、すべてが修道士の手作業によっていたことを考えると、十数年という制作期間はむしろ迅速だったといえる。事実、この仕事にかけたドメニコ会士の熱意と努力は世に知られて、集団作業の手本とみなされた。

実際の作成作業は、下書きに使われた羊皮紙の一部が修道院に残されていたことから、ほぼ解明されるに至った。担当の修道士はそれぞれにアルファベットの一字をわりあてられ、それを頭文字とする単語を聖書から書きぬいて羊皮紙に記していった。その下書きは他の修道士による見直しと訂正を経て、最終的にひとつにまとめられた。後年、草稿の羊皮紙が修道院の製本職人によって別の写本に再利用されたため、下書きの草稿が今日まで伝えられたのだった。

それぞれの見出し語には、聖書の参照個所、その章番号、そして章を七等分したaからgまでの文字を付して、参照個所を示している（このとき、現在のような国際的に統一された節番号はつけられていなかった）。一例をあげると——

Abicere
Gen. xxi. c
xxxv. a
Lev. xxv (= xxvi). b
xxvi. g
Judic. xvi. e
（以下、略）

投げ棄てる
創世記 21章 c
35章 a
レヴィ記 25章（＝26章）b

26章　g
士師記　16章　e

この項目は全部で二十行あるが、ここでは最初の六行を引用した。

残された写本の年代から、ドミニコ会によるこの索引が一二四七年には完成されていたことが明らかになった。史上最初の索引はたちまちに普及したのだが、やがてその不備も明らかになった。利用した読者はたんなる語句の参照にとどまらず、それがどのような文脈で用いられたのか、その一語が場合に応じてどう意味を変えるのかを求めたのだった。先に（一四五頁）に引用したルクレールの指摘、「聖書のある一節の理解は、そこに用いられた語がほかの節にも用いられていることを想起することによって解釈を見いだすことにあった」もこの点で参考になる。これは翻訳にかかわる問題であったのかもしれない。この時代にひろく読まれた聖書はヘブライ語やギリシア語の原典ではなく、ウルガタ聖書といわれる、ヒエロニュムス（三四〇頃-四二〇頃）によりヘブライ語から訳されたラテン語訳聖書だった。翻訳の場合、原語の含んでいる重層的な意味をそのまま訳すことはできず、文脈に応じてただ一つの意味だけを選ぶことで翻訳が成り立つのだが、多様な参照個所を比較することで、語のより正確な理解を得るという意味もあったのだろう。

サン・ジャック街にあるドミニコ会修道院では早速、こうした要請を満たす改訂作業に着手した。問題は、文脈を表わす引用文をどの程度のせるかにあった。文脈をよく理解させるには長さが必要だが、実用性の範囲内に収める必要があった。事情は現代の辞書編集者と変わらない。その結果、三段組の一行におさまるよう、引用は二語から五語ということになった。最初の索引は四段組であったが、今回は三段組にして一行の字数を増やしている。最初の索引の完成からさらに二十数年を費やして作業は完了した。前に引用した項目は、新版では次のように改められた。

Abicere
Gen. xxi. b　abiecit puerum subter
xxxv. a　-te deos alienos
Lev. xxvi. g　-rint iudicia mea
Judic. xvi. e　et a se repellere
（以下、略）

投げ棄てる
創世記　21章　b　（彼女は）男の子を（木の）下に放りだした
35章　a　異国の神々を棄てよ
レヴィ記　26章　g　彼らはわたしの審判を退けた
士師記　16章　e　そして自分を彼から押し放した

五行目の左の欄外余白にSamsonと注記され、この部分が士師記にある「サムソンとデリラ」の一節であることを示している。五行目に見出し語 Abicere がみあたらないが、字数省略のためで、ラテン語原文では et「そして」の前に abicere eum「彼を追いやり」がくる。

このように今回の索引では、見出し語の掲載個所につづけて短い引用を示して、文脈の理解に配慮している。以前にもまして、さらに利用価値を高めたことになる。

ドミニコ会による索引の作成には多数の修道士が動員され、ほぼ四十数年を要した。このような大事業を成しとげたのが伝統ある修道院ではなく、十三世紀初頭に創立されたドミニコ会修道院であったのはなぜか。ドミニコ会は「聖なる生活をし、学び、教えること」を理念としていた。博士がひとりもいない修道院があってはならないとの原則により、各修道院が学校組織となって神学教師を置き、学監と院長に統括されていた。修練生と若い修道士はまず修道院で教育を受けたのちに、管区の高等学院で学んだ。その高等学院の最初にしてもっとも重要なものが、索引制作にあたったパリのサン・ジャック街に置かれた学院だった。

以上、ドミニコ会によるアルファベット順索引の成立についてその一端を述べたが、実際には他にも多くの試みがほとんど同時並行して進められていた。シトー修道会も多大の貢献をし、ブルージュ近郊で独自の索引を制作した。イギリスにおいてもオクスフォードの神学教授であったロバート・キルウォードビー（一二一五–七九）は、かつて学んだパリのドミニコ会の手法を取り入れながら、アウグスティヌスなど重要な著作についての索引を制作し、英仏両国で評価された。

ドミニコ会修道院で作成された聖書索引は急速に普及し、一般の修道士にとどまらず、高位の聖職者のための豪華版まで作られた。十五世紀に印刷術が出現すると、ドミニコ会士による索引は増補と改訂を加えられ、印刷された書物として受けつがれていった。十四世紀には索引制作を職業とする専門家が現われた。アヴィニョンのヨハネス二十二世のもと、工房では六人の専門家チームがおもに教父の著作に関する十二冊の索引制作に従事した。索引は聖書の枠をこえて一般の書物にも応用され、後世に計り知れない恩恵をほどこしたことについては改めていうまでもないであろう。

索引が印刷の出現とともに誕生したという定説は誤りだったが、そう考えるに至った背景は理解できなくはない。索引成立の条件として、共通のページをつけられた大部数の書籍の制作を前提として考えるなら、一冊ごとに制作されるページのない中世の写本では索引の制作は成り立たないことになる。しかしすでに述べたように、中世の人々は、ページのない聖書のさまざまの写本にも通用する妙案、章をつねにaからgまでの七つに分けることによって問題を解決してみせた。テクノロジーに替えるに創意と工夫をもってしたのだった。

ところで、英語およびフランス語で索引を意味するのは、index と concordance の二語があるのだが、これまでいずれも索引として述べてきた。この二語の意味の違いは、index がそれぞれの語について、それがどこに出てくるのかを示すのにたいして、concordance の場合は、同時にその語の使われている文章の一節を併記して、文脈における理解を与えるというところにあった。ただし index は concordance を含む索引の総称としてしばしば使われることがある。

十三世紀には、逆に index という語はなく、もっぱら concordance が用いられていた。ドミニコ会士の作製したのは concordance だった。concordance には二種類ある。英語では verbal concordance と real concordance（フランス語では concordance verbal と concordance réelle）といい、ドミニコ会士の作製した二編の索引はともに verbal concordance とされる。これは単語を主体とした索引であり、こんにち索引というのはいずれも verbal concordance になる。これにたいして real concordance は語句ではなく、その内容をなす事柄や主題を取り上げた索引を意味する。real concordance が具体的にどのようなものであったかについては、十三世紀に制作され今に伝えられた写本によってうかがうことができる。それは聖書の主題について五百五十の項目をたて、それぞれに参照個所と引用をそえている。コンコーダンスと同様、福音書名、章番号、aからgの節番号の順で参照個所が示される。これは通常の索引のようにアルファベット順になっていないが、各項目の形式は索引とまったく変わらない。

De unitate et concordia et eorum fructu : cxli
　　Ge. vi. e.　fac tibi arcam de lig.
　　　　d.　et in cubito consummabis
　　xlv. e.　ne irascamini
i. Reg.　i. a.　fuit vir unus de ra.
（以下、略）

統一と調和および実現をめざすこと：141
創世記　6章　e.　あなたは木で箱舟を造りなさい。

d.　あなたは一キューービットに仕上げなさい
45章　e.　途中で争ってはいけない
サムエル記1　1章 a.　ラマタイム・ツォフィムに一人の男がいた。

「統一と調和および実現をめざす」という主題141について、聖書からの引用があげられている。創世記の6章「あなたは木材で箱舟を造りなさい」は、ノアに命じられた神の言葉。次の「あなたは一キューービットに仕上げなさい」も同様。窓の位置の上からの高さを指示している。45章の「(途中で) 争ってはいけない」は、ヨセフが兄弟たちをカナンの地に向けて送り出すときのヨセフの忠告。サムエル記上「ラマタイム・ツォフィムに一人の男がいた」は、サムエルの誕生を語る章の冒頭の文章だった。

＊

電気も機具も必要とせず、わずかな手間を惜しまなければ、よくできた索引はこちらの要求にいくらでも応えてくれる。たとえばボタンやネジのように、誰がいつ考案したのかを考えることもなく、昔からある調法なものとして、わたしたちはこれらを使いつづけてきた。それは有用にして不可欠な道具類の特性といえるだろう。こうして普遍的な道具のひとつとなった索引について、その革新性を見きわめることはこんにち難しくなったともいえる。イヴァン・イリイチの次のような言明には驚きを覚えないだろうか。

アルファベット順索引の誕生ほど、技術が精神に及ぼした影響をわれわれに鮮明に教えてくれるものはない（『テクストのぶどう畑で』）。

索引はかつて記憶によってなされていた固有の知識体系の構築をはるかに容易にしたのだった。索引という検索機能を備えたことで、書物は完成された知の媒体となった。それはスプーンや車輪のように、それ以上改良する余地のない完成品となったのだった（ウンベルト・エーコ）。索引の誕生から八世紀を経た現在、インターネットという検索システムの出現は、それをさらに推し進めた歴史的必然とみえるかもしれない。少し立ち止まって考えれば、それが誤った認識であることに気づくだろう。同じ検索機能ではあっても、索引とインターネットはまさに正反対の作用を意識に及ぼしている。索引は読書によって与えられた一般的な知識をさらに選別して明確にし、自身に固有の有機的な知の体系に組み入れるための装置となる。一方、便利なインターネットの場合、指先一寸の操作で達成されるのは、断片的な知識の混沌たる海にふたたび棹さすことになりかねない。つまり秩序と明解を求めたはずの検索作業によって、わたしたちは無秩序な混沌に引き戻されるのではないか……。

6 記憶術とは何か

夜店の記憶術師

記憶術という言葉にはどこか胡散臭いところがある。筆者の記憶術との出会いがまさにそのようなものだった。この話はすでに最初の本『書を読んで羊を失う』に記したのだが、改めてそのときの記憶をたどると——。

小学生だった昭和三十年頃のことだった。日の短くなり始めた秋の晩だったような気がする。家からかけだすようにして電車通りに並んだ夜店に来てみると、いつもの金魚すくいや綿飴などの出店の先に、人だかりのしている一角がある。鉢巻をしめ襷《たすき》をかけた剣術師範のようないでたちの男が、見物人にむかってしきりに甲走った声を張りあげている。男は見物人が次々とあげる数字を大声でくり返しながら巻紙に書きつけているところだった。手早く墨くろぐろと数字を書きつけた巻紙は、男の手から垂れ下がって足元にとぐろを巻いている。ようやく見物人の声がとだえたところで、男は手際よく巻紙を巻き戻し、目隠しをして直立すると、紙をくりだして見物人に示しながら、書きつけた数字を順に唱えてゆく。一つの誤りもなく、最後の数字をひときわ声高く言い終わる。見物人のどよめくうちに、男は経本のように折り畳んだ小冊子を頭上にかざして、記憶法の秘訣はすべてここに記されてある、と言う。一人が買うと、たて続けに何人かが買い求めて去り、やがて誰もいなくなった。立去りがたいような気持で、少し離れたところからなおも眺めていると、男は鉢巻をとり襷をはずして、どこかさびしげな後姿をみせて荷物をかたづけ始めた。

後ろ姿に悲哀を感じるというのは、十歳前後の子どもらしくはないが、当時の印象としては、さながら魔術師のようであった人物がただのおじさんになってしまったということであったか。

こんな情景まで覚えているのは、あのとき買っておけばよかったと、その後いくども思い返したからだろう。しかし今なら、その秘訣なるものがどのようなものであったかがほぼ推察できる。天保年間（一八三〇–四四）に書かれた随筆『梅の塵』に次のような一節がある。現代語に要約すると——。

ある人が記憶の法を会得したという。その人の言うには、これはまことに不思議な法で、これを知ってから幾品でも忘れることがない。ためしになにか言ってみなさいと。そこでわたしが、よく記憶の法と称して市中に刷りものを見せてまわるものがいるが、おおかたそのたぐいではないかね。ともかくその法なるものを聞こうではないかと言うと、その人は、世間でおもしろがっているというそれがどんなものかは知らないが、まず試しにご覧にいれようと言うので、それではとわたしが筆をとって紙に記しながら、口から出まかせに、天・雨・馬・烏・松・蛤・鯛……と唱えると、その人は一つ一つによしよしと答えて、ついに百ほどになった。それでは初めからくり返してみたまえと言うと、かれは天・雨・馬・烏・松・蛤・鯛……と初めから終わりまですらすらと言ってのけたので、わたしはすっかり感心してしまった。そこでぜひその法なるものを教えてほしいと頼むと、ほかでもないこんなことだと、次のようなことを聞かせてくれた。

伊豆の国、田方郡の何とかいう村に百姓の某がいた。かれは記憶にすぐれていたので、わたしがそのことを尋ねると、かれの言うには、これは誰に聞いたのでも書物などで見たのでもない。自分で考えついたのだ。わが村には家がすべて百軒ある。一つ村のことなのでどこもよく知っていて、家の勝手などもほぼわかっている。そこで覚える品をそれぞれ家にあてはめてみる。馬といえば、最初の家を訪ねてこの馬をあずかってくださいと言う。主人が出てきて、これはよい馬だ、どこで手に入れなすったかねと言う。いや少しわけのあることで、とにかくこれをあずかってくださいと頼むと、主人が承知して馬を引きいれるのを見て、よしという。次に鳥と言えば、馬をあずけた隣の家に行き、この鳥をあずかってくださいと言う。亭主は留守なので女房が出てきて、これはどうしたらいいかしら、糸でつないで少しのあいだならその端をもって番をしていましょうと言うので、そのままもっていてくださいと頼み、糸を引いている女房のおかしげな顔を見て、よしと言う。こうして百軒にあずけ終わると、初めの家に行って馬を出させ、次に鳥というように思い出しながら次々と言ってみせるのだ。村の家数が百軒なので、それ以上はできないということだった。なるほど、これはいま世間に流布するものとほぼ似てはいるけれど、自ら考案したというところに妙味がある。試してみると、はじめは五十、六十になるとあれこれ混乱したのが、そのうちまぎれることなくできるようになった。

著者は梅の舎主人とあり、天保十五年（一八四四）の自序がついているが、著者については明らかでない。この一節で、天保年間にも記憶の法と称する刷りものを売り歩いていた者のあったことがわかる。ここに紹介された伊豆の農民の創案になるという記憶法は、後述するように、一般的な記憶法の二つの要点を満たしている。まずは記憶内容をよく知っている場所に関連づけて記憶すること（この場合には自分の住む村の家々）。さらに記憶する品のそれぞれの印象を強める工夫をすること（馬や鳥を預けた相手とのやりとり）。これが伊豆の百姓某の創案になるというのが事実なら、人間精神のいとなみの普遍性を示すといえば大げさだろうか。

次に伊豆という連想により、知恵伊豆といわれた老中、伊豆守・松平信綱（一五九六―一六六二）の若き日の逸話を紹介しよう。

青山伯耆守《ほうきのかみ》忠俊は、記憶のよき人にて、旗本の小身の人まで一度其名を聞き、其人に逢ば終《つい》に忘れず、ある時人々伯耆守に会して、此事を称美せしに、伯耆守いふ、いや物覚は勤て成るなりと申さる。列座是を聞て、それは調法成る義に候《そうろう》、習ひ申したくと有ければ、伯州笑て、其儀は意地の奇麗なるときたなき事に有り、たとへば御三家そのほか名有る大名は、誰もよく覚え候、小身の人をば、見侮《あなど》る故に其姓名を覚え申さず候、末々迄も人間に替なき所を以て平等に存じ候はば、よくよく覚え候べしと有ければ、各是を信ずる所に、伊豆守其時いまだ若輩無官にて、末座に居られしが申されけるは、御詞に候へども、信用申しがたく候、たとへば日月の日月たる事は知らぬ者なく候、星はその数無量なれば、各其名も徳も存ぜず候、御三家を始め大身衆は日月の如く、小身は人多くして星に等し、争《いか》で悉《ことごと》く覚え申さるべき、伯耆守殿の記憶は生得の事にて御羨ましく候、意地の清濁の事には非るべしと申されければ、さしもの青山閉口せられしとぞ。

（神沢杜口『翁草』巻之七十二）

自分のすぐれた記憶を、人間を平等に思う気持のためと考えた伯耆守の心ばえは爽やかだが、それを生来の資質によると指摘した伊豆守はやはり聡明であった。ここには記憶術の入り込む余地はなさそうだ。これを書きのこした神沢杜口《かんざわとこう》（一七一〇–九五）は京都町奉行の与力であった。市中の消息に通じていた杜口は、次のようなことも記している。

明和の一件とその波紋

明和八年（一七七二）の頃、一人の流れ者が京の都に現われて、記憶の法と称して一朱金一片で人々に口授したところ、多数の人々が競うように集まり、たちまち四百両ほどをかき集め、暮にはいずこへと消え失せた。その者の伝えた法なるものを洩れ聞くと、どうということもない子どもだましにすぎない。およそ記憶とは人にそなわったもので、法を伝えることなどできないものだ（『翁草』巻之五十九）。

続けて杜口は、怪しげな記憶の法などに頼るまでもなく、そうじてものを覚えるには何かに関連づけて覚えるのがよいとして、百人一首を口ずさむように、三十一文字の歌にして記憶することを勧めている。たとえば――

書籍朱引の歌

右所《みぎところ》、中《なか》は人の名、左官《ひだりかん》、
中二《なかに》は書の名、左二《さに》は年号

当時、漢文の初等学習書には、それぞれの漢語にそれが何を表わすかを示す朱線が引かれてあった。漢語の右に朱線があれば、それは地名。中央にあれば人名。左は官職。中央に二本あるのは書名という具合で、左に二本は年号となる。

これにつづけて、和歌八代集、十三代集、源氏物語目録、二十一史、近世年号、仮名遣いに至るまで、初学者の基礎知識と思われる項目がすべて五七五で綴られている。これもまた当時ひろく行なわれていた一種の記憶法だった。

明和八年に京の都に現われた男は、戦後に夜店を渡り歩いていたとおぼしき人物よりも数段役者が上だったようだ。その事件がきっかけになったのか、明和年間（一七六四―七二）に京都で記憶術が流行し、『物覚秘伝』などという本が数点刊行されるほどだった。そうした風潮をからかった『古今物わすれ』という一書があった。明和九年、諼艸《けんそう》堂著とある。諼艸はわすれ草。俳人の涼袋《りょうたい》、建部綾足《たけべあやたり》とされる。この戯書は、物忘れをした話ばかり五十六条を記したもので、なかにこんな一節がある。

扨《さて》物忘れんとおぼさんには、目を大きく開き給へ。心を専《もっぱ》らさわがしくしたまへ。これ教《おしへ》のひとつなり。扨頂《さていただき》をもつて第一とし、目をもつて第二とし、鼻をもつて第三とし、その次は乳房より腹に及び、左右の耳肩手脚にいたりて、しるすところ凡《およそ》三十所。これをよく一ツ一ツ忘るるには、まづ頂を忘れんとするには、心を脚におく、目を忘れんとするには心に膝をおもふ。凡《およそ》此法に随ひ右を忘るるには左をおもひ、左を忘るるには右をおもふ。是をよく習はすにいたりて、漸々《ぜんぜん》身を忘れ、終《つい》に我《わが》真を忘るるにいたる也。

「ものを覚えるには、目を閉じて心をしずめる」という原則をひっくり返すことから始めて、以下は次に引用する『物覚秘伝』のパロディになっている。事情通は、思わず吹き出したのではないだろうか。

たとへば人身正面にかたどりて頂を第一とし、額を第二とし、眼を第三とし、鼻を第四、口を第

五、喉を第六、乳を第七、胸を第八、腹を第九、臍を第十とす。又人体の右辺にとりて右の鬢を第一とし、右の耳を第二とし、右の肩を第三とし、右の臂を第四、右の手を第五、右の腕を第六、右の脇を第七、右の股を第八、右の膝頭を第九、右の足を第十とす。又人体の左辺にとりて、左の鬢より左の足に到る事、右辺におなじ。以上正面十、右辺十、左辺十、すべて三十則をよく覚え居て、是を委託の種とするなり。

「委託の種」とは、記憶すべきものを配置する場のことで、先に引用した伊豆の農夫の場合の百軒の家々にあたる。その好評に味をしめたものか、綾足は三か月後さらに同じ趣向の狂詩集「物忘大笑詩」という二の矢をはなった。著者は阿々那爾登野羅《アアナニトヤラ》先生。原文の読下し文を引用する。

　　記《き》臆者《おくしゃ》当者《あてもの》を忘る
流石《さすが》の京都阿保《あほ》少なし
入門僅《わず》かに是《これ》五百人
縦令《たとひ》頭自《よ》り爪先《つまさき》に当《あ》てるも
那《いかんとも》する無《な》し全躰其身《ぜんたいそのみ》を忘るることを

当者《あてもの》とは「委託の種」のこと。記憶者が当者にしたわが身を忘れてしまうという、痛烈な皮肉。

明和八年の京都に、総計四百両にのぼる金銭を投じて記憶術を得ようとした人々がいた。こうした記憶術の流行について、「それは儒教の広まりと深いかかわりを持つと考えられる」とした論考に、甘露純則「江戸の記憶術と忘却術」がある。十八世紀の終わりに儒教の習得が全国的な高まりをみせ、諸国から多数の遊学者が学問の中心地であった京都に集まったことが、その背景にあったとする。そうした遊学者の少なからぬ者たちが、漢籍を読みこなすに十分な力を備えていなかった点を指摘している。かれらは降って湧いたような記憶術の伝授にすがるような思いでとびついたのかもしれない。

記憶術はその後、前述した伊豆の農民のような人物もあって、けっして途絶えたわけではなかったようだが、ふたたび世に喧伝されるのは百二十年余りを経た明治二十年代のことになる。

明治における反響

明治二十八年、和田守菊次郎による『和田守記憶法』が刊行された。著者の和田守は、世人の関心をかきたてることに並々ならぬ手腕を発揮する。同年三月十七日、和田守は帝国ホテルで記憶術の実演を行ない、その様子を当時東京でもっとも人気の高かった大衆紙『万朝報』が「和田守氏の大発明（記憶術）」と報じた。反響は大きく、それを受けた和田守氏は「記憶学会」なるものを設立し、著書『和田守記憶法』を刊行するが、定価は一冊二円という破格の高額だった。類書が続々と現われ、そうした風潮をからかう宮武外骨『忘却法』、井上円了『失念術講義』なども刊行されるに至った。明和の騒動から百二十年余りを経て、ほぼ同じような展開をみせたのだった。

明治の世に多大な反響をよんだらしい和田守記憶法とは実際どのようなものであったのか。和田守自身の説明によると、三つの定則がある。第一は帳簿法。これは記憶の場を帳簿にたとえて、記憶すべきものをこの帳簿に記すという趣旨。第二は連環法。記憶すべきものを尻取りのように順次につなげてゆくというもの。第三は作文法。記憶すべきものを文章に仕立てて記憶する。

具体的に例をあげると、第一の帳簿法には、伊《イ》・路《ロ》・波《ハ》または県名を用いる二方法がある。記憶すべきことを、1日本、2富士山、3医者……とすると、イロハ法では、1「伊藤侯は日本の総理なり」、2「路上富士山を望む」、3「歯を痛み医者の治療を受けたり」となる。以下、略。

あっけないと思われるかもしれないが、イロハと県名を記憶の場とした着想は悪くない。明和の記憶法では、人体が記憶の場とされた。人体は場として最適だが、数が制限される。数がより多く、誰もが知っている場として和田守はイロハを思いついたのだろう。イロハと同程度の数を収められる地名を場とすれば、記憶の安定度は多少落ちるが、県名にはそれぞれ特有の色合いがあり、それだけ有効性を増す。

ある人物が『和田守記憶法』を読んでいると、それを見た森鷗外が、「君ソンナものを読んだって、記憶は能くなるものじゃない。記憶力というものは褒めたものではない。それより思考力を養うことを心懸けるがよい。記憶力の増進方法には色々あるが、精神集注するのが一番善いようだ」などと語ったという。そういう鷗外ではあったが、若き日のドイツ留学時代にドイツ人から記憶術を習ったことがあった。

> 余の独逸に在るや、ブレスラウの人フウゴウ、ヱエベル、ルムペに就いて、記憶の術を買ひ、稍々その運用を能くす。古人生没の年月、都府の人口等を記するは、余の難とせざる所なり。然れども此等の遊戯は、善く之を用ゐば人の精神を累《るい》せざるべけれども、児童をして之を学ばしむるときは、啻《ただ》に其精神の発達を賛《たす》けざるのみならず、或は能く之を礙《さまた》ぐ。（「記臆」『観潮楼偶記』所収）。

「ブレスラウ」はポーランド南東部の地ブロッツラフのドイツ語読みで、当時ドイツ帝国領であった。

「フウゴウ、ヱエベル、ルムペ」はHugo Weber-Rumpeであり、その記憶術についての著作が二冊、実際に東京大学総合図書館所蔵「鷗外文庫」に残されているという（古田島洋介「森鷗外と記憶術」）。引用によれば、鷗外自身かつて滞独中に記憶術を学んだことがあり、年月や人口など数字の記憶にも苦労しなかったというが、じつは数字を覚えるのが苦手だったという逆の証言もある。「記臆の術を買い、稍々、その運用を能くす」という記述を信じるなら、苦手とした数字の記憶法を実習し、それなりの成果を実感はしたのだが、「然れども此等の遊戯は……」とあり、明敏な鷗外はそれを長く続ける気にはならなかったのだろう。

余私《ひそか》に謂えらく。強記は初より人に誇るべき性に非ずして、記誦は人に教ふべき道に非ず。蓋《けだ》し強記の不可なるに非ず。強記を求むることの不可なるなり。記誦の人を誤るに非ず。記誦の理解と併行せざることの人を誤るなり。（同上）

これに続けて、鷗外は宋の『梁谿漫志《りょうけいまんし》』にある次のような話を記している。

江陰の一士人に並はずれて優れた記憶力の持主がいた。かつて酒を浴びるほど飲んで染物屋の店先に坐り、帳簿を手にして読んでいた。ある日の夕刻、火事で店が焼け、文書もことごとく消失した。顧客が競って来ては頼んだ物を求めるのだが、店主はただ狼狽するばかりだった。その子が士人の記憶のよいことを聞いていたので、酒をたずさえて行き懇願した。士人は酒を飲み終えると、紙と筆を取り、何月何日誰の物を染めると書きつらねた。およそ数百条、ひとつの誤りもなかったので、顧客はみな驚き納得するばかりだったという。世間には果たしてこういう人もいる。あやしくはあるが、役に立ったのだからよしとしよう。

「索引の誕生」の章で、鷗外が随筆を読みながら、「紺珠」と名づけた備忘録を机上に備えていたのを御記憶だろうか。この話もおそらくはその紺珠にあったのを記したのだろう。因みに紺珠とは、手でなでると記憶を呼びおこすという紺色の不思議な玉をいい、唐の張説《ちょうえつ》が人から贈られたという逸事によっている。

鷗外は右記の一文で、記憶の術は西洋においては古くから行なわれていたとし、それに関連する人物としてキケロやクインテリアヌスの名をあげている。事実、西洋には古代ギリシアから中世、ルネサンスを経て十七世紀の後半に至るまで、記憶術は単なる技法ではなく、西洋思想を通底する重要な思想潮流であったが、その点については、以後、概略をうかがうにとどめる。

シモニデスによる創案

ギリシア神話に登場する女神ムネモシュネは記憶をつかさどるとされ、詩歌や学芸をつかさどる九人の女神ムウサたちを生んだ。これは記憶の重要性を表わすにふさわしい神話であり、詩人たちが物語の始めにその加護を祈るのは、これら詩歌の神々と記憶の神に対してであった（プラトン『エウテュデモス』）。

しかしいうまでもなく、記憶術の創案される以前にもさまざまな記憶法が工夫されていた。韻をふんで調子をととのえたり、くり返しによって印象を強めたり、慣用句を用いるという方法だった。

きまり文句は、リズミカルに話すのをたすけるとともに、あらゆる人びとの耳と口をかいして流通する慣用表現 set expression として、それ自体記憶のたすけとなる。たとえばつぎのようなものがある。'Red in the morning, the sailor's warning; red in the night, the sailor's delight.'〔朝焼けは船乗りへの警告、夕焼けは船乗りの喜び〕（後略）（『声の文化と文字の文化』）。

記憶術との違いをひと言でいえば、これらの方法が聴覚に訴えるのにたいして、記憶術は後述するように、視覚を基本としていた。ホメロスの時代には、記憶すべきオリジナルの原詩というものが存在しなかったため、同一の詩句がくり返し歌われることはなかった。流れ去る声を表音文字によって分節し、文書として固定したときに、詩歌は原詩として確定され、その原詩にのっとった暗誦が行なわれるようになった。暗誦という行為は文字の誕生後に成立したことになる。

もちろん口承の時代にも、記憶による伝承は行なわれていたのだが、その場合、かなりゆるやかな伝承であったと想像される。このことは、印刷された本と写本との関係にも置きかえられる。印刷された本が、版を重ねても基本的に確定されたテキストを伝えるのに対して、写本の場合には、書き写されるたびに、意図的な加筆、削除、あるいは誤記の混入などのゆらぎともいえる現象が生じ、幾種類かの異本が派生するという結果にもなる。見方を変えるなら、口承も写本も有機的な生成をつづける独自の生命体であったともいえる。

人々の意識に言葉が眼に見える文章となって定着されると、くり返し読むことから反省と熟考が生まれる。文章は身体感覚に根ざした聴覚よりも、明晰な意識に近い視覚に訴えるようになる。人は分析を試み、論理や演繹という知のいとなみを発達させることになる。形式論理学が古代ギリシアに誕生したことにも納得がゆく。

視覚が記憶術の本質とかかわることは、記憶術の発明者とされる抒情詩人シモニデスが、絵画と詩を比較して、「絵画は無言の詩であり、詩は話す絵画だ」といったことにもうかがわれる。詩人は詩を通して、画家は絵画を通して、いずれも視覚的なイメージによって表現する。キケロによれば、視覚が他の一切の感覚に優るというシモニデスのこの言葉が、記憶術の発明につながったのだとする。しかしシモニデスといえば、ペルシア戦役をうたった「テルモピュライなるスパルタ人の墓銘に」の呉茂一の名訳を思い出す人があるかもしれない。

行く人よ、
ラケダイモンの　国びとに
ゆき伝へてよ、
この里に
御身らが　言《こと》のまにまに
われら死にきと。（『ギリシア詞華集』）

このえもいえぬひびきの詩と記憶術とは結びつきにくい。しかし忘れがたい詩と次のような逸話とのあいだには、死者を記憶によみがえらせるという関連の糸がひとすじ見えてこないでもない。

紀元前五〇〇年頃のこと。とある宴席の席上、シモニデスは主人役のスコパスに敬意を表して一編の抒情詩を献じた。ところがスコパスは詩にたいする謝礼は半分しか支払わぬ。残りは双子の二神カストールとポリュクスから受け取るがよいと詩人に告げた。詩にはこれら二神を讃える詩行も含まれていたのだった。しばらくしてシモニデスのもとに、面会を求める二人の若者が外で待っているとの伝言が届けられた。祝宴の席を抜け出して外に出てみたが、誰も見当たらない……。彼が座をはずしていたそのわずかの間に、大広間の屋根が崩れ落ち、スコパスをはじめ列席者は一人残らず瓦礫の下敷きとなって亡くなっていた。どの遺体も損傷がひどく、引き取りに現われた身内の者たちにも見わけがつかないほどだった。しかしシモニデスは列席者の坐っていたそれぞれの場所を覚えていたので、どの遺体が誰のものかを言い当てることができた。シモニデスを訪ねて来ながら姿を見せなかった二人の訪問者、じつはカストールとポリュクスの二神は、詩人を崩壊直前に祝宴の場から呼び出すことによって、詩行の報酬を気前よく支払ったのだった。

危うく命を救われたシモニデスは、この経験から記憶術の原理を思いついた。亡くなった人々をそれぞれの席の配置によって特定してみせた詩人は、規則的な配置こそ確実な記憶に必要であると考えたのだった。まさにキケロのいうように、視覚の優位を主張したシモニデスこその発見であった。記憶術とは以後、次のように解説される。

記憶法の原則は、一連のロキ loci すなわち場を記憶に刻み込むことである。よく知っている建物が場としてふさわしく、その建物全体を脳裏に設定する。たとえば、前庭広場、階段、居間、寝室、客間などを歩きまわるようにして順に思いうかべる。そこに配されている彫像や花瓶などの装飾品もよい目印になる。記憶すべきものをそれぞれの場に順序正しく配置してゆく。こうすることで、必要なものを記憶の場からいつでも取り出すことができる。記憶すべきものを観念ないし表象に代えれば抽象的な論述の暗唱も可能となり、実際に記憶術は古代ローマにおいて雄弁術の手法として用いられた。中世には誤ってキケロの著作とされてきた『ヘレンニウス修辞書』なる記憶術の解説書には、その具体的な手法が次のように記されている。この場合、記憶の場は建物に限らず、一般的な背景を設定している。引用文中の引用は『ヘレンニウス修辞書』からのもの。

頭の中の背景作りは、特別の注意を払って正確に行ない、「背景が記憶の中に永久に残るようにしなければならない。表象は文字と同じで、使うと消えてしまうが、背景は蠟引き書字板と同じで、いつまでも残っていないと困るからである」。毎日背景を思い浮かべ、その上に表象を重ねる練習をするのがよい。また、位置を見失わないよう、五番目か十番目ごとにしるしをつけておくのも有効である。たとえば、五番目のところには黄金でできた五本の指とか、十番目には十にちなんだデキムスという名の友人を配しておけばいい。背景を記憶するにあたっては、混雑した場所は避けるべきだ。行き交う人が多過ぎると、背景の輪郭が混乱してしまったり、あいまいになってしまったりする。背景となる場所《ロキ》は、明るい方がいいが、まぶしいようではいけない。ひとつひとつの背景はあまり似ておらず、はっきり区別がつくような、形状の違いがなければならない。大きさや広さは、ほどほどがいい。「あまり大き過ぎると、表象がかすんでしまうし、小さ過ぎると、表象をならべ切れないように見えることがよくある」（表象は、ひとまとめになって、ひとつの背景の中の一「場面」に配されることに注意）。もし現実にある背景を使いたくないなら、想像の中で背景を作り上げ、「適当な背景を、いちばん使いやすい形に配列して」使ってもよい。

（メアリー・カラザース『記憶術と書物』別宮貞徳監訳）

長々と引用におよんだのは、当時の記憶術実践者の手ぎわが、目に見えるように感じられたからにほかならない。ここで、古代ギリシアの思想家たちが記憶術をどのように考えていたのかを一瞥しておこう。

シモニデスの亡くなる二年前の紀元前四七〇年に生まれたソクラテスは、ホメロスの叙事詩を暗誦する詩人イオンと対話を行なったことが、プラトンの『イオン』に語られている。しかしソクラテスは記憶術についていかなる関心も示さなかった。

君が、ホメロスについて口にするさまざまな言葉を語るのは、技術によってでも知識によってでもなく、むしろ神の特別の恩恵をうけて、つまり霊感に占有されることによってだからなのだ。（中略）すなわち、君は、技術によってでなく、神の特別の恩恵によって、ホメロスのすぐれた吟誦詩人になっている（『イオン』森進一訳）。

ソクラテスは記憶と想起について深遠な認識をとなえ、プラトンの『メノン』はその言葉を今に伝えている。それは、過去二千数百年にわたる記憶をめぐる考察をふりかえるとき、その遠近法のはるかな消失点に位置する一節であった。ソクラテスはこう説き始める――

ソクラテス　こうして、魂は不死なるものであり、すでにいくたびとなく生まれかわってきたものであるから、そして、この世のものたるとハデスの国［冥途のこと］のものたるとを問わず、いっさいのありとあらゆるものを見てきているのであるから、魂がすでに学んでしまっていないようなものは、何ひとつとしてないのである。（中略）もし人が勇気をもち、探究に倦《う》むことがなければ、ある一つのことを想い起したこと――このことを人間たちは「学ぶ」と呼んでいるわけだが――その想起がきっかけとなって、おのずから他のすべてのものを発見するということも、充分にありうるのだ。それはつまり、探究するとか学ぶとかいうことは、じつは全体として、想起することにほかならないからだ。(中略)
メノン　わかりました、ソクラテス。ただしかし、われわれは学ぶのではなく、「学ぶ」とわれわれが呼んでいることは、想起にほかならないのだといわれるのは、どのような意味なのでしょうか(『メノン』藤沢令夫訳)。

そこでソクラテスは、メノンの召使を相手に、学ぶことが想起にほかならないことを、その場で実証してみせる。まず地面に正方形を描き、四つの辺の等しいことをメノンの召使に確認させる。そして、それぞれの辺の中点を結んで十字の直線を引くと、正方形がそれぞれ四分の一の大きさをもつ四つの小さな正方形に分かれることを召使の少年に理解させる。以下、このように図形を描きながら、ソクラテスは問答法によって少年を誘導し、順を追って幾何学の学習を進めてゆく。少年はソクラテスに導かれて、ついには正方形の対角線を一辺とする正方形がもとの正方形の二倍の面積になることを理解するに至る。ソクラテスはメノンに向かって、少年が誰かに教えられたわけではなく、自分で自分のなかから知識を取出したと指摘する。つまり少年の魂のなかには真実が内在していて、それが質問によって呼びさまされたのだ。それこそが想起にほかならない。彼は前世で学んだ記憶を想起したのだと。ソクラテスはまた、この深い意識体験を誰にもわかる明解な比喩として解き明かす術も心得ていた。

われわれの心の中には蠟《ろう》のかたまりが〔素材のまま〕あるのだと、こう思ってくれたまえ。それは人によって、どっちかといえば大きいのもあるし、比較的小さいのもある。また比較的清らかな蠟からできているものもあれば、比較的きたないものからなるものもある。またどちらかというとひからびたものもあるし、比較的濡《やわら》かいものもある、そしてそれのほどよいのもあると、こうしてくれたまえ。(中略) そしてそのなかへ、何でもわれわれが記憶しようと思うものを、何にせよわれわれの見るもののうちからでも、聞くもののうちからでも、あるいは自分で思いついたもののうちからでも取って、その感覚や思いつきに今言った蠟を当てがって、その形跡をとどめるようにするのだとしよう。ちょうどそれは指輪についている印形を捺印する時のようなものなのだ。そして一たび印刻されたものは、それの形象が蠟上に存する限り、これをわれわれは記憶し、また知識するのであるが、拭い去られたものや印刻されえなかったものは、これを忘却したり、知識しなかったりするのであるとしよう。(『テアイテトス』田中美知太郎訳)

記憶の場を蠟引き書字板に、記憶内容を蠟面に記された文字にたとえるこの比喩は、アリストテレスを通して中世に受けつがれ、タブラ・ラサ説 (感覚的経験をもつ以前の心の状態をまっ白な書面にたとえる表現) の原型イメージともなった。パピルスの時代にこの蠟引き書字板はパピルスになり、古写本の時代には書物のページになる。後述するように、記憶術は書物の誕生に深くかかわり、両者は相互に影響しあいながら長く共存してゆくことを、この比喩は暗示するかのようだ。

アリストテレス「記憶と想起について」

言及したアリストテレスの「記憶と想起について」(『自然学小論集』所収) は、題名どおり記憶と想起の内的な過程を説いた現存する最古の論考であり、フランセス・A・イエイツ『記憶術』によると、記憶術論考として中世のスコラ哲学者たちに強い影響を及ぼしたという。しかしアリストテレスは記憶術について論じたわけではなく、後述するように、記憶や思考におけるイメージの重要性を語るために記憶術におけるイメージを援用したようだ。本論では記憶術との関連という視点から、その難解な論旨をわかるところまでたどることにする。

本文にはいる前に、アリストテレスが記憶という精神活動にどのような位置づけを与えていたかに目を向けると、『形而上学』には次のような論旨が読みとれるようだ。――感性による知覚に人は喜びを感じる。その知覚から記憶が生まれる。同一の対象についての多くの記憶から一個の経験が形成され、さらに人は経験から学の構築に至る――ここにも学芸の女神ムウサは記憶の女神ムネモシュネから生まれたとするギリシア神話と共通する認識がみられる。

アリストテレスのこの論考は二章に分かれ、第一章は記憶の、第二章は想起の解明にあてられている。以下、その論旨をたどってみよう。

第一章

記憶を論じるには、まず記憶とは何か、それがどのようにして起こるのか、そのはたらきが魂のどの部分に属するのかを明らかにしなければならない。記憶の対象となる事柄はどのようなものか。未来を記憶するということはありえず、それは判断であり期待である。見たり聞いたりしていることは感覚であり、記憶ではない。感覚によって認識するのは眼前の事柄であり、これにたいして記憶は過ぎ去った事柄にかかわる。何かを感じているという状態は感覚であり、何かを知っている（知性を働かせている）という状態は思考である。感覚しているのでも、思考しているのでもないが、現に感じまたは考えているとき、時間を経過してそのことを思い出しているのだ。そのとき人はかつて感覚しまたは思考したことを魂において体験している。それが記憶にほかならない。

したがって記憶とは感覚でも思考でもなく、それらに属する何かを持ちつづけている状態、ないしは受けとめている状態である。眼前にある事柄は感覚に属し、いまだ来ない未来の事柄は期待に属し、過去の事柄だけが記憶に属する。したがって記憶は時間の経過をともなう。そのため時間を認知する動物だけが記憶することができるのである。

アリストテレスは『魂について』（第三巻第七章）で、表象《イメージ》なしに思考することはできないと論じている。思考の過程は作図にたとえられる。たとえば三角形を描くとき、何らかの大きさを設定する。特定のではないが、ある具体的な大きさを設定しなければ三角形を作図することはできない。それと同じように、人が何かを思い浮かべる場合、それが大きさのないものであっても、ある大きさをもって思い浮かべる。同様に、連続するもの（大きさ、運動など）なしに思考することはできず、また時間において在るのではないもの（数学や天体のこと）も時間をともなわずに思考することはできない（大きさと運動と時間は相互関係にある三つの連続体とされ、これらはいずれも一次的な共通感覚によって認識される）。つまり思考には何らかの表象《イメージ》が必要であり、記憶の場合にも、表象《イメージ》なしに記憶は成立しない。その表象《イメージ》は一次的な感覚能力によっている。したがって、記憶は一次的には感覚能力に属し、二次的には思考に属することになる。

知覚から形成されたイメージが思考となって働く以上の過程は、次のようにパラフレーズできるだろう。すなわち、五感を通して知覚されたものは、想像力による変容を受け、知的活動の素材となる。

つまり、想像力とは知覚と思考の媒介にほかならない。あらゆる知識は感覚による印象に由来するとはいえ、思考が働きかけるのは生のままの印象に対してではなく、それが想像力によって処理されたものを通してである。意識におけるイメージを形成する領域こそ、より高度の思考を可能にする。ここで、五感による知覚を読書という体験に置きかえてみると、読書の想像力（創造力）ないし知識との関係が目に見えるものとなる。

ここで難問《アポリア》とされる興味深い問題が浮上する。たとえば板に描かれた絵は、それ自体がひとつの具体物であると同時に、描かれた事物の模像でもある。つまり、それは存在する絵そのものであると同時に、不在のものの模像でもある。このとき人は、存在する絵ではなく、不在の像のほうを記憶することになる。なぜ、そのようなことが起こるのか。

アリストテレスによると、「記憶は魂のある部分に感覚をとおして描かれた絵のように生じる。ちょうど印章付きの指輪を封蠟に捺すときのように、感覚にその痕跡が刻印される。このとき刻印されたのは、金や銅という指輪の材質ではなく、印章なのだ。同様に、記憶されるのは、板に描かれた絵自体ではなく、描かれた像のほうなのだ。板絵は表象内容［つまりイメージ］であり、（模）像が記憶内容となる」（「記憶と想起について」）。

以上、記憶とは関連する事物を表象《イメージ》として保持している状態であった。

第二章

さて、残された想起について語ろう。まずは、これまで行なわれてきた論議の検討から始める。想起とは記憶の回復でもなければ、獲得でもない。なぜなら、初めて何かを学んだり経験したりするとき、それに先行する記憶は存在しないのだから。また初めから記憶を獲得するというわけでもない。経験した後に、それが記憶となるのだから。

想起とはふつう記憶の回復ないし獲得であるはずだが、アリストテレスはあえてそれを否定して、記憶というものを学ぶことや経験と関連づけて論じている。その背景には、知識の習得を想起と結びつけて考えるプラトンの影響があった。前述のように（一八一頁）、奴隷の若者がソクラテスの問答法に導かれて幾何学を理解したことを、プラトンは若者が前世で学んだ知識を想起したことによるのだとしている。アリストテレスはその説に批判的だったが、「これまで試みられた考察」として、こうした断定から説きおこしたのだろう。

さらに、「初めて何かを学んだり経験したりする」ことを想起と同列に置く。これもプラトンの『メノン』と『ペドン』にみられるように、想起が問答法による学習において重要な方法であったことを示している。

想起とは、以前にもっていた知識や感覚を取り戻すこと、あるいはそれにかかわる何らかの事柄を取り戻すことだ。しかし、そうした状態が無条件に想起になるわけではない。想起ではなく、かつて学んだことを再び学ぶという場合もある。想起はこれとは異なり、人が想起するとき、学んだという出発点が内に存在していることによって成立する。

想起と学ぶことを対比させるこの論法はややわかりにくいが、質問に導かれて答えるうちに、内発的におのずから真理に至ることを目的とする問答法において、想起はきわめて重要な役割をはたしていた。つまり「学ぶこと」は、他者から教え込まれるのではなく、みずからの覚醒をとおして学びとってゆくことであった。

出発点となる連想が次の連想に自然につながるとき、想起が起こる。その関連に必然性がある場合、あるいはそうではなく習慣によって行なわれる場合など、アリストテレスは連想の過程をめぐる分析にわけいってゆく。

そこで出発点を得ることが必要となる。ゆえに、ときおり諸処の場所から想起していると思われる人々がいる。すなわち、あるものから別のものへとすばやく至るのである。それはたとえばミルクから白さへ、白さから霧へ、そして湿気へと至り、そのようにして晩秋という季節を思い出すのである。

この「諸処の場所から」という表現の背景には、記憶術の存在がうかがわれる。「記憶と想起について」では明示的に記憶術を論じてはいないのだが、後述するように、それを暗示していると思われるところが何か所かある。アリストテレスは記憶術の有効性を認めており、現に『トポス論』では、弁証術を学ぶ学生にたいして記憶術を推奨している（「記憶術において、場所を示すだけで、ただちに当のものどもを思い出せるように、上述のようなことを心得ておれば、人をいっそう推理にたけたものにするであろう」）。例としてあげられた、ミルクから晩秋を想起する場合、その連想に必然性はなく、ミルクと晩秋のあいだに立つ「白さ」「霧」「湿気」が両者を媒介している。つまり、これらが想起に至る出発点となっている。本文はつづけて――

一般的に、中間点がどの場合にもやはり出発点となるようだ。なぜなら、それまで思い出していないとしても、ここに至れば思い出すであろうし、そうでなければどこから始めても思い出すことはないであろう。例として、ＡＢＣＤＥＦＧＨと表わされる連続する項目を考えているとしよう。この場合、もしHで思い出していないとすれば、Fで思い出すであろう。というのも、そこ（F）からは、GとEの両方へ動くことができるからである。しかし、そのどちらでもないならば、Cへ至れば思い出すであろう。もしDかBを探し求めているのであれば。しかしそのどちらも求めているのでないならば、Aに至れば思い出すことになるだろう。つまりすべてそのように運ぶのである。

これはもっともわかりにくいところで、解釈には諸説あるが、いまだ納得のゆく解明には至らないようだ。まず、中間点とは何か。項目数は八つなので、中間点となる項目は存在しない。英国の研究者リチャード・ソラブジ Richard Sorabji によると、これは項目全体ではなく、三つの項（triplet）からなる最小の系列をいくつか想定することで解決する。つまりEFGならば中間点はFとなり、Fを出発点とすれば、前後のEまたはGに至り、それで思い出せなければ、さらに前後する二番目または三番目の中間点を拾い上げてゆけば、項をひとつずつ追ってゆくよりもずっと迅速に想起となるイメージに到達できる……。このように、配列された表象《イメージ》を走査するという意識作業は、おのずからなる想起の過程を意図的にたどることになり、記憶術における位置システム（熟知した場に記憶すべきイメージを配置する技法）を背景にしたものとも考えられる。

さらにアリストテレスは、想起に至る認識の道筋を、相似の関係にあるいくつかの三角形を例にして解き明かす。たとえば、ある三角形の二辺が与えられた場合、人はその三角形と相似の三角形を想定することで想起の対象に至るというように。このとき鍵となるのは相似形、つまり比例関係にほかならない。

それは二つの場合にかかわってくる。一つは、外部にある現実の実体と、意識内におけるその表象《イメージ》との関係において。つまり、外部にある想起の対象は実際の大きさの写像として記憶されているわけではなく、いわば比例的な表象《イメージ》として保存されている。二つめは、意識内にある表象《イメージ》同士の関係において。つまり、記憶の場に配列された表象《イメージ》を走査する場合、ある種の比例関係に頼ることになる。いずれの場合にも、比例関係を通して想起に至る。さらに時間的な経過の認識にもこの比例関係が介在する。たとえば想起された事柄からどれくらい経っているかを示す場合など。その場合、空間的な長さは脳内で時間的な経過に変換されるわけである。

アリストテレスは『魂について』（第十二章）でも、感覚が一定の比例関係によって、大きさをもった外部の事物を受け入れていることに言及している。

アリストテレスは最後に、想起が身体性にふかくかかわっていることを指摘する。考えを集中しているにもかかわらず想起に至らない場合、人はイライラと不機嫌になるが、とりわけ黒胆汁質（憂鬱性）の人たちにその傾向が強い。それは彼らがイメージ（表象）にもっとも動かされやすいからだ。いったん激情にとらわれると、もはや統御できなくなり、次から次へと動かされるという。デカルト以来、精神と肉体は画然と分けられるようになったが、アリストテレスにとって、生の総体は有機的な階層をなしていた。想起を論じて体質に言及することも、人間という生命体のいとなみを考えればごく自然なことだった。その場合、イメージ（表象）はそれほど激しく人を動かすというところに、イメージ（表象）を重視したアリストテレスの思いがうかがえるようだ。

ディオゲネス・ラエリティオスの『ギリシア哲学者列伝』（第五巻第二十六節）に、アリストテレスの初期著作として『記憶術《ムネーモニコン》一巻』という書名がみえるというが、それは惜しくも失われてしまったらしい。しかしアリストテレスの記憶術がどのようなものであったのかは、著作に散見される断片的な記述によって、そのいくらかをうかがうことができる。

眠っているときにも、夢の表象内容に加えて、それとは別に思考もするということがあるのだ。目覚めたばかりのときに、精神を集中して、先ほどまで見ていた夢を記憶しておこうと試みる人になら、そのことは明らかであろう。そのような種類の夢を見るという経験を、ある人たちはすでにしている。例えば、夢において自分の前に投げ出されている幾つかのものを、眠っている最中に記憶術の指針に従って配置するのだと思っている人たちのように。すなわち、夢の表象内容に加えて、何か別の表象内容を、目の前で場所へ配置するということが、彼らにはしばしば起こっているから。(「夢について」『自然学小論集』、『アリストテレス全集』第七巻所収、坂下浩司訳)。

ここでは場所を用いた記憶術に言及している。また『魂について』では、感覚とも思考とも異なる表象のはたらきを、記憶にともなうイメージと重ねあわせている。

表象のはたらき自身は感覚を欠いては生じないが、またこの表象のはたらきを欠いては判断は成立しないのである。しかし、表象のはたらきが知性認識や判断でないことはあきらかである。なぜなら、この表象するという感受状態は、われわれが望む場合には、われわれの意のままになる（その証拠に、ちょうど物事を記憶術の体系に従って並べておいて、そこから影像を作り出す人々のように、眼前に何かを作り出すことができるのである）。(『魂について』第三巻第三章、中畑正志訳)

アウグスティヌスの記憶論

アリストテレスに次いで、記憶と想起を語って後世に多大な影響を与えたのがアウグスティヌスだった。古代ローマ帝国の末期に生まれ、自身も卓越した記憶力をそなえていたこの神学者は、記憶をめぐる濃やかともいえる言葉をのこしている。

わたしは記憶という領域の広大な広間に至る。そこには感覚を通してもたらされた無数の事柄の表象《イメージ》を蓄えた宝庫がある。そこにはまた、わたしたちが考えだすすべてのもの、すなわち知覚したものに増減をほどこしたり、さまざまに変形させたりしたものがすべて納められている。さらに忘却をまぬがれて埋もれずにいたものも保存されてある。わたしがそこに足を踏み入れ、求める表象《イメージ》をよびおこすと、あるものはすぐさま現われるが、そうでないものはぐずぐずして、奥まったところからなかなか出てこようとしない。また他のものはこちらが別のものを求めているのに真っ先に飛び出してきて、「わたしではありませんか」といわんばかりである。わたしはそれらを心の手で想起の面前から追い払う、求めているものが隠れていたところから姿を現わすのを見るまで。あるものはわたしが呼ぶのに従って、整然と隊をなして現われる。先のものは退いて後のものに場をゆずって消え去るが、わたしが求めるとき、すぐに戻ってこられるように待機する。このようなことがすべて、わたしが記憶によって何かを語るときに起こるのである。(『告白録』第十巻、この引用は地の文との調整のため、既訳を参考にして変更を加えた)

アウグスティヌスは記憶術に言及することはなかったが、想起をめぐるこの見事な一節に、フランセス・イエイツは、アウグスティヌスが古典的な記憶法に則て記憶力を訓練したとの推測を強く印象づけられたとしている。

アウグスティヌスは記憶という広大な宝庫を探索しながら、その不思議さに心をうばわれる。外部のものごとは記憶のなかに表象《イメージ》となって取りこまれ、天も地も海も記憶のうちにある。ただし数や幾何学上の線は、感覚を通して伝えられた物体的なものの表象《イメージ》ではなく、認識された数や線そのものとしてたくわえられる。過去の経験も未来への希望も記憶のうちにあるかのようだ。自分の過ぎ去った悲しみを想起するとき、心には喜びがあり、記憶には悲しみがあるという不思議。記憶という深遠にして無限、そして多様なものの彼方に神を求めた神学者は、神の特質を父と子と聖霊とする三位一体になぞらえて、理性と記憶と意志とを人間精神の特質であるとした。

さらに記憶はさまざまの場合に応じて、それぞれの三位一体をかたちづくる。一一一頁で述べたように、三位一体とは関係性の構造化と考えることができる。たとえば知覚された物がなくなっても、その似像が記憶に残っているので、意志がそこに眼差しを向ければ、内的な視像が現われる。つまり記憶、内的視像、意志となる（『三位一体』第十一巻第三章）。あるいは、人の話を聞いて何かを思い出す場合、自身の記憶のなかにあるものを目覚めさせるのであり、まったく記憶にないものを考えることはできない。かつて知覚したものでなければ、いかなるものも記憶に残らないからだ。つまり感覚、記憶、注視となるように（同前、第十一巻第八章）。


この記憶の力は偉大です。

測り難いほど偉大です。わたしの神よ。

それは広大な密室です。

誰がその深奥にまで達するでしょうか。記憶の力はわたしの精神の本質に属しています。しかしわたしはわたしという者の全てを把握出来ません。というのは、精神は自分自身を入れるためには、狭すぎるのでしょうか。それでは精神が自分のもので把握し得ないものは、何処にあるのでしょうか。それでは精神は自分の外にあり、自分の中にはないのでしょうか。それでは精神はどうして自分自身を把握出来ないのでしょうか。（『告白』第十巻第八章、宮谷宣史訳）

アウグスティヌスは記憶というものを、通常は意識されることのない精神の深みにまで及ぶ心のいとなみと考えていた。「ルカ伝」（15・8）にみえる、失くした一枚の銀貨を探しもとめる女の話を例にあげながら、失くしたものが視界から消えたとしても記憶にはあるので、見つかったときに、それが探していたものであるとわかる。それでは、何かを忘れてしまった場合、つまり何かが記憶から失われてしまったとき、どのようにしてそれを思い出すことができるのか。それは記憶ではないほかの場所に保存されていたのだろうか……。

アウグスティヌスは『三位一体』（第十四巻第六章）において、このような記憶の特性を論じているが、それについてエティエンヌ・ジルソンは、それと意識されずに魂にのぼるもの、あるいは神のように先験的に隔絶したものとして魂にあらわれるものなど、過去の思い出以上の意味を「記憶」が含み持っているとすれば、アウグスティヌスの記憶 memoria とは、現代の心理学用語としては無意識あるいは潜在意識に相当するのではないかと注記している（*Introduction à l'étude de Saint Augustin*, 1929）。当時の一般的なユング評価を考えるなら、このような無意識への言及がすでに一九二〇年代にあったことには驚きさえ覚えるのだが、しかし高名な中世学者は、ユングより九歳年少の同時代人であった。アウグスティヌスの認識と深層心理学との関連に着目した次のような指摘がある。

「ここで問題になるのは、魂の内面に向ってさし向けられた精神のまなざしが志向する場所、すなわち「記憶《メモリア》」とは一体何なのかということである。彼は「記憶」について第十四巻（上述の『三位一体』）で次のように説明している。記憶とは「ある隠された知」arcana quadam notitia である。たとえばわれわれがある対象について思惟しないかぎり、その対象は精神の内なる視野にはあらわれてこない。しかし、われわれの「精神の秘所」in abdito mentis にはある事物の知識があらかじめ先在しており、それについて思惟するとき、それはある仕方で姿をあらわし、精神の視野により明らかに進み出てくる、と彼は言う。これは明らかに、無意識領域からの「想起」の作用を意味している」（湯浅泰雄『ユングとキリスト教』）。さらにアウグスティヌスの記憶というものが、個人的無意識を超えて、さらに広い超個人的な無意識（ユングの集合的無意識）に接続することを、湯浅は論じている。

教義の確立につくしたこの偉大な神学者は、記憶についてくり返し語りつづけた。記憶の不思議さに魅了され、その深さと豊かさについて思索をつづけたのだった。

詩編百五十編の記憶法

時代は下って十二世紀のパリ。一〇四頁で述べたシテ島のセーヌ左岸に建つサン・ヴィクトル修道院に話は移る。その司教座聖堂付属学校の学生のために書かれた、「詩編」百五十編を記憶する方法が今に伝えられている。著者は神学者にして教育者であったサン・ヴィクトルのフーゴー。聖書をこれから学ぼうとする若い学生を念頭に置いて、フーゴーは意をつくしてわかりやすく、かつ具体的にその秘訣を語る。効率よく記憶するためには、なによりも規則的な配置が必要であるとフーゴーは説く。金銀や宝石にも比すべき知恵を心という櫃《ひつ》にきちんと収納することが大切だった。詩編を幾つかに分割し、その一つ一つに番号をふる。そうすれば、両替商が各種の通貨を必要に応じていとも手際よく差し出してみせるように、いつでも必要な知識をたちどころに記憶から取り出すことができるようになると。記憶することの大切さを鮮やかな言葉で語りながら、練達の教師は年若い生徒たちの学習意欲を高めることから始める。

記憶の過程は、数と場と時という三段階に分けられる。作業の第一歩は数を用いた記憶の場の設定。これは前述のように（一七八–九頁）古代の記憶術の原則にのっとっている。ただし古代の方法のような具体的な空間、たとえばなじみのある建物や室内の配置ではなく、十分な広さをもった架空の平面を脳裡に思い描く。そこに一から番号をつけた長く連続する碁盤目を配置する。碁盤目の一つひとつが記憶の保管場所となる。記憶すべき事柄が十ならば一から十まで十個の碁盤目が一列に並んでいるのを見る。「詩編」の場合は百五十編あるので、百五十個の碁盤目を順序よく配置する。次に、その番号のなかから任意の数を思い浮かべ、それに対応する碁盤目にすばやく視線を注ぐ練習をくり返し、碁盤目と数字の対応を確かなものにする。記憶すべきことはことごとくこれら百五十個のうちに収められる。記憶内容はすべて視覚化されてそれぞれの区画に保管されると考える。

いよいよ「詩編」を一編ずつ記憶する作業にかかる。まず詩編の番号と冒頭の一句を結びつけて記憶する。これは各編の見出しあるいはラベルとなるもので、ひと目で覚えられる長さがよい。「詩編」の第一編ならば、「幸《さいわ》いな者《もの》」、第二編ならば、「なぜ、国々《くにぐに》は騒《さわ》ぎ立《た》ち」、第三編ならば、「主よ、私《わたし》の苦《くる》しみのなんと多《おお》いことでしょう」。これらを声にだしながら、あるいは思い浮かべながら、一瞥できるイメージとして、心のなかの碁盤目の第一、第二、第三の区画にそれぞれ収める。これをくり返して「詩編」百五十編の冒頭句を所定の場所に設定する。

次に、各詩編の詩行の暗記にかかる。ここでのポイントは、詩句の分割にある。自明のことだが、長く覚えにくい文章は短い単位に区切り、それぞれに番号をふり、少しずつ覚えてゆく。必要ならば下位項目を設定して、記憶の場をさらに広げることも許される。

一度に記憶できる量は人によって異なるが、心理学に「7プラス・マイナス2」の法則というのがあるそうで、一度に記憶できる容量を、5から9の単位としている。たとえ一度に6か7単位しか記憶できないとしても、圧縮して数字に置きかえるというこの手法をつかえば、必要に応じて記憶の総量をいくらでも増やすことができる。フーゴーならばこう言うかもしれない。「この財布にはいる硬貨の数は限られている。ならば銅貨ではなく金貨か銀貨をおさめよう。」

ここで大切なのは、用いる本をどれか一冊に限定すること。その一冊の紙面の体裁を意識すると、印象はより鮮明になる。それがページのどの位置にあるか。始めか中程か終りに近いか。行頭か行末か。二段組だったら上段か下段か。中世の場合、パラグラフの先頭に置かれた装飾文字などが効果的な指標となったのだろう。

最後に、時による印象。これは記憶すべきことがらを、折々の出来事、出会った人、天候や時刻などと結びつけて記憶する。そんなささいな印象が想起のきっかけとして働くのは、じつは誰もが日々経験しているのではないだろうか。*

＊唐突のようだが、現代にもこのような手法を活用した実例がある。二〇〇二年五月、外務本省国際情報局分析第一課にあった佐藤優氏は、鈴木宗男関連事件で勾留され、東京地検特捜部の取り調べを受けた。「情報屋の基礎体力とは、まずは記憶力だ。私の場合、記憶は映像方式で、なにかきっかけになる映像が出てくると、そこの登場人物が話し出す。書籍にしても頁がそのまま浮き出してくる。しかし、きっかけがないと記憶が出てこない。／私にはペンも紙もない。頼れるのは裸の記憶力だけだ。独房に戻ってから、毎日、取り調べの状況を再現する努力をした。私の体調がよくないので、取調室には化学樹脂の使い捨てコップに水が入れられていた。私はときどきコップを口にする。その水の量と検察官のやりとり、また、西村検事は腕時計をはめず（腕時計をしているならば、時間とあわせて記憶を定着することはそれほど難しくない）、ときどき懐中時計を見る癖があるので、その情景にあわせて記憶を定着させた。いまでも取り調べの状況を比較的詳細に再現することができる」（『国家の罠』）。また別のおりには、押収されている手帳の再現を試みる。「前に申し上げたように、私の記憶術は映像方式である。手帳のちょっとしたシミ、インクの色を変えること、文字の位置を変化させることで、記憶を再現する手掛かりが得られる。独房にノートがあるので、そのノートに別の手掛かりになる記述をすれば、過去の記憶をもういちど整理することができる」（同前）。

マテオ・リッチの『西国記法』

古代ギリシア以来、脈々と流れつづけた記憶術は、十六世紀末にイエズス会宣教師によって中国に伝えられ、その地の文人たちを驚嘆させることになる。その役割を演じたのが、イタリア人宣教師マテオ・リッチ（一五五二―一六一〇）だった。マテオ・リッチは一五八三年、明末の中国に入って布教活動を始めると同時に、中国語と中国文化の習得に励んだ。リッチ三十一歳のときである。早くも二年後には、中国語を話し書けるようになったと手紙で伝えている。その三年後には四書のラテン語訳に着手している。少数精鋭のイエズス会士としても驚くべき上達だったといえるだろう。幼少期に生地マチェラータ市に開設されたイエズス会の中学校《コレジオ》に学んだ後、リッチは十六歳でローマに出るとイエズス会に入り、ローマ学院に入学した。イエズス会の綿密に考慮された教育課程のなかに記憶術が含まれていたという点に注目したい。これは会の創立者であったイグナティウス・デ・ロヨラの教育理念にねざしたものだった。学生に学んだことをしっかり記憶に収めることを課するのは、当時の教育者には当然のことのように思えるが、しかしイグナティウスは、より深い次元に人々を導こうとした。たとえば聖書の一字一句を生きた場面として心に描き出す方法を教えた。キリストが受難に向かって歩んだベタニヤからエルサレムへの道、最後の晩餐を行なった部屋、裏切りにあった園……、これらを鮮明な画像にして心に呼びおこす。これは実際に体験したのではない場景を心に描き出すわけで、通常の記憶術とは異なるにしても、イメージの創造という点で共通する。リッチも記憶術に通暁するとともに、後述するように、時に応じて適切なイメージを描き出すという手法に習熟したのであろう。

イエズス会の教育と活動の両面において、記憶術は有効な手段であった。たとえば、日曜日の晩餐がすんでから、布教活動を想定した「論争」の演習が行なわれた。これには二つの方式があり、一つは、一人の学生が与えられた神学上の論点を示すと、これに対して仲間の学生たちが丸一日をかけて練り上げた反論を展開し、さらに当初の学生が自説を擁護するというものだった。もう一つは、教師が異教徒として論じ、学生たちにこの「悪魔の弁護者」を論破させる。学生は議論を組み立て、自身の信仰を分析し、記憶術によってこれをしっかりと脳裡に収める。記憶術が古代ギリシアにおいて雄弁術のために行なわれていたことを考えると、これは本来の活用法であった。また、書物もじゅうぶんに備わらない海外での布教活動のおりなど、身につけたその効力をことのほか実感したのではないだろうか。リッチが明代の中国に赴任して十二年目、一五九五年のことだった。

ある日、私は進士の称号を持つ数名の知識人から宴会に招待されました。その席上、ちょっとした事が起こり、私は彼らのあいだばかりか、南昌の知識人たち全員のあいだで大きな評判になりました。私が大多数の漢字について位置付け記憶法を作り上げていたことが話題を呼んだのです。招待してくれた知識人たちとは親しい関係でしたし、彼らに多少なりとも信頼を得て、私の漢字に対する知識を示したいと思いました。また、そうしておくことが、主なる神への祈りとその栄光や、我々が意図する目標にとっていかに重要かということも理解していましたので、私は、一枚の紙にどんな書き方でもよいから、何の準備もなしに漢字をたくさん書き並べてほしいと言いました。一度だけ目を通せば、私は書かれた通りの順序で暗誦してみせることができるからです。中国人は実際にでたらめな順序で多数の漢字を書きました。そこで私は、一度それに目を通しただけで、すべての漢字を書かれた順序のままに暗誦してみせました。一字も間違えなかったので、中国人たちはこぞって驚きの声をあげました。彼らにとっては、とてつもないことのように思われたのです。私は彼らをさらに驚かせてやろうと、今度は並べられた漢字を逆の順序で暗誦してみせました。（中略）すると、中国人全員が胆をつぶし、まるで正気を失ったようになりました。

（ジョナサン・スペンス『マテオ・リッチ　記憶の宮殿』古田島洋介訳）

驚くべき記憶力をもった宣教師の評判は知識人のあいだにたちまちに広がり、記憶法の伝授を求める者も続出したらしい。リッチの期待は、記憶術のすばらしさに感銘を受けた中国人がヨーロッパ文化に、さらにはキリスト教に関心を寄せてくれることであった。それが記憶術の実演に及んだ動機であったことに疑いはないが、同時にリッチ自身が記憶術を漢字に応用することに並々ならぬ興味を感じていたことが次の文面からもうかがえる。「この位置付け記憶法は漢字のために発明されたと言っても過言ではないからです。漢字はそれぞれの字が一つの事物を意味する図形であるため、位置付け記憶法が殊に有効で、存分に威力を発揮します。」（同前）

リッチは明の知識人に向けて記憶術伝授の書を漢文で書きおろした。題して『西国記法』、つまり西洋記憶術。この本は今日まで伝えられてきた他の記憶術書にはない二つの独創性を備えていた。一つは言うまでもなく記憶術を初めて漢字に応用したこと。もう一つは事例に即してきわめて具体的に手順を詳説したことである。幸いにも原文と田口一郎氏によるその詳細な訳注を手にする機会を得たので、それを参考にさせていただいた。

リッチの方法を一言でいえば、イメージの自在な活用となるだろう。それぞれの漢字から喚起されたイメージを組み合わせて、ひとつの印象的な画像を作りあげ、それを記憶術の手法によって脳裡に刻みつける（印象を強めるには、意想外のものほどふさわしい。そこにもリッチの独創性が存分に発揮されている）。以下、漢文で記された原文の現代語訳を示しながら、その一部を紹介する。

　およそ記憶術を学ぶには、物や事を画像として、順次それぞれの場所に安置するようにする。そこでこれを画像記憶法という。

　画像つまりイメージを、脳裡に設定した記憶の場に配置する。記憶術の基本である。

　「武」「要」「利」「好」の四文字を憶えるなら、これを一つの部屋の中に静かに置く。部屋の四隅を安置の場所とし、東南の隅を第一、東北の隅を第二、西北の隅を第三、西南の隅を第四の場所とする。

「部屋の中に静かに置く」という指摘に注目しよう。記憶の場を現実の空間のように意識して、適度の明るさと広さがあり、落ち着いた静かなところとする。そうすれば、記憶すべき物がまぎれることなく、いつまでもそこに置かれるであろう。

「武」の字の場合、勇士が軍服を着て、戈《ほこ》を執り戦おうとしているのを、もう一人がその腕を押さえて彼を止めている*画像を脳裡に描き、この二つを合わせて「武」の字とし（「戈」と「止」）、東南の隅に安置する。

＊おそらくリッチは『春秋左氏伝』宣公十二年に「戈《か》を止《とど》むるを武となす」とあるのによったと思われるが、「止」は本来、足を意味し、戈をもって堂々と前進するさまを表わす。

イメージは死物ではなく生きたものでなければならない。そこで、「戈《ほこ》」と「止《とどめる》」の組合せを、勇み立った勇士をもう一人の男が押さえつけて止めさせようとしている場景に仕立てあげる。つまり「戈」と「止」とを組み合わせて「武」とする。

「要」の字の場合、西夏回回《ウイグル》（「西」方の異民族）の女子の画象を取り、合わせて「要」の字とし、東北の隅に安置する。

イメージはまた奇抜な意表を突くもののほうが記憶に残りやすい。そこで、西方のトルコ系異民族の女を考え出した。「西」と「女」とを組み合わせて「要」。

「利」の字の場合、一農夫が鎌を執り、田んぼで稲（禾）を刈っている画像を取り、合わせて「利」の字とし、西北の隅に安置する。

利の字には利益のほかに鋭いという意味があり、刈り入れをする農夫と、切れ味のよい鎌を組み合わせたところは、なるほどと思わせる。「刀」と「禾」とで「利」。

「好」の字の場合、一人の女の子が、一人の赤ん坊を抱いてあやしている画像を取り、合わせて「好」の字とし、西南の隅に安置する。

女の子が赤ん坊を抱いているイメージはとくに奇をてらってはいないが、好という字の好ましい意味合いが素直に連想される。「女」と「子」で「好」。リッチは画像による記憶法の利点を次のように説く。

画像の記憶というのは、その画像の含意が浩瀚で、一方面に止まらない。その記憶場所は入りくみ互いに関連するが、一本の綱ですべての筋道をすくい上げることができる。初めは繁雑難解さに苦しみ、きちんとして混ざらないような配置はできないように思える。しかしもしきちんと画像をとらえられれば、記憶の保存は益々堅固になり、画像の配置がうまくなれば、記憶の検索も簡単になる。そういうわけで、最初記憶する場合は難しく思えるが、追って簡単になる。なぜかというと、例えば重い物を運ぶ場合、自力で運べば必ず困難を伴うが、もし物を車に載せれば、引っ張っていける。車の分だけ手間がかかり重くなるわけでなく、ただ楽に速く運べるように感じるのは、頼る対象があるからだ。

漢字の造字法には、御承知のように、六書《りくしょ》といわれる六種類があり、それぞれ象形、指事、会意、形声、仮借、転注と分類されている。最初の象形は実際の形をかたどって作られているので、それに独自の解釈をまじえて記憶画像とし、それ以外の実際には形のないものについては、何かの像を借りるか、別の像を作ることで対応する。

たとえば指事とされる「本」「末」の二字は、「木」の下の部分に横線をつけると「ねもと、もと、はじめ」の意味となり、上の部分に横線をつけると、「こずえ、すえ、おわり」の意味となる。これをリッチは、一人が根もとの枝に座れば「本」となり、その梢に座れば「末」となるというイメージに変えてしまう。「休」の字からは、人が木によりかかって休んでいる場面を思い描く。会意とされる「明」の字には、日と月が同時に輝いているイメージを与える。*

「聞」の字については、大きな耳が門中にかかっている情景にして印象を強める。さらに「見」に至っては、片目が額に縦に生え、ぎらぎらと四方を眺めているというシュールレアリスムのようなイメージにしてしまう。このようにリッチはさまざまなイメージを駆使しながら、あらゆる漢字を画像に変えて記憶に刻みつける工夫を試みている。

＊白川静『常用字解』によると、「休」のつくり「木」は、古い字形では「禾」で、軍門の標木を表わし、禾の前で講和することを「和」といった。戦争で手柄を立てた人を表象することが「休」で、「さいわい、よい、めでたい、よろこび」がもとの意味であったが、休暇が与えられることから、「やすむ」という意味に使われるようになったという。また「明」の字のへん「日」は古くは窓を表わす「冏」であり、窓から月明かりが差し込む情景を表わしたものという。

以上のように、リッチの『西国記法』は、漢字をそれぞれ画像《イメージ》に置き換えて記憶するという原則にもとづいていた。記述はこのあとも、漢字の組み合わせからなる名詞の記憶法、さらには論語本文の記憶法にまで及ぶ。

マテオ・リッチは漢字文化圏に記憶術を紹介して知識人の注目を集めたのだが、寡聞にしてその後の中国で独自の発展をとげたことを聞かない。ことのほか文字を尊重した文化にあって、漢字を分解し、ときに異様とも思われる独自のイメージを連想する技法に、士大夫は違和感を覚えたのかもしれない。

記憶術はこの後、中世から十七世紀に至って根本的な変容をとげようとした。それは「普遍の学」、つまり現実世界を秩序化する普遍的な学を求めて着想された「普遍記憶術体系」というものであった（パオロ・ロッシ『普遍の鍵』）。世に行なわれている個別の学問は雑然とした森のようなものにすぎないが、このもつれあった森は、ひとつの論理的脈略にしたがって枝わかれしてゆくひともとの知の樹木へと変貌する。そうした新しい普遍的方法の確立のためには、秩序、一貫性、組織化によってその共通根を明るみに出す必要がある。その方法とは概念を整理して、現実世界を構成している対象と人為的に作られた概念を組織的に分類するといった問題に、そっくり解消されてしまう。イメージの秩序立った適切な配置という記憶術の当初の原理は、幾多の思想家の思索あるいは夢想によって、壮大な形而上学へと変貌をとげようとしたのだった。本書は記憶術を記憶の技法として論じてきたのだが、元来、記憶術はカバラなどの神秘主義に通底する一面を備えていた。この二つの要素は複雑にからみながら変転をとげてきており、その展開に踏み入るのは筆者の力量をはるかに超える。問題を別の視点から設定しよう。

ここにひとつ疑問が浮かんでくる。記憶についての東西の認識は同じようでありながら、じつは大きな隔たりを隠しているのではないか。普遍記憶術体系という形而上学への変貌をとげようとした西洋の記憶術は、素読のような、記憶を意識の段階から無意識に沈めて定着をはかる記憶法とは、正反対の方向性を示しているように思える。

日本人が記憶をどのように考えていたかは、すでに「素読の意義」で少しふれたように、意味という概念の定着する意識を透りぬけ、より深い無意識の層に、つまり身体性にまで沁みとおらせるという教授法にも現われている。熟練した職人や芸人にみられるように、こうして幼い頃から身につけた技能について、「身体で覚える」とか「身体が覚えている」という言い方をする。これはむろん特別の事例ではあるが、わたしたちが本気で何かを覚えようとするとき、意識のどこかでこのような記憶の身体性を思い浮かべるのではないだろうか。

しかしこれを日本人に特有のこととはいえないであろう。中世ヨーロッパにおいても、生徒たちが詩編を暗記するとき、体を揺すりながら朗唱したり、リズムをつけて歌ったりしたということがあった。聖人伝の作者が好んで語る話として、幼い頃に母親や修道女の膝の上で詩編がくり返し語られるのを聞きながら寝入ってしまい、目覚めたときにはすっかり暗記していたので、「わたしは眠っても、心は覚めている」という詩編のことばが実現されたというのがある。いずれも意識ではなく、身体と関連した無意識の深みにおいて記憶が人知れずはたらいたことになるだろう。

ベルクソンは、脳は記憶を保存する器官ではなく、記憶を選別する器官にすぎないと考えた。すでに「はじめに」で述べたように、記憶は未来に向かって流れる。つまり人が生きてゆくために必要な記憶を脳は選別して意識によみがえらせる。では、選別される以前の記憶の総体はどこに存在したのか。従来、記憶は大脳の一部に蓄えられると考えられてきた。ベルクソンによれば、それは記憶という時間の系列に属するものを、現実認識の際の空間的把握をそのまま当てはめた結果、記憶の「貯蔵庫」を脳に特定するという錯誤におちいったのだとする。たえず流れてゆく記憶は、空間ではなく時間の系列に属するため、空間の場を必要としない。脳に呼びだされると、記憶はどこからともなく現われ意識に浮かび上がるといった様相を示す。そうした無意識の深層から現われ出るあり方をベルクソンは「純粋想起」と名づけ、身体の生理的過程からは元来独立して存在するとした。しかしそれにもかかわらず脳（したがって身体）と「純粋想起」という無意識過程の間にはある連関があって、脳は生活の有用性の観点から必要な記憶（観念）を選別して、それを意識の表面に向けてさしむける役割を果たしている。記憶と同様、脳（身体）とは本来、認識するための器官ではなく、生きるための器官、すなわち世界に向かって行動的にかかわるための器官であった。ここでベルクソンの見解は、無意識という身体性をよりどころとする素読の方法に重なりあったといえるだろう。それでは記憶術とは、現代の観点からどのように位置づけられるのだろうか。

「はじめに」の章末にふれたように、二種類の記憶がある。たとえば一編の詩を暗記する場合、まずその詩編を一行ごとに区切って朗読し、その朗読をくり返すうちに、各単語はたがいに緊密に結びつき、最後には一つの有機体を構成するに至る。まさにそのとき、わたしはこの詩編を暗記したことになる。それは記憶の場に刷りこまれたのである。これを意志的記憶とする。

他方、朗読をくり返すごとに、ときどきのさまざまな印象、たとえばその日の天候なども、意図したわけではないがともに記憶される。それらは、思い出そうとすればいつでも意識に浮かんでくる詩編の記憶とはことなり、わたしの意志とはかかわりなく、記憶そのものがおのずから現われ出るかのようだ。これを自発的記憶とする。

いったん暗記された詩編の想起は、何度もくり返されるうちに習慣化される。身体の習慣的訓練と同じように、それはある身体メカニズム、つまり初動をうながす何らかの刺激によって全体が始動するような身体メカニズムのうちに蓄積される。想起をうながす何かをきっかけにしてそれはよみがえり、つねに同じ順序で、同じ時間をかけて展開される。

それに対して、自発的記憶はいかなる習慣化の兆候も示さない。それはわたしの意志とはかかわりなく、自然によみがえるように感じられる。個々の朗読の記憶は、一回ごとに異なる記憶となって想起される。意志的記憶がつねに詩編という同一の記憶内容となって想起されるのとは異なり、自発的記憶は、それぞれが人生における一回かぎりの出来事として想起されるのだ。意志的記憶がそっくり想起されるのに対して、自発的記憶は断片的によみがえるにすぎない。このように想起が抑制されるのは、生をいとなむわたしたちが、未来をめざして生きつづけるために有用な選択がそこに働くからである。自発的記憶というものは、わたしたちの意識の深みに根ざしたものであり、生きることに結びついた人間の本質にかかわるものであった。

暗記された詩編の想起は、口に出さずにただ心のなかでくり返す場合にも、一定の時間幅を、一つひとつ音節の発声運動をすべて展開するのに要するのと同じ時間幅を必要とする。つまりこの記憶機能は、過去を表象しているのではなく、一個の行動となって、過去を演じているのである。いったん暗記された詩編は、そのとき行なわれた朗読の痕跡を少しもとどめず、歩くとか書くとかと同じ習慣と化している。それでもなお、この記憶機能が記憶の名に値するとすれば、それが過去の古いイメージを保存しているからではなく、その過去の経験の有用な効果（つまり、すっかり暗誦できるようになった詩編）を現在の瞬間につないでいるからなのである。

それに対して個々の朗読の際のさまざまな印象からなる自発的記憶の想起は再現であり、過去の表象にほかならない。ベルクソンは結論として、この自発的想起こそすぐれて記憶機能と呼ばれるべきであり、心理学者たちが好んで研究対象としている意志的記憶は、じつは記憶機能そのものではなく、記憶機能によって照らし出された習慣と呼ぶべきであるとする。

前述したように、想起を抑制するのは、生をいとなむわたしたちが、未来をめざして生きつづけるための有用な選択によっている。そうした抑制がゆるむとき、たとえば眠りに落ちようとするような場合、抑えられていた記憶は夢となって次々と現われ出る。眠らずにはっきりした意識状態のまま、この自発的記憶をよみがえらせる方法がある。それが記憶術だという。ベルクソンによれば——この記憶術と言われる技法の目的は、まさに［意識の背後に］隠れている自発的想起を前面に引き出し、それを能動的想起（意志的想起）と同様に、自由に操作できるようにすることである。

ベルクソンと同時代人であったプルーストは、記憶についての認識をベルクソンと共有していたといえるだろう。プルーストは過ぎ去った幼年時代そのものであるコンブレーについて思いをめぐらせ、ベルクソン同様こう考える。「コンブレーは別の時間にも存在していたと答えることはできる。だが、それで私が思い出すことと言えば、ただ意志的記憶、あるいは知性の記憶が与えてくれるものだけであって、そんな記憶から得た過去についての情報など、過去の何かを今に保っているわけではない。」コンブレーは永遠に死んでしまったのかもしれない。

「私はケルトの信仰をきわめて理にかなったものだと思っている。誰かに死なれたとしよう。そうすると、死者の魂は何か下位の存在、獣や植物や無生物のなかに囚われる。彼らは、たまたま私たちがそうした木のそばを通りかかったり、彼らがそのなかに囚われている事物を手に入れたりする日

（たいていの人にはそうした日は来ない）までは、私たちにとって亡くなったままだ。しかし、そのときになると、魂は打ち震え、私たちを呼ぶ。私たちが彼らを認めるや否や、呪縛は解かれる。私たちによって解き放たれた彼らは死に打ち勝ち、この世界に立ち返って私たちとともに暮らすことになる。（『失われた時を求めて』「スワン家の方へ」高遠弘美訳）。

そう考えながら一杯の紅茶を口にしたとき、過ぎ去ったはずの幼年時代がコンブレーの情景とともによみがえり、記憶を生涯のテーマとした作家は身をふるわせるほどの感動につつまれた……。

7 西行 月の記憶

かつてヨーロッパの修道院で修道士たちがひたすら詩編の暗唱に励んでいたころ、やはり日本でも修行僧たちが寺にこもって経文の暗唱に努めていた。

西行（一一一八－九〇）がいまだ出家せず、鳥羽院に仕える若き北面の武士、佐藤義清《のりきよ》であったころ、朋友の西住とともに、京都嵐山にある法輪寺におもむいた。これは歌人でもあった親しい友の空仁法師が、法華経を覚えるために庵室にこもっていたのを訪ねたのだった。ねんごろに語りあって別れを告げたふたりが大井川の渡り場まで来ると、名残を惜しんで見送りにきた空仁がちょうど筏の下って来たのを見て、「はやくいかだはここに来にけり」と連歌をよみかけてきた。義清は、薄い柿色の衣をまとって立つ空仁の姿を「優に覚え」、「大井川かみに井堰《ゐせき》やなかりつる」（川上には井堰がなかったから）と付けて別れ、川を渡った。すると空仁が重々しくかすれた声で、「大智徳勇健、化度《けど》無量衆」（大いなる智徳は勇健にして、無量の衆を化度せり）と、法華経の提婆《だいば》達多《だった》品《ほん》の一節を唱えはじめた。義清は「いと尊くあはれ」に想って、「大井川舟に乗りえて渡るかな」とよんだ。「乗り」とは仏法の「法《のり》」にかけて、出家への思いをこめたのだった。傍らの西住もこれに応じて、「流れに掉さす心地して」と付け、自分も思いを同じくする意をこめた……。若き日の朋友たちとの忘れがたい思い出を、西行は晩年の歌集『聞書残集《ききがきざんしゅう》』の詞書にこのように記している。

この話は、その後二十三歳で出家をとげることになる西行が、仏道に心を傾けたころの思い出を語った貴重な逸話なのだが、ここでは、法華経の暗誦のために法輪寺にこもるというところに焦点をあて、西行の記憶にまつわることどもを考えてみたい。

空仁のように法輪寺にこもり法華経の暗誦に励むことは、当時ひろく行なわれていたという。同様のことが『今昔物語集』巻第十七、「比叡の山の僧、虚空蔵の助けによりて智《さとり》を得たること」（第三十三話）に語られている。この話は、学問への志をいだきながら雑念に悩む比叡山の若い僧が、法輪寺に詣で、虚空蔵菩薩《こくうぞうぼさつ》の功徳によって学問を成就し、ついに名僧になるという話だった。『今昔物語集』の「本朝」の部を読むと、法華経の功徳を語る説話が頻出し、当時の人々が法華経に絶大ともいえる信仰を寄せていたことがうかがえる。また『大鏡』には「このごろだに、むまれたる［生まれたる］ちごも法華経をよむと申せど、まだ、よまぬもはべるぞかし」（第五巻）とあり、これは西行在世当時よりも時代がいくらか遡るにしても、平安末期から鎌倉初期にかけて法華経がひろく信仰されていたことを示している。僧侶が法華経の暗誦に努めた事情にもたしかに納得がゆく。ならば、その暗誦のためにこもる寺が、なぜ法輪寺だったのだろう。

法輪寺は行基《ぎょうき》（六六八―七四九）によって開創された真言宗の寺で、俗称を嵯峨虚空蔵というように、嵯峨嵐山の中腹にあって虚空蔵菩薩を本尊としていた。空海の弟子、道昌が天長六年（八二九）に虚空蔵菩薩像を安置したという。虚空蔵菩薩を念じると、記憶力を増し、諸願が叶えられるとされていた。古代ギリシアの記憶の女神ムネモシュネの役割を、この虚空蔵菩薩はつかさどっていたことになる。京都には、十三歳になると陰暦の四月十三日に、知恵をさずかるようにと、法輪寺に参詣する習わしがあった。

『今昔物語集』「本朝」の部の巻十四には、法華経の暗誦をめぐる説話がいくつも収められている。たとえばその第十二話は――醍醐寺の恵増《ゑぞう》という僧が一心に法華経を暗誦したが、「方便品《ほうべんぼん》」にある二字をどうしても覚えることができなかった。そこで長谷寺に七日こもって、我にこの二字を覚えさせたまえと観音菩薩に祈った。七日目の夜の暁に見た夢に老僧が現われ、汝は前世に播磨の国の僧であったが、あるとき火に向かって法華経の第一巻を読誦していたとき、火がはねてその経の二字が焼けてしまった。汝はその焼けた二字を書き改めることなく死んだため、今生で経を記憶しようとしてもその二字を覚えることができないのだ。すみやかにかの国に行き、その経の二字を書き改めて、宿業を懺悔すべしと告げられ、目がさめた……。

これの類話といえる話が六話連続して並んでいる。二つ目の話は、紙魚《しみ》であった前世において経文の三行を食べたために、今生ではその三行を覚えられないという僧のこと。次は、法華経の「薬王品《やくおうほん》」をどうしても覚えられない僧が、前世では法華経持経者のもとにいた黒馬であり、持経者の唱える法華経を聞いていたのだが、「薬王品」を聞かなかったために、僧となった今生でもそれを覚えることができない。次は、前世にコオロギ（！）であったとき、僧房の壁にはりついて僧の読む法華経を聞いていたが、八巻の初めの一品を聞いた後、壁にもたれた僧に押しつぶされたので、僧に生まれ変わっても残りの三品を覚えることができない。さらに前世は犬で、母犬とともに僧の唱える法華経を聞いていたが、最後の「普賢品《ふげんぼん》」を聞かずに母犬の後を追って立去ったため、僧となった今、最後の一品を覚えることができずにいる。いずれも法華経のある部分を覚えられずに悩む僧が、夢のお告げにより前世での因縁を知り、いよいよ熱心に法華経の読誦に打ち込んでめでたく全品を暗誦することができたというもの等々。

『今昔物語集』の各話の配列には、歌集の配列や連歌の付合にも比すべき周到な意図が認められるという。それには感嘆のほかはないのだが、こうして前世の類話をいくつも続けて読まされると、話はパロディめいたおかしみをおびてしまう。しかしそれはそれとして、当時の読者は、次々と語られる類話に興じながら、その教訓におのずから納得するような心をもっていたのだろう。また、ここで語られる人物たちは、いずれも神仏の加護によって欠けていた記憶を修復される。こうした話がひろく受け入れられる時代であってみれば、暗誦のために寺にこもるという慣例も理解でき、虚空蔵菩薩を本尊とする法輪寺に参籠する人々の姿がさまざまに浮かんでもくる。

三十六歌仙のひとりであった歌僧の道命《どうみょう》は、大納言道綱を父にもち、天王寺の別当になった人物だが、行ない澄ました高僧には収まりきれないところがあった。「好色無双之人」とされ、和泉式部に通じて、「会合」の後「行水」もせずに読経したなどという逸話が伝えられている。しかし幼いころ仏道に志し、一心に法華経を唱える法華持経者であった。法華経の暗誦に努め、一年に一巻を記憶し、八年かけて法華経全八巻を記憶に収めた。その音声は微妙にして、聞く者はだれしも道心を発した。あるとき法輪寺の礼拝堂にこもって法華経の六の巻を誦していると、金峰山《きんぷせん》の蔵王権現、熊野の権現、住吉の大明神、松尾の大明神が、みな堂に向かって手を合わせ聴聞していたという。

西行も法輪寺にこもっている。二十三歳で出家遁世をはたした西行は、二十五歳の秋にやはり法輪寺におもむいた。その『山家集』には――

秋の末に、法輪にこもりてよめる

おほゐ川井堰《ゐぜき》によどむ水の色に　秋深くなる程ぞしらるる

大井川は嵐山の麓を流れ、前述のように法輪寺はその中腹にある。西行はこのとき、紅葉に染められた井堰《ゐぜき》の水面を目にして、参籠のあいだの日々の移ろいに改めて気づいたのだった。先年、西住とともに空仁のこもる法輪寺を訪れたときのことを、西行はこの一首に重ねあわせていたのだろう。

西行はこのとき、仏道修行の先達と仰いだ空仁にならって、やはり法華経暗誦のために法輪寺にこもっていたと思われる。こう推測する根拠として、西行には「一品経《いっぽんぎょう》の勧進」のために、法華経を暗誦しなければならないという事情があった。「一品経の勧進」とは、二十八品からなる法華経の一品ずつを結縁者がそれぞれ筆写したうえ、これに供養料を添えて寄進することを勧めるという行であった。栄治二年（一一四三）三月十五日、出家して一年半ほどになる二十五歳の西行は藤原頼長の屋敷を訪れ、法華経の書写を依頼した。このとき頼長は「常不軽菩薩品《じょうふきょうぼさつほん》」の筆写に応じている。すでに鳥羽法皇と崇徳上皇もこの勧進に応じていた。こうして勧進に応じてくれた人々の思いを受け、持経者としての西行は、法華経を暗誦しなければならなかったのである。

ところで、西行が今から八百七十年ほど前に修めた法華経の暗誦とは、どのくらいの記憶量を要したのだろう。岩波文庫の『法華経』は上中下の三巻あり、漢訳とその読み下し文、さらにサンスクリット語からの訳文を収めているが、読経は漢訳を音読するわけだから、西行はその漢訳の部分を暗誦したことになる。試みに第一品「方便品《ほうべんぼん》」の漢訳部分の字数を数えると、四九五二字あった。巻数にして八巻をかぞえる全二十八品となれば、およそ六万字あまりになるだろう。専門の僧侶であっても、全品暗誦はそう容易な仕事ではなかったにちがいない。先に引用したように、道命は一巻の暗誦に一年かかり、全巻の暗誦に八年をかけている。

前述のように、法輪寺には、記憶のための秘法が伝えられていた。『源平盛衰記』にはそれにまつわるこんな一節がある――

そもそも法輪寺は道昌僧都《どうしょうそうず》の建立、勝験無双の霊地なり。彼の小僧都法眼和尚位道昌は、讃岐の国香川郡の人、弘法大師の御弟子なり。俗姓は秦氏、秦の始皇六代の孫、融通王の苗裔《びょうえい》なり。淳和帝の御宇《ぎょう》、天長五年［八二八］に弘法大師について、潅頂《かんじょう》の壇に登って、真言の大法を伝授せり、三十歳。其後、虚空蔵求聞持《こくうぞうぐもんじ》の法を修せんとて、勝地を尋ね求めけるに、大師教えて云く、葛井寺今法輪寺において、これを修すべし、彼の山、霊瑞至り多く、勝験相応の地なりと。よって同じき六年にこの寺に参籠して、一百箇日求聞持の法を修し給う。

先に述べたように、道昌によって虚空蔵菩薩が安置されていた法輪寺には、虚空蔵求聞持法という、記憶力を増進する密教の行法が伝承されていた。道昌の師であった空海も大学で学んでいたころ、ある僧から虚空蔵求聞持法を伝授され、この行法を行なったことが、その『三教指帰《さんごうしいき》』の序文に記されている。現代語訳を記す。

ここにひとりの修行僧がいて、私に「虚空蔵求聞持の法《こくうぞうぐもんじ》」を教えてくれた。この法を説いた経典によれば、「もし人が、この経典が教えるとおりに虚空蔵菩薩の真言を百万回となえたならば、ただちにすべての経典の文句を暗記し、意味内容を理解することができる」という。そこでこの仏の真実の言葉を信じて、たゆまない修行精進の成果を期し、阿波《あわ》の国の大滝嶽《たいりょうのたけ》によじ登り、土佐の国の室戸崎《むろとざき》で一心不乱に修行した。谷はこだまを返し（修行の結果があらわれ）、（虚空蔵菩薩の化身である）明星が姿を現わした。（山本智教訳）

この行法を修めたことにより、空海は世俗の栄華を厭うようになり、出家の決意を確固たるものにしたとされている。この点については異説がある。話はやや煩瑣にわたるが、ことは虚空蔵求聞持法の意義と、それを修した若き空海の意図にかかわってくる。高木訷元氏によると――空海の虚空蔵求聞持法の修練は、「一切の教法の文義を暗記する」ためであったと言える。事実、虚空蔵求聞持法には、「いかにして煩悩を脱し、悟りを開くかという」成仏法についての言及は見られない（『空海――生涯とその周辺』）。つまりそれは仏道修行ではなく、記憶力増進のための行法であった（ちなみに「求聞持」の「聞持」とは記憶の保持のこと）。また五来重氏はこう明言する。「この年［初めて求聞持法をうけたとき］青年空海は十八歳で、衒気に満ちた大学の学生が、虚空蔵求聞持法で記憶力を増進し、天晴《あっぱれ》秀才ぶりを発揮してやろうという単純な動機だったにちがいない。しかしこの雑部密教の呪術は山林寂静のところで精進潔斎しておこなう、命がけの荒行であった。その効験はたしかに空海にはあらわれたとおもわれ、空海は密教の魅力にとりつかれて、手段が目的化し、山林修行の優婆塞《うばそく》［出家せずに修行する男子］たちの中に入ってしまう。しかし空海はその咒術だけに満足できずに、密教の秘密を解こうとして入唐をくわだてたものと、私は推定する」（『高野山と真言密教の研究』）

以上の説はともに、空海は当初、虚空蔵求聞持法を記憶力増進の秘法として修したとする。高木氏は先の引用に続けて、求聞持法の究極の目的は成仏法であったとしながらも、「しかし、当時にあっては、多くの学僧や学生が文義《もんぎ》の慧解《えげ》を得るために、この『虚空蔵求聞持法』を修したことも事実である」として、いくつか例をあげている。たとえば大江音人——

大江音人《おおえのおとんど》（八一一―八七七）は平城天皇の曾孫にあたり、叔父に在原業平、祖父の兄に真如法親王すなわち高岳親王《たかおかしんのう》がいた。性格は沈静、質朴にして謙虚。人となりは広眉大目、儀容魁偉、音声は美しく、水際だった風格だったと『扶桑略記』は伝えている。格式に精通した律令制政府の能吏であり、詩才ゆたかな文人学者であった。かつて秀才（大学文章得業生）に任じられるとき、虚空蔵求聞持法を修し、夢に北斗七星が泉底にあるのを見て、瓢《ひさご》のひしゃくをもって汲みあげてこれを飲んだ。それから才名が日に進んだとの逸話が伝えられている。一種、神仙の気を帯びた人物だった。

虚空蔵求聞持法の行法とは具体的にどのようなものか。神髄にふれるには伝授によるしかないにしても、その概要ならば諸書を通してうかがい知ることができるかもしれない。まず修行の場は、東・南・西の三方が開かれた所が望ましい。少なくとも東が開かれていなければならない。東の壁に小さな窓をあけ、明星の光を迎え入れる。本尊の虚空蔵菩薩を月輪の形を模した円形の板に画き、これを西向きに掛ける。行者はこれに向かって東向きに坐し、虚空蔵菩薩の尊名を呼びかける陀羅尼《だらに》（真言、呪文）を百万遍誦する。百日行ならば一日に一万遍、五十日行ならば一日に二万遍。その陀羅尼とは「南牟《ナウボウ》阿《ア》迦捨掲婆耶《キャシャギャラバヤ》唵《オン》阿《ア》唎《リ》迦《キャ》麼《マ》唎《リ》慕《ボ》唎《リ》莎縛訶《ソワカ》」。手は決められた印契を結ぶ。行をいつ始めるかは問わないが、結願（終了）の日は、日蝕ないし月蝕の日でなければならない。この行法の核心をなすと思われるのは、ことに秘教的な次のような観法にあった——

陀羅尼を誦して遍数を明記せよ。誦するときには目を閉じ、菩薩の心上に一つの満月ありと想え。しかも誦する所の陀羅尼の字、満月の中に現じて皆な金色となる。その字また満月より流出して行人の頂きに濺《そそ》ぐ。また口より出て菩薩の足《みあし》に入る……。

陀羅尼を誦しながら遍数を記憶する。誦するときには目を閉じ、菩薩像に満月を重ねあわせて意識を集中する。誦する陀羅尼の字が満月の中に現じて、みな金色にかがやく。その字は満月より流れだして行者の頭にそそぎ、また口より出て菩薩の足に流れいる……。満月を通して陀羅尼が行者のうちに流れいり、ついには虚空蔵菩薩と行者が一体化してゆくのだろう。たしかにこれを読むと、空海が明星来影すといい、大江音人が泉底にかがやく北斗の星々を飲みこんだというこの世ならぬ光景が、はるかに浮び上がるような気がしてくる。

こうして話が法輪寺の虚空蔵菩薩から密教の秘法にまで及んだのは、後述するように、その月輪観《がちりんかん》を思わせる観法が、花と月の歌人西行の意識と深く通底しているように思われるからだった。『山家集』におさめられた一五五二首のうち、花をよんだ歌はもっとも多いが、月をよんだ歌はそれに次いで二八一首に及ぶ。じつに五・五首に一首が月の歌ということになる。秋の明月にかぎらず四季の月をそれぞれによんだ西行だが、とりわけ荒涼としたなかに冷たくさえわたる冬の月の印象が強い。

庭上ノ冬ノ月

さゆと見えて冬深くなる月影は　水なき庭に氷をぞしく　（山家集）

冬が深まるにつれ、いっそう冴えわたる月光は、水もない庭を照らして、氷を敷きつめたようにみせる。「西行は、一般に冬の美を味わうことの深い歌人であった。（中略）〈冬〉というものと、彼は、その生活においても心情においても、都の歌人たちのあずかり知らぬ深さにおいて、親しんでいたのである」（安田章生『西行』）。「おもかげの忘らるまじき別れかな　名残《なご》りを人の月にとどめて」など、西行は月に寄せる恋歌ともいえる数多くの歌を詠んでいる。しかし月はまた、西行のゆらめく心とはるかに向きあってひびきあい、しばしば高い象徴性を帯びた。

寄レスル月ニ述懐

世の中の憂きをも知らですむ月の　かげはわが身の心地《ここち》こそすれ　（山家集）

「すむ」は澄むと住むをかけている。多くの憂きことを知る身ではあるが、こうして月の光を見ていると、洗われる心がひたすら澄みわたってゆくのを覚える。ここでは月に自分の理想とする境地を重ねあわせている。次のような叙景の一首にも寓意がはたらいているように思えてくる。

雨中ノ夏ノ月

夕立の晴るれば月ぞ宿りける　玉ゆり据うる蓮の浮葉に　（山家集）

夕立が上がると、水に浮かんでいる蓮の葉が雨滴を揺り動かし、月がその露の玉に映っている。よく目にする光景ではあるが、蓮の葉にのった小さな滴のひとつひとつに、さらに小さく映しだされた月は、森羅万象に宿る尊い仏性のかがやきを帯びている。次の一首では、月の寓意はいっそう明らかになる。

月照レス滝ヲ

雲消ゆる那智《なち》のたかねに月たけて　光をぬける滝の白糸　（山家集）

那智の高嶺に雲が消えてゆき、月は中天高くさえわたり、月光にかがやく飛沫を貫くかのように滝の白糸が落下している。月光が滝の飛沫を貫く光景を、主客を逆にして澄明な滝の落下を描いている。このとき月は、密教にいう、存在の本質である究極の真理を照らす「真如《しんにょ》の月」にほかならない。こうした読みはあるいは付会と思われるかもしれないが、しかし十二世紀の同時代人にはむしろ自明とされたのではないだろうか。たとえば、西行は晩年に自作の七十二首を二首ずつ合わせて、三十六番からなる『御裳濯河歌合《みもすそがわうたあわせ》』を編んだが、その判を請うた藤原俊成は、釈教歌である三十三番の二首について、「心月輪を観ぜり」と評している。心月輪《しんがちりん》とは万人があまねく備えている仏性をいい、自己の内奥に満月のごとく明らかな仏性を自覚するための観法が密教の月輪観であり、西行がこれを修していたことを俊成は指摘したのだった。次の一首も明らかに月輪観を思わせる。

来《こ》ん世には心の中《うち》にあらはさん　あかでやみぬる月の光を　（御裳濯河歌合）

来世には心の中に現わそう、この世で見飽きることのなかった月の光を。欠けることなき清浄な月輪に自分を一致させようと意識を集中する。そうした密教修行によって至った境地が、この一首に読みとれるようだ。そのとき、「心の中にあらはさん」という表現が明瞭に生きてくる。しかし一般的に密教の寓意によって西行の歌を解釈しようとすると、読みを貧しくしてしまうことになるかもしれないが、この歌の場合、月輪観という内的な体験を重ねあわせてみて、はじめて読み筋が通ったように感じられる。

ここで思いあたるのは、前に述べた、満月の心象に意識を統一する虚空蔵求聞持の行法との類似である。西行は虚空蔵求聞持法を体験したのだろうか。可能性は三つ考えられる。それを成し遂げたのか、試みたことがあったのか、あるいは試みることもなく終わったのか。西行よりも二十三歳年長の覚鑁《かくばん》上人（一〇九五―一一四三）は、比叡山の改革を試みた傑出した僧であったが、生涯に虚空蔵求聞持法を七度試み、八度目にようやく成就したという。少なくとも仏道修行に専念したわけではなかった前半生の西行に、そのような難行が可能であったろうか……。しかし一方、月に向かって憧れいずるような魂をもっていた西行が、しばしば法輪寺にこもりながら、寺に伝わる虚空蔵求聞持の行法にふかく興味をひかれずにいたとは思えない。

『山家集』に気にかかる一首がある。

月蝕を題にて歌詠みけるに

忌《い》むといひてかげに当らぬ今宵しも　われて月見る名や立ちぬらん　（山家集）

月蝕を忌むべきものとして、その月の光にさえ当らないようにする今宵、あえて月を仰ぎ見る私にはきっとそのような評判が立ったことだろう。この一首を論じる前に、月蝕をよんだ歌や俳句がどれくらいあるものか、一瞥しておきたい。

まず俳句について。時代はだいぶ下るが、文政二年（一八一九）八月十五日、皆既月蝕があり、長沼にいた一茶はこれを実見し、次のような句をよんでいる。

名月や人を（出）そろへばかけはじめ　八番日記　政二年

人の世は月もなやませたまい（ひ）けり　八番日記　政二年

このほかにも、じつに二十五句を数える。これは月蝕をよんだ句として例外的に多い。そもそも月蝕の句なるものが他にほとんど見当たらないのだ。事情は和歌も同様で、先の西行の一首を除けば、管見に入ったのは、『新後撰集』にみえる法印法験の次の一首にすぎない。

春のころ月蝕を祈りて思ひつづける

かすむだに心づくしの春の月　くもれといのるよはもありけり

月蝕を歌によむことはきわめて異例であった。忌むべきものとされた月蝕に心を寄せた西行の思いとは何だったのか。ほかならぬ求聞持法の結願の日が月蝕ではなかったか（二一八頁）。ここには人知れず何事かをなしとげたかすかな残響が聞きとれないだろうか……。

ところで西行の記憶力についていくらか想像をめぐらせてみたい。それをうかがわせる資料がある。晩年の一時期、伊勢国《いせのくに》度会郡《わたらいぐん》二見浦《ふたみがうら》の草庵にすまいした西行が、伊勢神宮の若き神官であった蓮阿（荒木田満良）に、先人たちの歌を思い出すままに語った『西行上人談抄』である。草庵は二見浦の安養山、いま豆石山といわれる丘の中腹にあった。海上はるかに伊勢湾の島々を望む、風光絶佳の場所であったという。しかしそこでの営みはきわめて質素なものだった。蓮阿によれば、さながら葦を折り敷いたような草庵にあって、硯はくぼみのある自然石、文台は花籠や扇のたぐい、歌のことを語るあいだにも、老いたる歌人は「一生いくばくならず、来世近くにあり」とつぶやいていた。

さて、和歌はどのようによむべきでしょうかと尋ねれば、和歌は「うるわしく」、古今集の風体「歌いぶり」を手本としてよむのです。なかでも雑の部をつねに見なければなりません。ただし『古今集』にもよろしくない体の歌も少々ある。古今集の歌だからといって、その体の歌をよんではいけない。心に忘れがたく、うるわしくおぼえる風体のその風雅の趣をよむのですとおっしゃった。それではどのような歌を手本とすべきでしょうかと伺うと、「そらにはどうであろうか」と自分の記憶にいくらかためらいをみせながらも、「さるにても少々おぼゆるを」と言って、浮かんでくる歌を引きながら、歌についての思いを語りはじめた。

「春がすみ立たるやいづこみよしのの　吉野の山に雪はふりつつ」(よみ人しらず)。まずは『古今集』冒頭の春歌の部にみえる三首目の歌をあげている。西行が数多くうたった吉野の山には、立春を迎えてなお雪がふっている。『古今集』には「立てるやいづこ」とあるが、西行は「たたるやいづこ」と記憶していた。「たたるや」というa音節が「たてるや」のe音節よりもひろやかな印象があり、西行は無意識のうちにこちらを好んだのかもしれない。(西行自身の歌「花も枯れもみじも散りぬ山里は　さびしさをまたとふ人もがな」の三句、四句、五句はいずれもa音節で終わり、ひっそりとしたあかるさをただよわせる効果を上げている。)

次いで「桜花咲きにけらしな足引の　山の峡《かひ》よりみゆる白雲」(紀貫之)。桜が咲いたらしく、山の間から白雲のようにみえる。春霞のために、遠い山の桜がほのかな白雲のよう。西行自身の歌「おしなべて花の盛りになりにけり　山の端《は》ごとにかかる白雲」は、貫之のこの一首に触発されたようだ。

「いざけふは春の山べにまじりなむ　暮れなばなげの花の陰かは」(素性)。さあ今日は春の野山に分け入って、心ゆくまで歓を尽くそう。日が暮れても花陰は闇にまぎれてなくなるはずもないから。

「霞立つ春の山べは遠けれど　吹きくる風は花の香ぞする」(在原元方)。春もたけなわ。霞の立っている山々は遠くてよくはみえないけれど、今しもそこから吹いてくる風が咲き乱れる花の香りを運んでくる。

「花の色はうつりにけりないたづらに　我身世《よ》にふるながめせしまに」(小野小町)。花は衰え色あせてしまった。春の長雨が降りつづき、私が世過ぎに心なやませていたうちに……。

こうして連想の糸をたぐりながら、次々と記憶にある歌が引き出されてくる。もともと『古今集』の配列が季節ごとの推移に従っているので、選ばれた歌もおのずからそのような記憶しやすい一連の情景をなしている。

西行のあげた十三首目は「夕されば衣手寒しみよしのの　高まの山にみ雪ふるらし」。夕べになると袖にも寒さがしみて、高まの山には雪がふっていることだろう。古今集には、「夕さればころも手さむしみよしのの　吉野の山にみ雪降るらし」（よみ人しらず）となっている。西行は「吉野の山」を「高まの山」と記憶していた。けれども「みよしのの吉野の山に」というなだらかなつながりを、「みよしのの高まの山に」と誤まって記憶したとは考えにくい。ここは「高まの山」とする別の一首があったのではないか。そう考えて図書館に出向き、『新編国歌大観』をみると、はたして『家持集』に「ゆふさればころもでさむしみよしののたかまの山にみゆきふるらし」がみつかった。西行の脳裡にはこの一首があったにちがいない。

その十九首目は「おもひかねいもがりゆけば冬のよの　川かぜさむみ千鳥鳴也」（紀貫之）。冬の夜にいとしい人を思って訪ねてゆけば、川風さむく千鳥がしきりに鳴く。これは古今集ではなく、拾遺集にある。古今集には撰者であった紀貫之の歌が百首ほど収められているので、この歌もいつしかそのように記憶されていたのだろう。

二十五首目は「あふ坂の関の嵐は寒けれど　ゆくゑしらねばわびつつぞふる」。逢坂山の関の嵐は寒いけれど、どこへ行くというあてもないので、ここにしのぎつつ過ごしている。『古今集』には「逢坂の嵐の風は寒けれど　ゆくへ知らねばわびつつぞ寝《ぬ》る」（よみ人しらず）とある。京都府と滋賀県の境にある逢坂山には関がおかれ、以来、東国へ旅立つ人たちがどれほど多くの別れをここでくり返したことだろう。よみ人しらずの「わびつつぞ寝《ぬ》る」に対して、西行は「わびつつぞふる」と記憶していた。

次いで、「又、古今の外にもよき歌ども少々あり」といって、『古今集』以外の拾遺、後拾遺、金葉、千載、新古今など勅撰集の歌を引きながら話を続けるのだが、しかし次の一首はいずれの集にもその存在が確認できなかった。

山ざとは庵のま柴を吹かぜの　音聞く折ぞ冬は物うき

山里の庵の柴に寒風の吹きつける音を聞いていると、冬のつらさが身にしみる。『詞花集』にみえる曽禰好忠の歌に、「外山なる柴の立枝にふく風の　音聞く折ぞ冬は物うき」がある。「外山」とは「深山」の反対で、山々の里に近い所をいうので、意味合いは「山里」と重なる。つまりこの上句は「山ざとは庵のま柴を吹かぜの」と意味合いを同じくし、下句はまったく等しい。西行の記憶のなかで、いつのまにか上句が変容をとげたものだろうか。

西行自身、「山里は庭の梢の声までも世をすさみたるけしきなるかな」など、「山ざと」を第一句とする歌を何首もよんでいる。「山里」が西行にとって特別の意味をもっていたことを目崎徳衛氏はこう指摘している。

　西行の五十年にわたる遁世生活の特徴をもっとも簡潔に表現する言葉は、「山里」（山家）と「修行」の二語であろう。前者は山中に草庵を結んで閑居することであり、後者は諸国を遊行し遍歴することである。両者は静と動、まことに対照的な行為であるが、（中略）両々相俟って西行の遁世生活を構成し、その心性を深化し、その絶唱の数々を生み出すに至ったのである。（『西行の思想史的研究』）

西行の草庵を結んだ山里はまことに多く、東山や嵯峨などの平安京近郊、高野山、吉野、讃岐・伊勢・河内に及んだ。「山ざとは庵のま柴を吹かぜの」の一首を、西行が深い共感をこめて唱えたことがわかる。このとき西行は、寒そうに首を衣に引き入れて、冬の嵐の吹きすさぶ音が聞こえるようであったと、蓮阿は記している。西行は寒さというものを身にしみて知っていたのだろう、厳冬の庵で過ごした日々や厳しい修行の体験、ときには漂泊の旅を通してであったにちがいない（「旅寝する草の枕に霜さえて　有明の月の影ぞ待たるる」）。前出の「夕されば衣手寒しみよしのの　高まの山にみ雪ふるらし」も、「おもひかねいもがりゆけば冬のよの　川かぜさむみ千鳥鳴也」も、そのような寒さをうたっていた。寒さは身体に深くしみとおった記憶となる。「おもひかねいもがりゆけば冬のよの」について、鴨長明は六月の炎天にもこの歌を吟ずれば寒くなる（『無名抄』）といったが、西行も「山ざとは」と口ずさむたびに、寒さが身体の記憶としてよびさまされたであろう。このような寒さの感覚はさらに澄み深められて、冷え冷えとした寂びの歌へと結晶をとげた。「氷しく沼の葦原《あしはら》風さえて　月も光ぞさびしかりける」（『山家集』）

　ここまで『西行上人談抄』について書いてきた。これによって歌人の記憶を云々することはためらわれるが、そこにわずかな記憶違いがあったにしても、西行はこのとき六十三歳であった。老歌人は五十六首におよぶ歌を自在に引用しながら、蓄えてきた歌への思いを語りつづけた。記憶の誤りは些細ともいえるし、あるいは異本によって記憶していたとも考えられる。六十代にあって、なお壮年の確かな記憶力を失わずにいたことがほぼ推測されるのである。そのことは六年後の文治二年（一一八六）、六十九歳にして行なった陸奥への勧進旅行の途次、鎌倉で頼朝と会見した折の記録によっても確認される。

　西行が二見浦の草庵にあった治承四年（一一八〇）の暮、平氏に対して興福寺と東大寺の衆徒が蜂起し、激戦のうちに両寺の堂塔はことごとく焼失した。朝廷は翌養和元年、重源《ちょうげん》を起用して東大寺の造営を請負わせることになり、五年後の文治元年（一一八六）八月、大仏の開眼供養がなった。しかし貼箔する黄金が不足していたため、大仏の胸から下にはなお銅の地金がみえていた。このとき重源はじきじき西行に会い、必要な金《きん》の勧進のため陸奥行きを委嘱したのだろう。平泉の奥州藤原氏は西行の遠縁でもあった。西行の決断について、目崎徳衛氏は次のようにいう。

　西行がこれを快諾したのは、いかなる理由であろうか。西行個人にとっても佐藤氏にとっても「西行は俵藤太といわれた藤原秀郷《ひでさと》の末流」、平家は年来きわめて親密な仲だから、その南都焼討という罪業を消滅させることを、老西行は本懐としたと思う。それにしても六十九歳の老体でさいはてに赴くことは、不退転の決意を要するはずだから、戦乱の間要領よく伊勢に疎開していた西行は、いたずらに逃避に汲々とする人物ではなかったのである。かつての崇徳院の怨霊鎮定も「讃岐の配所で怨みをのんで亡くなった院の御陵に詣で、鎮魂歌を何首もよんでいる」この度の東大寺再建勧進も、この自由人のうちにひそむ熾烈な菩提心の発露にほかならず、西行の生き方における経世済民の志を見逃さぬことは、肝要であろう。（『西行』）

文治二年（一一八六）、西行は若き日に修行のためにおもむいた東国へと再び旅立った。日を経て鎌倉に至る。『吾妻鏡』によると、八月十五日、頼朝に謁見をとげている。その日、頼朝が鶴岡八幡宮に参詣の折、鳥居のあたりを徘徊している老僧があった。名を問うと、佐藤兵衛尉憲清法師、西行という。それを聞いた頼朝はしかるべく礼を尽くして、老僧を八幡宮から営中にいざなった。『吾妻鏡』はこう記している。

この間、歌道ならびに弓馬の事に就き、条々尋ね仰せらるる事あり。西行申していはく、弓馬の事は、在俗の当初、なまじ家風を伝ふといへども、保延三年《ママ》八月遁世の時、秀郷朝臣以来九代の嫡家相承《ちゃくけ》の兵法を焼失す。罪業の因たるにより、その事かつて以て心底に残し留めず、皆忘却し了んぬ。詠歌は花月に対して感を動かすの折節《おりふし》、わづかに三十一字を作るばかりなり。全く奥旨を知らず。然れば是れ彼れ報じ申さんと欲する所無しと云々。然れども恩問等閑《とうかん》ならざるの間、弓馬の事に於いては、具《つぶ》さに以てこれを申す。すなはち俊兼をしてその詞を記し置かしめ給ふ。縡《こと》、終夜を専らにせらると云々。

頼朝を前に沈着にして毅然と応対するその姿を髣髴とさせる文章である。歌道と武芸について問われた西行は、歌は花や月に心を動かされたとき三十一文字によむだけで、その奥義を知らない。武芸は遁世のとき家伝の兵法書を焼失した。しかしせっかくのお尋ねであるから、武芸についてはつぶさにお話し申し上げようと、夜を徹して語ったという。事実、下北面の武士として仕えた若き日の西行、すなわち佐藤義清は、弓馬のことにも堪能な重代の勇士であった。目崎徳衛氏は「この時の西行の講義はたとえば、『馬上では弓を水平に持たず、拳で斜めに押っ立てて、ただちに引けるように持つこと』といった理詰めのもので、陪聴した鎌倉武士につよい感銘を与えた。五十年ほど後に、ある老武者の回顧談を聴いた北条泰時もいたく感心し、以後弓の持ち方は西行の説を用いよと言ったという」(『西行』)。

弓馬のことは「心底に残し留めず、皆忘却し了んぬ」といった西行だが、そのたしかな記憶は半世紀近くを経て、なお夜を徹して語れるほど心身ふかく根ざしたものだった。勇をうたわれた俵藤太こと藤原秀郷から九代の末である西行の語る言葉は、東国にあり、秀郷に関心をよせていた頼朝にことさら重く聞こえたと思われる。

ここには、歌を通してはうかがい知ることのできなかった西行の意外な一面がみてとれる。乱世にあって果敢に行動する剛毅にして周到な人物といおうか。当時、奥州の藤原秀衡《ひでひら》と鎌倉の頼朝は緊迫した緊張関係にあり、秀衡から送られるはずの砂金は鎌倉を経由せざるを得ず、ために西行は両者の間を調整するという政治的使命をになっていた(目崎徳衛説)。じつは偶然に行なわれたかにみえる頼朝との会見も、西行によって周到に計画されていた可能性がある。ときに頼朝は鎌倉に流鏑馬《やぶさめ》の祭事を確立しようと計り、院政政権によって催されていた流鏑馬を規範とし、さらに源氏の祖先に先んじて東国に武威を張った秀郷流の故実にも格別に強い関心を示した。かつて鳥羽院に仕える北面の武士であり、秀郷九代の末であった西行は、格好の指南役ともいえる存在だった。すでにその名が高かったとはいえ、頼朝が一介の歌人に対して異例ともいえる丁重な応対をしたことにもそれはうかがわれる。謁見した西行は、四十余年のあいだ封印してあった北面の武士・佐藤義清の記憶を頼朝の面前で解いてみせたのだった。

陸奥への長い旅から帰った西行はにわかに衰えをみせた。『山家集』に次の歌がある。

闇晴れて心の空にすむ月は　西の山辺や近くなるらん

観心《くわんじん》

この歌がいつよまれたかはわからないが、歌人はいよいよ澄みわたった月を心にいだいて、最期の近いことを予感している。終焉に向かう残された四年間の道すじを、西行はたしかに歩みとおした。

まず歌人として、年来の歌にいくらかの新作を加えて三十六番の歌合二編を撰して、伊勢神宮に奉納した。これが「御裳濯川歌合」と「宮河歌合」であり、前者の判を歌壇の重鎮である藤原俊成に、後者をその子である俊才の定家に依頼した。歌人同士がそれぞれの歌の優劣を競いあう従来の歌合に対して、すべて自歌を取りあわせて編纂したこれは前例のないものであったようだ。こうして生涯をしめくくる詞華集を神前に捧げると、西行はふたたび歌をよまないことを祈誓した。生きることと分かちがたく結びついていた歌ともこうして別れを告げた。

建元元年（一一九〇）二月十六日、西行はかねての願いどおり桜の咲く望月のころ、七十三歳の生涯を終えた。その日は釈迦入滅の翌日にあたる。西方浄土に召されるとき、天には微妙な音楽が聞こえ、紫の雲がたなびくと信じられていた。瞑目した歌人はそのとき、しずかな月輪を見たのかもしれない。今生のすべてを忘れ去るその前に。

8　柳田国男　地名の記憶

西行の没後やがて七百年になろうかという明治八年（一八七五）七月三十一日、柳田国男が生まれている。柳田の家系を遠く平安中期にまでさかのぼると、俵藤太と称した藤原秀郷の系譜につらなるという。西行は前述のように、俵藤太から九代の末であった。西行と柳田国男とはごく淡い因縁の糸で結ばれていたことになる。二人の人物を重ねあわせてみると、いくつかの共通点が浮かんでくる。まず生涯にわたってよく旅をしたこと。そして歌を詠んだこと。柳田国男が晩年に至るまで歌をやめなかったことは、意外と思われるかもしれない。

少年時代から短歌に親しんだ国男（当時は生家である松岡の姓を名乗っていた）は、十五歳のとき、文芸雑誌「しからみ草紙」に短歌を投稿し、十八歳で京都桂園派の松浦萩坪《しゅうへい》に入門して、門人だった田山花袋を知った。作歌をやめてからも、歌には関心を持ちつづけ、晩年にもひそかに歌を詠んでいたという。「今迄発表した歌は皆習作で題詠ばかりだ。本当の折にふれての歌はわたしの頭の中にある。約百首だネ。わたしは毎朝顔を洗う時に一首ずつ口ずさむことにしているとおっしゃられた。」（森直太郎「柳田先生と和歌」）

満八十歳の記念に歌集をつくろうという案は実現されず、人知れず記憶にしまわれてあった百首は、作者とともに消えてしまった。この一事にもうかがわれるように、柳田はおそらくは西行と同様、すぐれた記憶力の持主であった。

たしかに柳田国男は現代ではまれなほど、記憶の大切さを身をもって示した学者といえるだろう。それはひとつには、人々がいつのころからか、学ぶということをとり違えることになってしまったとの思いに根ざしていたようだ。

> まなびの家・まなびの窓などと、ひんぴんと使用されるあの「まなび」といふ言葉はなるべく禁止したいものであるといまなほ私は思つてゐるのであるが、では中国語の「シュエ」（学）といふ字に当る日本語は何といつたらいいのであらうか。またかつてはどういつたものであらうか。私は「覚」＝おぼえる＝と同じ系統の言葉でなくてはならないと思ふのである。
>
> 農民の言葉によく注意してみると、「おぼえる」「まねする」といふのはあつても「まなぶ」といふ言葉はない。
>
> 「おぼえる」とは「思ふ」といふ言葉とも同じであつて、記憶をも意味し、古人のいつたことを思ひ出すこと、また自ら静かに考へに耽るといふこともその中には含んでゐる。
>
> いつか私は「学びの家」と呼ばずに、これから「おぼえる家」にしようではないかと冗談まじりにいつたことがあつた。（「学問の本義」）

ここでは「おぼえる」という一語に、「思う」から「思い出す」、「静かに考えに耽る」まで、ひろく重層的な含みをもたせている。「中世ヨーロッパ修道院における読書法」の章でみた、読解《レクティオ》と瞑想《メディタティオ》に、この「おぼえる」を重ねてみたくなるのだが、ともかく柳田国男が幼くしてすぐれた記憶力をそなえていたことは、晩年の回顧談『故郷七十年』の次の一節にもうかがわれる。

私の家は貧しかつたため、私にも方々の寺から小僧に貰ひうけようといふ話がかかつたことがある。（中略）私が暗記力にすぐれてゐたため、お寺から貰ひうけの話が出たのだらうが、両親もお寺にやるならば京都の大きな所と考へたのであらうか、幸いに実現はしなかつた。（「兄嫁の思ひ出」）

後年、東大を卒業して農商務省農務局にあった青年は、生家の松岡家から柳田家に養子に入り柳田国男となるのだが、全集に付された年譜を読んでいると、幼少年期にしばしば家を移り住んでいることに注意をひかれる。まず十一歳のとき、高等小学校を出ると間もなく、国男は生地の旧家、三木家に一時あずけられた。これはいたずらが過ぎて身が修まらないため、当主が父親の友人であった三木家に身を託したという事情があったらしい。幼子はこのころ、自分のうちに芽ばえた衝動が何かもわからぬまま、ただそれにつき動かされていたかのようだ。

十三歳のとき、医師となっていた長兄、松岡鼎の住む茨城県北相馬郡布川町の家にひきとられた。さらに十六歳のとき、東京の下谷御徒町にいた次兄、井上通泰のもとに移った。多感な時期に、親元をはなれてひとり見知らぬ土地に移り住む。言葉も風習も異なる土地に住みはじめた当初、とまどいのあったことを後に記している。わが身の行く末に不安を感じることもあったにちがいない。

さらに前述のように、養子に出されるという話もあった。当時は、将来を期待された子が経済的に余裕のある他家の養子となることは、将来を保証されることでもあった。国男とは年のはなれた次兄の通泰も早くに井上家をつぎ、東大を出て医師となり、歌人また国文学者として名をなした。だが幼い子の場合、親元を離される養子の話は、自分の拠りどころを失うとも感じられたのではないだろうか。幼い松岡国男の場合も、自分という存在の心もとなさをことさら意識させられたにちがいない。利発な少年は本の世界に拠りどころを求めるかのように、読書に没頭するようになったことは容易に想像される。

　国男が読書に興味をおぼえたのは、松岡の生家が代々、学問を尊ぶ家風であったことも影響していたのだろう。曾祖父の左仲は、吉益東洞《よしますとうどう》（一七〇二―七三）に古法医学を学び、高等算法、音韻学にも通じていた。祖母の小鶴は、儒、仏、算をよくした。さらに両親がともによい記憶力にめぐまれていたことにも興味をそそられる。実父の賢次は博識で文才があり、「天資彊敏、記憶がひどくよく、一度読んだ書物は一生忘れなかった。人が何かの故事典礼を問うと、立ちどころに和漢の書物から何十というほど列挙して答えた。その代り世事や家事には一向無関心で、そのころの大銭の天保銭が普通の小銭でいくらになるかもわからなかったという。（中略）それをよく補って、一家を経紀したのは、一に妻尾芝氏の力である。この人は、賢くしっかりしていたばかりでなく、俠気があって、よく人の世話をした。そして学問はいうほどのこともなかったが、やはり記憶が人なみすぐれてよかったという」（柳田泉「詩人時代の柳田国男先生」『柳田国男回想』所収）そんな母の思い出を、柳田国男は晩年に記している。

　母は大学とか中庸とかいふ四書でもみなの読む三部経の類でも、眼では覚えずに何べんも聞いて耳から覚え、頭で覚えてゐた。そしてこちらの部屋で私が素読してゐるのを聞いて、間違ひを直してくれるのが常であつた。私としてはこんな機会に話すより外に、母の長所を伝へることができないのでここに記すことにしたわけである。（「母の長所」『故郷七十年』所収）

十一歳のときにあずけられた三木家の先代は、大阪の漢学塾、懐徳堂を主宰した中井竹山の系統を引く学者であり、農家にはまれな四万冊という蔵書があった。ここで幼児期の読書体験が始まる。

同家の裏手にいまも残つてゐる土蔵風の建物の二階八畳には多くの蔵書があつた。そして階下が隠居部屋で二階には誰も入れないことになつてゐたのだが、私は子供のことだから自由に蔵書のある所へ出入りして本を読むことができた。あまり静かなので階下からおぢいさんが心配して「寝てやしないか」と声を掛けることがあるほど、私はそれらの蔵書を耽読した。その間はいたづらもしないので家人は安心したのであらうが、いろいろな種類を含む蔵書で和漢の書籍の間には草双紙類もあつて読み放題に読んだのだが、私の雑学風の基礎はこの一年ばかりの間で形造られたやうに思ふ。

私はこの三木家の恩誼を終世忘れることができない。（「幼児の読書」同前）

若くして亡くなった三木家の先代は、人手に不自由しない富豪であったから、本はよく整理されていて、本箱の間を歩いていると、半日でも一日でも過ぎてしまったという。土蔵の二階におさめられた四万冊の書物の森。そこを終日ひとりで好きなだけ散策することができた。このとき少年は、自分の漠然と求めていたもののありかを予感し始めていたのではないだろうか。

このような蔵書との出会いを柳田国男は少なくとも生涯に三度、経験し、そのたびに深い読書体験を重ねることになる。二度目はその二年後のこと――

十三の時に、兄を頼つて下総の国までやつて来た。ここでも偶然、兄の借りていた家主が医者で蔵書が多かつた。この家の媼さんは、郷里のあの恩人とは異なつて喧ましい人であつたが、孫を欺したり、その外種々な手段を講じて、兎に角にこの土蔵の本は、読み度いと思つただけは読んで了つた。そして悪戯をするより以外に時間の潰しやうも無くて退屈してゐる矢先、丁度隣家の主人が大怪我をして不具になり、ただ本を読んで暮して居た為に、東京の友人から種々な新刊物を送らせて見てゐたから、そこへ遊びに行つてゐる間に国民の友や、硯友社の人々の作る雑誌などにも接したのであつた。(「兄を心配させた小説類の乱読」『老読書歴』)

江戸期の随筆などにもいくらか目を通したらしい。これは十二、三歳の子どもが読んでおもしろいはずはないのだが、このころは無償の読書、つまり読むという行為そのものが無性におもしろいという時期だったのだろう。まさに乱読の第二期だった。しかし乱読を経験しない読書家は考えられないとするなら、身体が弱くて学校に行けず、終日、土蔵にこもって読書に没頭した日々は、淡い幸福感のともなう幼年期の遠い思い出となり、その後の活動の萌芽ともなったにちがいない。

三度目の書物の森との出会いは二十八歳のとき、農商務省に入って三年目、法制局の参事官として内閣文庫の管理を任されたときだった。ちょうど内閣文庫が和田倉門内の古い書庫から、大手門内の新築の書庫へ引っ越しをする時期にあたり、主任としてわずかな係員とともに、その目録や配列の整理を任されたのだった。内閣文庫というのは、江戸時代に幕府の書物奉行に管理されていた紅葉山文庫を継承し、さらに明治十七年に設けられた出版法によって明治初年以降に納本された和漢の膨大な書物を所蔵していた。つまり現代の国会図書館にあたるものといえるだろう。これまでの私人の蔵書とは桁違いの書物の森を前にして、稀代の読書家も途方にくれるほかはなかった。
この膨大な記録類の中に入ってつくづく思つたことは、書物といふものは一生かかつても見終ることはないといふことであつた。(「内閣文庫」『故郷七十年』)
大量の本を限られた時間に目を通さなければならないという必要にせまられて、柳田は速読の方法を講じた。
「本を早く見る練習」はその頃初めてやつて見たが、昔からこれも学者の一特長の如く伝へられて居る「五行並び下る」といふやうな事は、練習さへすれば強ち難事ではない事がわかつた。洋書は同じやうに目に映じて閉口だが、これも西洋人にはその技能がよく発達して居るやうだ。自分は雑書道楽の時間潰しをして来たお陰に、斯ういふ仕事に対してあまり骨が折れるといふ感じは起さなかつた。(「読書の目的を限定する必要」『老読書歴』)
雑書乱読の経験が役立ったという。しかし汗牛充棟の文庫に出会って考えたことは、読書は早くから目的を限定しなければならない。そうでなければ、時間と労力の浪費になるという事実であった。こうした合理性の認識は、柳田国男が趣味的な読書人から、すでに学者として、あるいは明確な目的を自覚した知識人となったことを示していよう。
読書と記憶との関係について、つまり何をどのように記憶したらよいのかについて、柳田はこう語っている。
また読書と記憶といふ関係をも考へて見た事がある。これも記憶力が衰へた後の現象だつたかも知らぬが、兎に角に昔から名家の一属性の如く見做されて居た博覧強記といふ事は、殆ど無用なものだと考え出した。当ても無く片端から記憶して行かねばならぬやうでは、読書は最も苦しい牢獄である。同時にまた、読んで記憶して居らぬ位なら、読まずともよかつたといふ本もいくらもある事を悟つた。参考書の拾ひ読み又は捜索は、非常に巧拙のあるものである事を知つて、読書術といふやうなものを考へずに、牧場の馬の如く矢鱈に本に手を附けた事を後悔した事もある。或る時にはまた、流水の少しづつ物を沈殿させて行くやうな部分が、十分霊魂の滋養になるのであると感じて、出来るだけ多くの本を静かに読まねばならぬと考へ直した事もあつた。(「兄を心配させた小説類の濫読」、同前)

読んだものすべてを記憶しようとするのは徒労であるが、何も記憶にとどめないというのでは読書した意味がない。それなら流水がものを沈殿させるように、おのずから記憶に残るように静かに読むのがよいのか……。このような試行錯誤をとおして、柳田は本の抜き書きという手作業を身につける。

自分のやうに趣味で読書するものは、年を取つても存外記憶には難儀をせぬものだが、それにも拘らず実は読んだ書物の抜き書きをやつて居る。これは短い年月に多くの書物を読む為の一つの方法で、また大部の物から入用な点を利用するのにも必要な事である。勿論他人には全然無用かも知れぬ。これは長い航海中に地図や時計を出して見るやうなもので、云はば自分の生活を稍々賑やかにするだけの手段かも知れぬ。自分はそれが後世完成した書物と誤られることを懸念して、最初から離れればなれのカードに筆写して置くのである。その中からよく熟した物を少しばかり本にして出すのだから、これ迄の学者のやうに手前勝手な迷惑はかけないつもりである。(「内容の分らぬ気取つた標題」、同前)

読んだ書物の抜き書きをすることはべつに珍しいことではないのだが、柳田の場合、それが読書と記憶を媒介する手段であることに興味をひかれる。書物の一般的な内容は、抜き書きという作業によって、つまりは柳田個人の興味と感性のフィルターを透過することによって、記憶されるべき固有の内容となる。こうして集められた記憶内容は、ただアトランダムに記憶の場に並べられてあったわけではない。それぞれが主題へ向かうヴェクトルのような方向性をもって配置されていった。抜き書きが遥かな港をめざす長い航海にたとえられていることでも、そのことは理解されるだろう。新たに加えられた記憶内容は、航海において地図と時計で現在位置が確認されるように、すでに配置されていた記憶のなかに有機的な関連をもって置かれ、磁場に置かれた砂粒が模様を描きだすように、主題に向かう方向性をおびる……。しかしこう書いてはあまりに無機的にすぎよう。抜き書きは暖かな手ざわりの手仕事であった。それは大判の横長のカードに毛筆で縦書きにされ、主題ごとに一冊に綴じあわされて表紙には表題を付され、木箱にきちんと収納された（『柳田国男写真集』による）。「云はば自分の生活を稍々賑やかにするだけの手段かもしれぬ」とあるように、そうした手仕事は長時間にわたる作業に色どりをそえる息抜きともなっていたのだろう。

柳田の研究活動の両輪をなすものとして、読書とともに旅行があった。年譜から旅行の足跡をたどると、十三歳のとき、帝国大学医科大学に在学中の兄、井上通泰にともなわれて上京し、神戸から横浜まで船に乗った。十七歳のとき、第一高等中学校合格の祝いに、やはり兄の通泰とともに辻川に行き、生野の祖父の墓に詣でた。二十歳、春休みに布佐の岡田武松と筑波山に登り、水戸から海岸に出、大洗から船で帰る。夏、田山花袋と日光に行き、尾崎紅葉に会っている。

明治三十四年二月一日から一週間、二十六歳の農務省官吏として、群馬県西南部の前橋、桐生、伊勢崎、碓氷および勢多郡下の製糸会社を視察した。官吏として最初の視察旅行であった。以後、四十五歳で貴族院書記官長を辞任するまで、柳田は日本各地に足跡を残すことになる。

さらに官職を辞した後も、旅はつづけられた。「柳田先生は明治時代から特異なる紀行文家として知られていた。その足跡は全国にあまねく、郡単位でいえば全国を通じて行かれない所はなく、また村でいっても大抵の所へ足を踏み入れられた」（大藤時彦「柳田国男先生と旅」）といわれるほど、柳田の旅行は日本の津々浦々に及んだ。旅行にはいつも書物を持参した。それも外国文学や洋書が多かったという。たとえば、戦後に刊行された『北国紀行』では、ブランデスの『アナトル・フランス論』、メレジュコフスキーの『イブセン伝』、メークルジョンの地理の書、アナトル・フランスの『バルタザル』などを読み終えたとある。旅行は読書と並行して、柳田の活動を推し進めた。後にこう回想している。

> 處が不思議な事が一つ起つた。少年の頃から好きであつた旅行と読書とが、或時ふと結び付いたやうな時があつた。江戸時代の隠れたる地方学者が、心血を絞つて蒐集して置いた昔の記事が、旅行する度に面白くなるやうに感ぜられた。それを助けて呉れたのが陸地測量部の五万分の一地図である。自分はこれに依つて、色鉛筆をステッキにして、暇さへあれば地図旅行をして居た。
> （「兄を心配させた小説類の乱読」『老読書歴』）

ここには注目すべきことが二つ語られている。一つは、柳田国男の意識において旅行と読書とが融合したこと。つまり二つが密接に関連しあう領野が意識のうちに形成され始めたこと。二つめは、日本地図を用いた柳田独自の記憶術がそのとき成立していたということである。生涯におけるこの決定的な出来事の到来を、柳田は不思議な事といっている。これは、幼少年期から意識の深みにうごめいていたある促しが、不意に形をなして現われたことへの目ざめにも似た驚きだったのか。

「江戸時代の隠れたる地方学者」とは、江戸後期の国学者・旅行家で生涯を旅に送った菅江真澄《すがえますみ》（一七五四－一八二九）のことと思われる。「心血を絞って蒐集して置いた昔の記事が、旅行する度ごとに面白くなるように感ぜられ」、「それを助けて呉れたのが陸地測量部の五万分の一の地図である」ということに依って、色鉛筆をステッキにして、暇さえあれば地図旅行をして居た」という。さらに「自分はこれに依って、色鉛筆をステッキにして、暇さえあれば地図旅行をして居た」という言葉によって、柳田の記憶の領野には、つねに一枚の日本地図が広げられてあったということが理解される。地名に関連づけて人物や事項を配列し、記憶として蓄積してゆくのが、柳田の日々の研究方法だった。人に会うたびにその出身地を問い、それにまつわる文献や事項を確認し、さらに新たなデータを書き足してゆく。このようにして構築された体系は、ふたたび地名という索引によってひらかれ随時に機能する。脳裡におさめられた日本全土の地図が、いわば記憶格子となっている。記憶格子とは、「記憶術とは何か」の章で述べたように、記憶すべき内容を配置するための記憶の場にほかならない。それは通常、意識のうちに設定された架空の場なのだが、柳田の場合、奇しくも日本という研究対象そのものを投影した日本地図であったことがことさら興味深い。

本居宣長は若いころ、「端原氏城下絵図《はしはらし》」という架空の地図を描いていた。これは宣長が構想していた「端原氏物語」という、書かれることのなかった長大な物語の舞台である架空の城下町の、精細緻密をきわめた地図であった。ボードレールは「地図や版画に夢中になった子どもにとって／世界は彼の欲望のままにひろがる。／ランプのかがやきの下、世界はなんと大きなものだろう！　／追憶のまなざしには、世界はなんと小さなことか。」とうたったが、子どものころ、架空の土地の地図を描き、それにもとづいた空想にふけるという遊びを体験した人は少なくないであろう。

自分がその内部を完全に了解し、思うままに支配しうる世界を所有するという喜びを、絵図を描くという営みはもっともプリミティブな形で味わわせてくれる。喜びは、絵図のディテイルが詳細であればあるほど、確かなものとなる。そのことは架空の土地の絵図の場合に顕著であるが、実在の土地の場合にも事情は変らない。日本国なら日本国の輪郭を描き、地名を記入することによって、人は、抽象的にしか知らなかった日本国という空間を了解し、所有したと感じることができる。その時、日本国の絵図は、実在の日本国のコピーであるよりは、その人の支配する虚構の世界という意味を持つ。（日野龍夫「本居宣長と地図」、『新潮』第80巻12号）

引用の最後にあげられた、「その人の支配する虚構の世界」を「構築しつつある日本民俗学」に置きかえるなら、この指摘は柳田国男にもほぼ該当するのではないだろうか。

読書や旅をとおして得た知識と見聞は随時、意識の場にひろげられた日本地図に書きこまれ、それらは新たな発想をうながす磁場を形成していった。これが柳田の民俗学における有力な手法となったといえるだろう。いつのころからか、初対面の人には、かならずその出身地を尋ねるという習いを身につけるようになった。朝日新聞社時代の柳田国男について、大正十五年に入社した荒垣秀雄は次のような思い出を記している。このとき柳田は五十代の始めだった。

そのうちにぼくの書いた〝続きもの〟の記事が社内のお歴々の目にとまって、楚人冠からも「あれは君が書いたんだってね。なかなか面白かったよ」などとおほめを頂くようになったころ、編集局の中で白足袋、和服姿の柳田さんに呼びとめられ「君のおくにはどこ?」とおたずねを受けた。「岐阜県の飛騨の山奥です」というと「飛騨はどこ?」と聞かれた。汽車もない山国の小さな町のことなど御存知ないと思ったが「船津（今の神岡）です」というと「それじゃ、藤波橋の近所?」ときたのでビックリした。近くの上宝村のことを地元では「タカラ」というのだが、柳田さんはタカラがどうのこうのと掌を指すようにぼくの故里のことをいろいろ語られるので、登山家ならとにかく机の前の学者にもとんでもない偉い人がいるものだと驚くとともに、すっかりうれしくなった。（「柳田さんと朝日新聞」）

昭和十二年、桑原武夫も同様の体験をした。

初対面の人には必ず、お国はどこですか、と聞く。何々県何々郡何々村だって、そんならば、あの村はずれの何々神社には大きなクスの木があったね。〆縄がしてある、あの木は今もありますかね。そしてその横に小さな祠、いや正面の社じゃないよ、木の横の小さいの、あれはずいぶんいたんでいたが、今どうなってますかね、などという。聞かれた方は、クスの巨木の存在すらもう忘れていて、一本とられるという順序である。

私も最初、越後敦賀の産だというと、柳田さんは早速『奥の細道』をひいて二、三聞かれたが、私はやっと一つだけ答えて零敗を免がれた記憶がある」（桑原武夫「柳田さんの一面」）

弟子であった大藤時彦は、「先生の記憶力の非凡であったことは定評のあるところであるが、とくに全国各地の町村をよく諳《そら》んじておられた。はじめての訪問者にその郷国を尋ねられ、どんな辺鄙な土地でもそこへ至る道筋や附近の地理をあげて質問せられるのに驚かぬ者はなかった。一度会った人の郷里や続柄など事細かに覚えておられた。還暦を過ごされてからの先生は、いわゆる好々爺ともいうべき柔和な面を浮かべて人と話されることが多くなったが、壮年時代の先生と話をしているのは全く肩が張る思いであった。一つのことを二度も話すと、それは前に聞いたといわれるので、うっかりものがいえなかった」(「柳田国男と国語教育」)。同様の体験をした広島出身の高藤武馬は、「どうも先生の頭の中には日本全国の地図がはっきり刻みつけられているのではないかと思われるほどであった」(「『方言』のころの思い出」)との印象を記している。

昭和二十年の秋、師の和歌森太郎に同道して初めて柳田邸での会合に出席した竹田旦は、やはり出身地を尋ねられ、愛知県と答えると――

〝愛知のどこ?〟

〝知多半島です〟

〝すると、「半田・亀崎、女のよばい、男極楽、寝て待ちる」、その半田・亀崎のあたりかね?〟

〝はい、近くですが……〟

出身地をいきなりよばいに結びつけられたことにうろたえ、恥ずかしさもあって、竹田は言葉を失ってしまう。このとき柳田の引用したのは、民謡の冒頭の一節であることを竹田は後に知った。それから一か月後の二度目の訪問のとき、竹田の顔に目をとめた先生は――

〝君は、たしか半田・亀崎、女の……〟

〝はい、その近く、知多半島の出身です。竹田と言います〟

一か月前の自分のことを先生が覚えていてくれたことに竹田は驚く。今度は改めてきちんと自己紹介することができた。すると先生は何度もうなずきながら、竹田の顔をじっと注視しつづけた……。

このとき、私にひらめくものがあった。〝ははあ、これは柳田先生の記憶術にちがいない〟と。人の名を出身の地名と結びつけて憶え、しかもそれを繰り返しては確認する、というのが柳田式記憶術のしくみだと気づいたのである。私の場合、知多半島出身だから、「半田・亀崎、女のよばい」と結びつけられたわけである。あれほど私にショックを与えた文句も、柳田先生にとっては記憶術に取り込んだ一個の地名にすぎなかったのか？

この二度の会合への出席が、民俗学という学問を自分の一生の仕事とする道に進むきっかけとなったと竹田は付言している。その後も柳田邸での会合に出席するようになった竹田は、民俗学における地名の重要性を若い研究者にむかって説く柳田の言葉を記している。

〝民俗学を志している者ならば、県名・国名をつけず、郡名だけで会話ができなければいけないよ。北設楽《したら》といえば、ああ花祭の里だと、ぴんとこなくちゃ。むずかしいのはナカ郡だね。どことどこにあるか、みんな挙げてごらん〟

との問い掛けがあった。先輩たちが次々と答えるのに私は聞耳を立てた。

〝茨城県那珂郡と神奈川県の中郡……。〟

〝京都府にも中郡があります。丹後です。〟

（中略）

〝宮城県には南那珂郡があります。〟

ここで答えがとぎれ柳田先生から解説が加えられた。ナカ郡はいろいろな漢字を宛てても元来は「中」で、国の中央に位置していることによる場合が多いこと、ナガはあるいは「長」の意味かもしれないが、三重県の名賀郡は名張・伊賀両郡の合併で別物であること、等々懇切を極めた。さらにつづけて、

〝南那珂郡にはもちろん北那珂郡もあったよ。明治二十九年の改編で無くなってしまったけれどもね……。では、それ以前に存在したナカ郡を指摘してごらん。〟

これには誰も答えられず、先生はさらに武蔵、筑前、伊豆、讃岐の例をそれぞれ説明し、近世にまで遡れば、中郡はあちこちにあって、しかもそれぞれに関連する人物や文献を次々と紹介してゆくというように、話はひろがっていった。

当時、先生の頭の中には百以上の抽出しがあると噂された。実にさまざまな問題がきちんと整理して記憶されており、必要に応じて立ちどころに抽き出されるというわけである。新人や客人に出身地を問い、地名に厳格であったのも、もちろん右の抽出しと無縁ではなかったろう。あるいは、先生はみずから歩きもした土地を確認し、そしてそこにどんな民俗事象が伝えられ、誰が何を研究しているか、といったことを思い描きながら話し合いに臨んだのではなかったろうか。とすると、それは柳田先生の楽しい研究法であったにちがいない。（「柳田先生の記憶術」）

このとき柳田国男はすでに七十代だったが、壮年期の溌剌たる精神を少しも失っていなかったことを、以上の引用は伝えている。

昭和三十四年秋、著者の口授をもとにした自叙伝『故郷七十年』が刊行された。それを読んだ、か

って日銀監事であった読書家の藤島敏男は、「柳田さんの記憶力は神業の如しだね。人名もさることながら、地名、地形など、地図も取出さずに、こんなに、おぼえて居られるものだろうか?」と感嘆した。嘉治隆一は、「聞き役になった私どもの側から伺っていても、柳田さんはじっと両眼を据え、高いところを眺め、ニコニコしながら、実に楽しそうに昔を語り、今に及ばれるのであった」(「老神童」)と、口授のときの様子がよくうかがえる貴重な言葉を残している。

どんなに優れた記憶力の持主であっても、記憶は命あるもののように、ときおり呼びさまして手をかけてやらなければ知らぬまに薄れてしまう。柳田国男も例外ではなかったのだろう。昭和二十七年の年末、七十六歳の柳田を書斎に訪ねた渋川驍は回顧談を聞き、「そのあと、旅行への話に移り、寝床に入ってからは、眠りを誘うため、鉄道の駅名を、順次に頭のなかで、数えあげるといっていた。柳田さんが地名をよく暗記していたのは、このような反復練習を行って、それを記憶に定着しようと、絶えず努力したためであろうと、そのとき感じた」と書いている(「『土俵』のある書斎」)。

記憶したことを折にふれてはくり返して記憶を確かなものにする。そんな様子をうかがわせるような傍証がある。折口信夫を恩師とし、柳田と同じ成城にアトリエのあった伊原宇三郎は、柳田の肖像画をえがいたときのことを記している。「先生にポーズをとって頂き、私が描き始めて五分位すると、何か先生の思索が始まる。最初は声は出ないが唇が活発に動き出す。やがて目を閉じ、首を左右に傾けて、もう顔を描かれていることなどすっかり忘れて一種忘我の状態になる。私は筆を構えたままで、も一度お顔が元の向きになるのをじっと待つ。先生のあの厖大な学問の総量を思うとき、頭脳明晰の外に、如何に時間を大切にされたかは誰にも容易に想像がつく。それがこの場合、顔を描かれるというしんきな時間の空費が勿体なく、いつの間にか時間善用の思索に転換されるのであろう。記憶の整理か、或は何かの苦吟であったか、素より知る由もないが、何か非常に深いものを覗き見る思いがあった」（「紅梅」）。

突飛な連想のようだが、柳田国男のみせたという「忘我の状態」は、十三世紀イタリアの神学者、トマス・アクィナスの次のような逸話を思い出させる。

『神学大全』を執筆中のトマスは、「イザヤ書」の注釈に難渋していた。ある夜、ペトロとパウロの声が聞こえてきて、トマスに教えを授けてくれたという。メアリー・カラザースは『記憶術と書物』のなかで、「ふたりの使徒のことばは、記憶の中の多くの声に混じって、トマス自身の思考の親しい伴侶として、頭の中にごく近しく聞こえてきたに違いない。さらにいえば、内心のささやきや独り言は、記憶の働きと密接な関係にある、いや、記憶の働きに明らかに必要不可欠な現象だといえる」としている。口授のとき、「じっと両眼を据え、高いところを眺め、ニコニコしながら、実に楽しそうに昔を語り……」という柳田国男は、高遠な聖トマスに比べると温和にして晴れやかである。

日本地図を記憶格子として用いる記憶法の発案にさいして、柳田国男には何か参考にするような事例があったのだろうか。柳田が西洋に伝わる伝統的記憶術から学んだという可能性はごく低い。十八世紀以降、忘却の淵にあった記憶術について初めて本格的に論じたパオロ・ロッシの『普遍の鍵』がイタリアで刊行されたのが一九六〇年であり、フランセス・A・イエイツの『記憶術』がイギリスで刊行されたのはその六年後であった。柳田国男にとっての記憶術とは、あくまで民俗学の研究とフィールド・ワークを通して身につけた自前の技術であったのだろう。

ひとつの可能性として、柳田が年少のころから読んでいた江戸期の随筆が何らかのヒントになったとは考えられる（一六六頁参照）。しかし何よりも、読書と旅行とがあいまって、人並みすぐれた記憶の場に、独自の日本地図がおのずから描かれるようになったと考えるのがごく自然ではないだろうか。日本全土をくまなく歩きまわった柳田は会う人ごとに出身地のことを尋ね、さらに読書によって地誌を補完することによって、総合的な理解に努めた。そのとき地名は探索への入口であると同時に、検索を機能させる鍵でもあった。記憶術はおのずから成立していった。

柳田国男の発想を端的に示した論考に「坂田節」（昭和十三年、一九三八）がある。

坂田こやのはま
米ならよかろ
西のべんざい衆に
ただ積ましよ

この歌はずつと以前、一度たしかに耳で聴いたことがあるのだが、何処であつたかはもう思い出すことが出来ない。

これを糸口にしての考証がはじまる。山形県酒田で歌われるこの唄によく似たものが方々に残っている。青森県十三《とさ》の盆踊り「とさの砂山」はその一つで、一句目が「十三の砂山ナーヤイ」となっている。西津軽郡北境の十三湊《とさみなと》は古来著名な船着場であった。酒田とともに、米を積み出しに西国から通ってくる帆前船の寄港地であった。柳田は「こやのはま」と歌う酒田の方がこの元唄であるような気がするという。「こやのはま」の「こや」は荒野で、新たに開発された新地をいう。そこには寄港する者たちの訪れる弦歌の巷があったのだろう。

「べんざい衆」とは船頭を意味する「べんざい」に敬語の「衆」をつけたもの。千石、二千石の米を運ぶため海での辛酸をものともしない船頭を、半ばいたわり半ばからかうようなこの唄は本来、弦歌の巷で歌われたものだった。「如何にも人馴れた港の美人の、媚びて又剽軽な眼もと口もとを彷彿せしめ、海の荒くれ男の高笑ひまでが、其陰に思ひ浮べられるのである。」さらに連想は新潟に及び、越後中頸城《なかくびき》の海岸の村には第三句目を「沖のべいだいしゆに」として、この唄が盆踊りに歌われていることに言及する。元唄の「べんざい」が「べいだい」に変わってはいたのだが。

「べんざい」の由来は、単なる貨物の輸送以上に、時の相場の問合せから代金の仕切り、さらに帰り荷の引合ひ積込み方まで、多分の権能を委ねられていた船頭にたいして、おそらく中世の「辨済使」などから伝えられてきた一語によったものであろう。九州中部の山村では、農家の主人をベザイといっている。九州南端のさらに南、種子島にも酒田節は伝えられていた。酒田との間は海上の距離にして六百里。「この中途の港町にも、探したら必ず上陸の跡があらう（後略）」。こうして民俗学は、かつて栄えた北前船のにぎわいと人々のいとなみを、読む人の心によみがえらせる。

ところで、博大な記憶をとおして優れた直観のひらめきを感じさせるのが、柳田国男の文章の特質といえるだろう。それは詩的といいたくなるような着想なのだが、論理を超えた鮮やかなイメージをともなって、こちらの記憶の奥底にひびきあうかのような説得力を帯びる。たとえば亡くなる前年に刊行された『海上の道』を読むと、中国に古くからある扶桑伝説、つまり東方の海の彼方に仙郷を想定する民間信仰の由来を、「多分は太陽の海を離るる光景の美しさと貴とさから、導かれたものの如く私たちは推測して居る」とする。それは柳田自身の記憶の奥底にたたまれてあった情景が、直観によって開示されたような印象がある。また『海上の道』のテーマにかかわる問題、なぜ大陸の民が危険をおかして日本の諸島に渡ってきたかについて、柳田は「私は是を最も簡単に、ただ宝貝の魅力の為と、一言で解説し得るやうに思つて居る」という。秦の始皇帝の時代に銅を通貨に鋳るようになるまでは、中国の至宝は宝貝であった。「其中でも二種のシプレア・モネタと称する黄に光る子安貝は、一切の利慾願望の中心であつた。今でもこの貝の産地は限られて居るが、極東の方面に至つては、我々の同胞種族が居住する群島周辺の珊瑚礁上より外には、近いあたりには、之を産する処は知られて居ない。」かつて沖縄旅行のおりに宝貝の一大コレクションを見る機会があって、それを機に宝貝に注目するようになったという。記憶にとどめられた宝貝の希少なかがやきが、『海上の道』のテーマをめぐる考察と映発しあい、はるか東方を目ざして船出していった古代人の心性を照らしだすに至ったともいえるだろう。

この一事によっても、柳田国男が若いころに精進した詩歌の道を自ら閉ざした後も、終生、詩心を失わなかったことが理解される。詩心は直観や連想となって、民俗の採集や実証精神の背後に発揮されていたのだった。荒正人はそのような柳田国男の文章をひとつあげるとすれば、「椿は春の木」であるとして、「詩人、柳田国男さん」に次の一節を引用する。

大雪の中の椿山、これが北日本の日本人の、独り観賞し得た風景の一つであります。雪が忽ち霽れて空が青くなりますと、此木の雪だけが滑つて先づ落ちて、日がてらてらとその緑の葉を照します。それが南から来た移住民にとつて、懐かしい嬉しい色であつたことは想像が出来ます。

ここには紛れもない歌人の目がはたらいている。世に隠れたこの歌人は、和歌のみならず俳句からも多くの着想を得ている。『木綿以前の事』の冒頭、芭蕉の『炭俵』の一節を引いて――

分《ぶん》にならるる娵《よめ》の仕合《しあはせ》　利牛
　はんなりと細工に染る紅うこん　桃鄰
鑓持ちばかり戻る夕月　野坡

引用の一、二句を、「近いうちに分家をする筈の二番息子の處へ、初々しい花嫁さんが来た。紅をぼかしたうこん染めの、袷か何かをけふは着て居ると云ふので、もう日数も経つて居るらしいから、これは不断着の新らしい木綿着物であらう」とする。これを受けた三句目は、「晴れた或日の入日の頃に、月も出て居て空がまだ赤く、向うから来る鑓と鑓持ちとが、其空を背景にくつきりと浮き出したやうな場面を描いて、『細工に染る紅うこん』を受けて見たのである」と、まことに艶麗な情景を浮き立たせる。

このとき木綿が日本にもたらされてからかなりの年月が経っているのだが、芭蕉の生きた元禄の初めにも、江戸人は木綿といえば、このような優雅な境遇を連想する習いであった。木綿の普及によって、人々はそれまでの麻と違う、やわらかくて肌ざわりのよい衣服を知った。そして染めの容易な木綿はどんな派手な色模様にも染まった。やわらかな木綿をまとうようになって、心の動きは衣服を通して表にあらわれるようになる。女の輪郭はやわらかな曲線を帯び、なで肩と柳腰が普通になった。身のこなしにも変化があらわれた。「心の動きはすぐに形にあらはれて、歌うても泣いても人は昔より一段と美しくなつた。つまりは木綿の採用によつて、生活の味ひが知らず知らずの間に濃かになつて来たことは、曾て荒栲《あらたえ》を着てゐた我々にも、毛皮を被つていた西洋の人たちにも、一様であつたのである。」

今では遠い戦前の話だが、内足で歩く女性を見て、日本女性の優美なる心性がうかがわれると激賞したあるフランス人に、柳田は、桃山時代の屛風絵や岩佐又兵衛の写生画を見ても、女はみな外足でサッサと歩いている。木綿を着るようになった結果、足にからまって裾がうまくさばけなくなったため、そんな歩き方を発明して、それが美女の嬌態になったのだと言っている。木綿という一素材が、衣服を変えてしまったばかりでなく、感性や美意識にも浸透していった事情にも及ぶ。また日本の高温多湿の夏に木綿は向かず、綿ぼこりは日本人の健康を損なうことにもなった……。このように木綿が日本人の暮しを大きく変えてしまったことを説きながら、柳田は心に残るような情景を点じてみせる。「伊勢でも大和河内でも、瀬戸内海の沿岸でも、広々とした平地が綿田になり、綿の実の桃が吹く頃には、急に月夜が美しくなつたやうな気がした。」「名月の花かと見へて棉畠」（芭蕉）という一句が思い出される。

俳句に詠まれた木綿の艶麗な風情から、江戸期の木綿の普及と、それにともなう人々の営みの変化に説き及ぶと、まるで円を閉じるかのように、それを象徴する月光の下にひろがる綿畑の情景が点じられる。こう考えると、前述の「椿は春の木」の引用につづけて記された荒正人の次の言葉にも納得がゆく。「柳田国男は、美しい想像力を豊かに持った詩人である。柳田民俗学も、詩人の壮麗な夢かもしれぬ。学問と想像力がこんなに美しく結びついている例をほかに知らない。」

先年、九十代の高齢で亡くなられた日本古書通信社の八木福次郎氏に話をうかがったおり、氏は親交のあった何人かの著者の思い出を語るうちに、ふと、晩年の柳田国男が記憶力に衰えをみせたことにふれた。「柳田さん、その話はさっきうかがいましたよと言うと、おやそうだったかな……」そんなことが何度かくり返されたという。

＊

和歌森太郎は昭和三十六（一九六一）年度の日本民俗学会の年会の後に柳田を訪問し、先生は相変わらずの鋭い眼差ではあったが、以前は人に緊張を強いた「例の目つきも、よく高齢の老人がそうであるように、瞬間、うつろに見られるときがあつたりして、少なからずギクリとさせられることがありました」と学会誌に書いている。逐次お送りしているはずの学会の雑誌が近ごろは送られてこないと言ったり、以前に持参した本についてもすっかり忘れてしまわれたことに気のめいる思いをしたという。「このようなことを会員諸氏に御披露するのはまことに辛いことでありますけれども、先生が必ずしも二、三年前までの先生ではないということを御承知になつていただく必要があるかと思うからです。」このとき柳田は八十七歳だった。

翌、昭和三十七年の五月、二十数年ぶりに柳田邸を訪れた佐多稲子は、柳田夫妻とみどり深い庭を前にして、「この頃は私は、同じことを何度も云うらしいのですよ」という柳田自身の言葉を聞いている。

中野重治が自宅の庭の餅草でつくった草餅をたずさえて、成城の柳田邸を訪ねたのは、やはり五月のころであったのだろう。「草餅の記」によると、そのころ中野重治の家では、「柳田さん」に久しく御無沙汰していることが飯どきの話に出たりしたという。さらに柳田邸訪問のきっかけとなったのは、「その時分、さすがの柳田さんが大分よわってきたらしいということが耳にはいってもいた。何かのお祝いがあつて、そのとき柳田さんが御夫妻でテレビに出たのを見てもいた。柳田さんは割合い元気に見えたが、それでも以前にくらべて衰えの見えていることは確かだつた。今のうちに一ぺん訪ねておかなければ――これは、人の死ということを頭に置いてのことで、どこかで後ろめたい気もしないではなかつたが成城へ出かけて行つたのだつた」。

この「何かのお祝い」というのは、昭和三十七年五月三日、成城大学で行なわれた日本民俗学会主催の米寿祝賀会のことと思われる。三月二十二日には、米寿を機にNHKの番組「此処に鐘は鳴る」に出演している。テレビの画面におだやかに語るやさしげな老人の姿が映し出されたのを、高校生であった筆者も見た記憶がある。その著作については何も知らなかったが、眼前の好々爺然とした温顔の人物が、高名な柳田国男であることが意外でもあった。その印象が、今に残る記憶となって脳裡に刻まれたのだろう。

中野の訪問はあらかじめ電話で伝えてあったので、「柳田さん」はすぐに出てきて、いつものさっさとした調子で「よく来た。さアあがれ……」と部屋に導かれ、「私たち」はあれこれ話をした。「研究会でもいい。談話会でもいい。雑誌社なんかとは無関係に。速記なぞも取らない。ごく気のおけぬ連中だけで。場所は私が見つけます。せめて月に一ぺんか二た月に一ぺんというくらいにして……」いつもに変わらず、話はそんなふうに進んだ。

「時に君はタカボコでしたね。大間知君は越中でしたね……」

「はい……」

そうして話がすすむ。

「時に君はタカボコでしたね……」

そのへんで私は気づかされてきた。私は息を飲んだ。四−五分もすると話が戻つてくる。それが繰返される。私は身の置場がなくなつてきた。

三十年前に話したことでも二度とはくりかえさない。橋浦泰雄がそのむかし歩いた道について話すと、橋浦自身の誤りをわきから訂正する。それほどの人が、福井県坂井郡高椋《たかぼこ》村出身の中野にむかって、「時に君はタカボコでしたね」と繰返すことに、「私はただ悲しくなってきた」。

尊厳を失わない老いというものもある。しかし畏敬する人物の思いがけない姿を目のあたりにしたとき、言いようのない無惨な悲しみが残る。このとき中野重治は打ちひしがれて帰った。「私はただ、あの草餅を柳田さんが食べて下されたろうことを幸福とする」という末尾の一行は、その思いをいっそう強くする。

死の前年に成城大学図書館で『底本柳田国男集』編纂の集まりがあり、編者のひとりであった高藤武馬の日記によると、「先生も同席。今日の先生はひどく憔悴してみえる。厖大な著作目録をみてよくまアこんなに書いたものだと他人ごとのごとく呆れていられた。『さみしかったんだね。』と、往時を追想するかのごとくつぶやかれた。もう一々の著作についてもその内容をおぼえていられない様子にみえた。」八十七歳の老翁は、すでに老いによって別の人格に変貌していたのだった。

心をこめ意をつくして打ちこんだ著作の数々も、その営みが終わってしまえば、もはやむなしい形骸にすぎなかった。生きながら身につけてきた多くのものを、生涯の終わりにあたって今度はひとつひとつ手ばなしてゆく。積み重ねてきたかけがえのない記憶も、しずかな落葉のように離れていった。

柳田国男は西方浄土を望まなかった。しばしば記憶の拠りどころとして脳裡にひろげられた日本地図、その懐かしい国土のどこかに眠ることを願った。それはかつて日本人の多くが共有していた思いでもあった。四季の推移のうちに日々の暮しを営んだ人々は、死後は霊となって、十万億土にではなく、慣れ親しんだ地の近くにとどまり、この世とあの世とを行き交うことを思い、またそう信じた。それに思いを重ねた老翁の次のような言葉には明るい安らぎがある。

魂になつてもなお生涯の地に留まるといふ想像は、自分も日本人である故か、私には至極楽しく感じられる。出来るものならば、いつまでも此の国に居たい。さうして一つの文化のもう少し美しく開展し、一つの学問のもう少し世の中に寄与するやうになることを、どこかささやかな丘の上からでも、見守つて居たいものだと思ふ。（「魂の行くへ」）

あとがき

ボルヘスによれば、人の作り出した道具のなかでもっとも驚くべきものは本であった。ほかのものはいずれも身体の延長である。顕微鏡と望遠鏡は視覚の延長であり、電話は声の延長、犂や剣は手の延長である。しかし本だけは異なる。それは記憶と想像力の延長であった。

道具は人の力を得て効力を発揮するのだが、本は力ではなく、読書という精神のいとなみによって、記憶と想像力を豊かにしてきたのだった。こうして本と読書と記憶とが三面鏡のように、ひとつの文化史を映し出す（記憶の女神ムネモシュネが学芸の女神ムウサを生んだとするギリシア人にならって、ここでは想像力を記憶に含めることにしよう）。それが本書のテーマとなった。

本の文化史をたどると、十五世紀におこった印刷革命の二世紀ほど前に、索引が誕生した。これまでほとんど語られることのなかった索引という検索機能を備え、やがて印刷によってひろく普及する本は、完成された道具になったといえるだろう。それはスプーンや車輪のように、もはや改良の余地のない完全な形態をそなえるに至った（U・エーコ）。八世紀後の現在、インターネットという検索システムの急速な普及は、知の体系から日常生活に至るまで革命的な変革をもたらしつつある。検索機能において、索引をインターネットと比較するなど滑稽感さえともなうかもしれない。

筆者はこれまでインターネットとは無縁に暮らし、その全体像の理解も、メディアとしての分析も手にあまるというほかはない。だが、インターネットの蔓延には、微量の居心地の悪さを感じることがある。最近、それが何に起因するものであるかにようやく気がついた。

索引とインターネットには決定的な違いがあるようだ。索引は一般的な知識を選別して個人化し、自身に固有の有機的な知の体系に組み入れることを可能にする（本文一六四頁）。ところがインターネットの場合、秩序と明解を求めたはずの検索作業によって、わたしたちは断片的な知識の浮遊する茫洋たる大海に投げ出される感がある。本は、そうした大洋に浮かぶ記憶の箱舟にたとえられよう。創世記の語るように、はたして飛び立った一羽の鳩がオリーブの葉をくわえて戻るときがくるのだろうか……。しかし過去は過去として、テクノロジーの発達とそれに応じる人間の適応力には、はるかに予測を超えるものがある。いつの日かスプーンや車輪がなくなるとき（車輪のないリニアモーターカーが現に実験走行中）、本もまた姿を消すことになるのかもしれない。

本書の執筆が身辺の事情により大幅に遅れたことを関係の方々にお詫びしなければならない。担当の芝山博さんは退社されることになり、担当を引きついだ及川直志さんは、社長としての多忙な業務をにないながら編集の実務にあたってくださった。その優渥な御尽力がなければ執筆はなおも遅れたことと思う。さらに小山英俊さん、糟谷泰子さんのお心遣いにも感謝申し上げたい。最後に、ほとんどすべての記憶を失いながら終始ほがらかに生き、しずかに九十六歳で逝った母に。

二〇一九年初春　　著　者

参考文献

ⅰ）記載の数字について。たとえば、［2］26（46）とあるのは、引用あるいは関連の記載が本書の2章、26頁にあり、それは出典の46頁にあることを示す。

ⅱ）書き手の異なる文章（a、b、c……とする）を納めた本（xとする）の場合、a、b、c……を見出しとした項目を立てたほかに、別にxを見出しとする項目を立てて検索の便をはかった。

ⅲ）書き手は同じでも、異なる表題をまとめた本の場合にも、同上の原則によった。

あ　行

＊兄嫁の思ひ出（柳田国男、故郷七十年、定本柳田国男集、別巻3所収、筑摩書房、1970）［8］234（29）。　＊兄を心配させた小説類の乱読（柳田国男、老読書歴、定本柳田国男集23所収、筑摩書房、1970）［8］238-239（368）、241（367）。　＊あひびき（ツルゲーネフ著、二葉亭四迷訳、二葉亭四迷集、日本近代文学大系4所収、角川書店、1971）［3］98-99（344、461-463）。　＊アベラール（ホイジンガ著、里見元一郎他訳、ホイジンガ選集4所収、河出書房新社、1990）［5］146（252）。　＊*Aristotle on memory*（Richard Sorabji, second edition, Bristol Classical Press, 2012）［6］188（56-57）。　＊ある革命家の思い出（P.クロポトキン著、高杉一郎訳、上巻、平凡社、2011）［はじめに］13（251-252）。　＊アントニオス伝（アレクサンドレイアのアタナシオス著、小高毅訳、中世思想原典集成1、初期ギリシア教父所収、平凡社、1995）［5］143-145（768-843）。　＊*Introduction à l'étude de Saint Augustin*（Etienne Gilson, Librairie Philosophique J. Vrin, 1929）［6］193（130）。　＊*En marge de <Sept nuits>*（Borges, *Œvres complètes* II, Gallimard, 1974）［あとがき］259（736）。　＊イオン（プラトン著、森進一訳、プラトン全集10所収、

岩波書店、1975）［6］180（136）。＊偉人暦（森銑三、森銑三著作集続編、別巻所収、1995）［2］29（24）。＊*Histoires qui sont maintenant du passé*（Traduction, préface et commentaires de Bernard Frank, Gallimard, 1968）［7］212（285）、213（286）。＊*Histoire de l'édition française*, tome I, Promodis, 1983）［4］119-120（87）、126-128（132-137）、［5］133-141（77-79）、136-137（25、30）、138（39）。＊偉大な記憶力の物語（A.R. ルリヤ著、天野清訳、岩波書店、2010）［2］31-33（37、82-85）＊ヰタ・セクスアリス（森鷗外、鷗外選集1所収、岩波書店、1978）［5］129（200）。＊市河寛斎（市河寛斎、揖斐高注、江戸詩人選集5所収、岩波書店、1990）［3］72（83）。＊浮世風呂（式亭三馬、武笠三校訂、有朋堂、1913）［3］89（11）。＊梅の塵（梅の舎主人、日本随筆大成、第2期2所収、吉川弘文館、1973）［6］166-168（371-372）。＊*The Vulgate Bible*（Douay-Rheims translation, vol. I, edited by Swift Edgar, Harvard University Press, 2010）［5］159（96、97、182、183、644、645）、162（28、29、246、247）。＊*The Vulgate Bible*（vol. II, *ibid.* 2011）［5］159（238、239）、162（298、299）。＊江戸後期の詩人たち（富士川英郎、平凡社、2012）［3］71（70-71）、73-74（110、77、103）、74-75（33）。＊江戸の記憶術と忘却術――青水先生『物覚秘伝』と建部綾足『古今物わすれ』（甘露純規、中京大学図書館学紀要、第31号所収、2010）［6］170（63）、170-171（53）、171-172（35-38）。＊江戸の儒学（日野龍夫、日野龍夫著作集1所収、ぺりかん社、2005）［3］67（185）、68-69（197）、70（297）、71（197）。＊江戸の読書会（前田勉、平凡社、2012）［3］48-49（32）。＊江戸の本屋と本づくり（橋口侯之介、平凡社、2011）［3］51（54-55）。＊エルサレム聖書 *La Bible de Jérusalem*（traduite en français, sous la direction de l'Ecole biblique de Jérusalem, Nouvelle édition revue et corrigée, Les Editions du Cerf, 2014）［4］113（869）。＊大鏡（日本古典文学大系21、岩波書店、1960）［7］212（230）。＊翁草（神沢杜口、日本随筆大成、第3期21所収、吉川弘文館、1978）［6］168-170（362-363）。＊荻生徂徠（荻生徂徠。尾藤正英編集、日本の名著16所収、中央公論社、1983）［3］65（328）、66

(185、303、348)。 ＊おらんだ正月（森銑三、森銑三著作集５所収、中央公論社、1989）［2］28-31（363-366）。

か 行

＊海上の道（柳田国男、定本柳田国男集１所収、筑摩書房、1968）［8］251-252（18)、252（25)。 ＊蝸牛庵聯話（幸田露伴、中央公論社、1943）［3］57（45-46)。 ＊楽牽頭（がくたいこ）→日本小咄集成 ＊覚鑁の研究（櫛田良洪、吉川弘文館、1975）［7］219（207)、222（206)。 ＊楽譜（世界大百科事典、「楽譜」の項、平凡社、2005）［5］137-138（157)。 ＊学問の本義（柳田国男、故郷七十年、定本柳田国男集、別巻３所収、筑摩書房、1970）［8］233（88)。 ＊隠れたる批評家（中村幸彦、中村幸彦著述集１所収、中央公論社、1982）［3］70（194-210)。 ＊佳人之奇遇（東海散士、明治政治小説２所収、筑摩書房、1967）［3］93（7)、94（21)。 ＊雅游漫録（大枝流芳著、清田儋叟標記、日本藝林叢書５所収、1972 復刊）［3］69-70（巻２・4-5、3巻・3)。 ＊菅茶山（黒川洋一注、江戸詩人選集４所収、岩波書店、1990）［3］74-76（28)、87（81-82)。 ＊記臆（森鷗外、鷗外全集 22、観潮樓偶記所収、岩波書店、1988）［6］173（519)。 ＊記憶術（フランセス・A・イエイツ著、玉泉八州男・監訳、水声社、1993）［6］175（15)、177-178（21-22)、182-183（56)、185（56-57)。 ＊記憶術と書物（メアリー・カラザース著、別宮貞徳・監訳、工作舎、1997）［4］117-118（123、254-257)、141-142（159)、［5］142（159-160)、145（18)、249（19)。 ＊記憶術のススメ――近代日本と立身出世（岩井洋、青弓社、1997）［6］172-173（11-26)。 ＊記憶と想起について（アリストテレス著、坂下浩司訳、アリストテレス全集７所収、岩波書店、2014）［6］182-190（262-284、423-425)。185（56-57)。 ＊擬古主義とナルシシズム（日野龍夫、日野龍夫著作１、江戸の儒学所収、ぺりかん社、2005）［3］69（197)。 ＊黄表紙の絵解き（中村幸彦、中村幸彦著述集５所収、中央公論社、1982）［3］60-61（331-333)。 ＊行者日誌――虚空蔵求聞持法（古梶英明、東方出版株式会社、1985）［7］218（7-9)。 ＊ギリシア詞華集（呉茂一訳、増補ギリシア抒情詩選所収、岩波書店、1952）［6］177（86-87)。 ＊キリスト教思想（エ

ルヴェ・ルソー著、中島公子訳、白水社、1975）［5］134（7）。＊金々先生榮花夢（戀川春町、黄表紙廿五種所収、日本名著全集刊行會、1926）［3］61-63（6-21）。＊琴書雅游録（内田百閒、内田百閒全集1所収、講談社、1971）［3］35（441）。＊近世日本学習方法の研究（武田勘治、講談社、1967）［3］40-41（18、49-50、51）、45-48（75、77、101、107、111）。＊近代読者の成立（前田愛、前田愛著作集2所収、筑摩書房、1989）［3］96-102（122-150）。＊空海——生涯とその周辺（高木訷元、吉川弘文館、1997）［7］217（29）、218（28）。＊草餅の記（中野重治、日本現代文学全集36、月報89所収、講談社、1968）［8］255-257（1-2）。＊求聞持儀軌并記（不明、寛文13年）［7］218（1、4）。＊黒い眼と茶色の目（徳冨健次郎、岩波書店、1939）［3］97（96-97）。＊経国美談（矢野龍渓、明治文学全集15所収、筑摩書房、1970）［3］91-92（15-16、17）。＊戯作研究（中野三敏、中央公論社、1981）［3］54（18）。＊戯作表現の特色（中村幸彦、中村幸彦著述集8所収、中央公論社、1982）［3］58-59（186-187）、59（126）。＊源氏物語を読む女（ボストン美術館蔵2、清長所収、小学館、1985）［3］50（45）。＊源平盛衰記（下巻、塚本哲三編、有朋堂書店、1922）［7］216（499）。＊幸田露伴と未来——『露団々』の時間的考察（栗田香子、文学、第6巻・第1号所収、岩波書店、2005）［3］90（120-133）。＊紅梅（伊原宇三郎、柳田国男回想所収、筑摩書房、1972）［8］248-249（92-93）。＊高野山と真言密教の研究（五来重、山岳宗教史研究叢書3、名著出版、1976）［7］217（15）。＊高野聖（五来重、角川学芸出版、2011）［7］222（128-138）。＊声の文化と文字の文化（W-J・オング著、桜井直文・林正寛・糟谷啓介訳、藤原書店、1991）［はじめに］9-10（167-168）。［6］175-176（79）。＊故郷七十年（柳田国男、定本柳田国男集、別巻3所収、筑摩書房、1970）［8］233（88）、234（29）、235（257、156）、236（18）。＊虚空蔵求聞持法（田中成明、世界聖典刊行協会、1993）［7］212-213（178-179）、218（161、178）。＊告白録（アウグスティヌス著、宮谷宣史訳、教文館、2012）［6］191（327）、192-193（(329)、341-342）。＊語源（セビリャのイシドルス著、兼利琢也訳、後期ラテン教父、中世思想原典集成5所収、平凡社、1993）［5］140-141（533-534）。

＊古今物忘れの記（建部綾足、続日本随筆大成9所収、吉川弘文館、1980）［6］170（5-6）。 ＊故事熟語大辞典（池田四郎次郎、宝文館、1913）［はじめに］7（1185）。 ＊ことばの聖——柳田国男先生のこと（高藤武馬、筑摩書房、1983）［8］257（188）。 ＊*Concordances et index*（Richard H. et Mary A. Rouse, Mise en page et mise en texte du livre manuscrit, Editions du Cercle de la Librairie-Promodis, 1990）［5］156-163（219-222）。 ＊今昔物語集（第3巻、日本古典文学大系24所収、岩波書店、1961）［7］212（549-555）、213-214（297-304）。 ＊*The Comprehensive Concordance to the Holy Scriptures*（1894）［5］156（8-9）。

さ 行

＊西行（久保田淳、久保田淳著作選集1所収、岩波書店、2004）［7］211-212（67-68）、215（82）。 ＊西行（安田章生、彌生書房、1973）［7］219-220（179）、220（176）、224（61）。 ＊西行（目崎徳衛、吉川弘文館、1980）［7］220（56）、223（139-140）、227-230（143-148）、228（144-145）、229（146-147）。 ＊西行上人談抄（久保田淳編、西行全集所収、貴重本刊行会、1982）［7］223-226（601-611）。 ＊西行の思想史的研究（目崎徳衛、吉川弘文館、1978）［7］214（112）、226-227（133）。 ＊酒田節（柳田国男、民謡覚書、底本柳田国男集17所収、筑摩書房、1969）［8］250-251（66-73）。 ＊索引（世界大百科事典11所収、平凡社、2006）［5］133（196-197）。 ＊五月雨草紙（喜多村栲窓（香城）、随筆文学選集5所収、書斎社、1927）［2］28-29（55-57）。国会図書館所蔵の写本により数か所を訂正。［5］130-131（36）。 ＊サン＝ヴィクトル学派（泉治典監修、五百旗頭博治・新井洋一訳、中世思想原典集成9所収、平凡社、1996）［4］104-106（9-16、148-149）、108（90-91）、110（91）、111（92-93）、111-112（166-167）、116（94）、118（85）、119（34、167）、121（95、104-105）、［5］153（128、106）。 ＊サン・ヴィクトルのフーゴー（田子多津子解説、キリスト教神秘主義著作集3、サン・ヴィクトル派とその周辺所収、教文館、2000）［4］107（280、283-284）。 ＊山家集（西行、新潮日本古典集成所収、新潮社、1982）［7］215（133）、219（143）、220

(111、73、105)、222（328-329)、227（143)、231（246)。＊三教指帰（空海著、山本智教・現代語訳、弘法大師空海全集6所収、筑摩書房、1984）［7］216-217（5-6)。＊三位一体（アウグスティヌス著、泉治典訳、アウグスティヌス著作集28所収、教文館、2004）［4］111（307)、［6］192（312、324)。＊詩人時代の柳田国男先生（柳田泉、柳田国男回想所収、筑摩書房、1972）［8］235（282-283、294)。＊詩人、柳田国男さん（荒正人、同前）［8］252（192-193)、254（193)。＊支那思想のフランス西漸（後藤末雄、第一書房、1933）［3］88（287-292)。＊修道院文化入門──学問への愛と神への希求（ジャン・ルクレール著、神崎忠昭・矢内義顕訳、知泉書館、2004）［はじめに］7（98)、［4］109（21-23)、112（24-25)、114（26)、123（247-249)、［5］147（256-257)、150-151（264)。＊十二世紀ルネサンス（伊東俊太郎、講談社、2006）［5］146（12)。＊儒学から文学へ（日野龍夫、日野龍夫著作1、江戸の儒学所収、ぺりかん社、2005）［3］67（185)。＊種子のなかの書物（今福龍太、「考える人」、38所収、新潮社、2011）［はじめに］12（213)。＊春秋左氏伝（上巻、中村久四郎解題、有朋堂書店、1921）［3］78（25)。＊随筆辞典、解題編（森銑三編、東京堂、1961）［5］130（339-400)。＊砂時計の書（エルンスト・ユンガー著、今村孝訳、講談社、1990）［4］120（52)。＊清新論的文学観（中村幸彦、中村幸彦著述集1所収、中央公論社、1982）［3］71（386-393)。＊雪中梅（末広鉄腸、明治政治小説集2、明治文学全集6所収、1967）［3］89-90（112)、97（132)。＊前期スコラ学（古田暁・総序、中世思想原典集成7所収、平凡社、1996）［4］123（13)、［5］148-149（8-11)、149-150（21-22)、151（708)。＊宋学の西遷──近代啓蒙への道（井川義次、人文書院、2009）［3］86（13、38-40、471-472)。＊素読のすすめ（安達忠夫、筑摩書房、2017）［3］39（36、78)、80（137-138)、81-82（97)。

た 行

＊旅人（湯川秀樹、角川書店、1960）［3］36-37（46-47)。＊魂について（アリストテレス著、中畑正志訳、アリストテレス全集7所収、岩波書店、2014）［6］184（157)、185（118)、190（138)。＊魂の

行くへ（柳田国男、定本柳田国男集10所収、筑摩書房、1969）［8］258（561）。＊だれか来ている（杉本秀太郎、青草書房、2011）［2］30-31（49-67）。＊中国の随筆について（宮崎市定、独歩吟所収、岩波書店、1986）［5］131（235）。＊中世哲学の精神（上巻、E・ジルソン著、服部英次郎訳、筑摩書房、1974）［4］110（134-135）。＊中世パリの装飾写本――書物と読者（前川久美子、工作舎、2015）［4］120-121（91-95、105）。＊長春香（内田百閒、内田百閒全集2所収、講談社、1971）［3］34（15）。＊テアイテトス（プラトン著、田中美知太郎訳、プラトン全集2所収、岩波書店、1974）［6］181-182（335-336）。＊*The Didascalicon of Hugh of St. Victor*（translated from the latin with an introduction and notes by Jerome Taylor, Columbia University press, 1961）［4］105-106（136-137、222-223）、107（43-44）、108（91）、110（92）、111-112（92-93、151）、112-113（93）、116（93）、118（87）、119（46、151）、121（94）、121-122（101、47、48）、［5］152（121、102）。＊テクストのぶどう畑で（イヴァン・イリイチ著、岡部佳代訳、法政大学出版局、1995）［はじめに］7（53）、10（111-114）、13-14（56）、［4］118-119（13）、122（17-18）、123（63、87）、［5］148（122-123）、152-153（107-108）、154-155（111-113）。＊鐵三鍛（幸田露伴、露伴全集10所収、岩波書店、1953）［3］84（229-233）。＊*Du Volumen au codex*（Robert Marichal, Mise en page et mise en texte du livre manuscrit, Editions du Cercle de la Librairie-Promodis, 1990）［5］135（48）、136（48-49）。＊伝奇集（J.L.ボルヘス著、鼓直訳、岩波書店、1993.）［1］22（12）、［2］26-27（147-160）。＊電気を恐れる *La peur électrique*（J. M. G. Le Clézio, Les Cahiers du Chemin 15, NRF, 1972）［はじめに］11（37-51）。＊答問書（荻生徂徠著、中野三敏・現代語訳、日本の名著16、荻生徂徠所収、中央公論社、1983）［3］65-66（303、328、348）。＊読書空間の近代――方法としての柳田国男（佐藤健二、弘文堂、1987）［8］236（128-131）。＊読書の楽しみ（篠田一士、構想社、1978）［8］242-243（26）。＊読書の目的を限定する必要（柳田国男、老読書歴、定本柳田国男集23所収、筑摩書房、1970）［8］238（368）。＊「土俵」のある書斎（渋川驍、柳田

国男回想所収、筑摩書房、1972）［8］248（115）。

な 行
＊内閣文庫（柳田国男、故郷七十年、定本柳田国男集、別巻3所収、筑摩書房、1970）［8］238（377）。 ＊内容の分からぬ気取った表題（柳田国男、老読書歴、定本柳田国男集23所収、筑摩書房、1970）［8］239（369） ＊中井竹山 中井履軒（加地伸行他、日本の思想家24所収、明徳出版社、1980）［3］76-79（179-180、197-198、213、214-217、234-235）。 ＊中村敬宇（高橋昌郎、人物叢書135所収、吉川弘文館、1966）［3］81（1、3、4-5、18-19、28、27、43）、82（50、74-78）。 ＊中村敬宇――儒学とキリスト教の一接点（前田愛、前田愛著作集1幕末・維新期の文学所収、筑摩書房、1989）［3］82（232）、83（233-234）、86（220、224、226-227）。 ＊虹について（ロバート・グロステスト著、須藤和夫訳、キリスト教神秘主義著作集3所収、教文館、2000）［4］119（191）。 ＊二十数年ぶりで（佐多稲子、柳田国男回想所収、筑摩書房、1972）［8］255（219）。 ＊日本小咄集成（浜田義一郎・武藤禎勇編、中巻、筑摩書房、1971）［3］71（35）。 ＊日本文藝史Ⅰ（小西甚一、講談社、1985）［3］97-98（175）。 ＊同前Ⅱ（1985）［3］97-98（452）。 ＊同前Ⅳ（1986）［3］61（517）、62-64（199-201、204）。 ＊同前Ⅴ（1992）［3］51（83-85）、71-72（28-31）、72-73（33）、74（30-31）、88（403）、94-95（410、437）、97-98（916）。 ＊*Nouveau Dictionnaire Latin-Français*,（Eugène Benoist et Henri Goelzer, Librairie Garnier Frères）［はじめに］13（1041）。 ＊根岸人（木村新、第1巻、私家版、1962？）［1］19-20（13-14）。 ＊*La naissance des index*（Mary A. et H. Rouse, Histoire de l'édition française, tome I, Promodis, 1983）［5］133-141（77-79）、156-160（80-83）。 ＊*La naissance de la coupure et de la séparation des mots*（Paul Saenger, Mise en page et mise en texte du livre manuscrit, Editions du Cercle de la Librairie-Promodis, 1990）［5］138-140（447-448、451-452）。

は　行

＊貝多羅（松村明編、大辞林、第２版所収、三省堂、1995）［はじめに］13（2048）。＊幕末・維新期の文学（前田愛、前田愛著作集１所収、筑摩書房、1989）［3］94（262-263）。＊馬琴の小説と其当時の実社会（幸田露伴、露伴全集15所収、岩波書店、1952）［3］54-55（300-311）。＊服部南郭（山本和義注、江戸詩人選集３所収、岩波書店、1991）［3］67-68（153-154）。＊*La Bible grecque: le Codex Sinaiticus*（Colette Sirat, Mise en page et mise en texte du livre manuscrit, Editions du Cercle de la Librairie-Promodis, 1990）［5］140-141（64-65）。＊百人一首和歌初衣抄（山東京傳、洒落本集所収、日本名著全集刊行会、1929）［3］55-59（63-71、355-438）。＊*La fabrication du manuscrit*（Jean Vezin, Histoire de l'édition française, tome I, Promodis 1983）［5］136-137（25、30）、138（39）。＊*Fictions*（Borges, *Œuvres complètes* I, notes et variantes, Gallimard, 1993）［2］27-28（1584-1585）。＊*Formes et fonnctions de l'enluminures*（Hélène Toubert, *ibid.*）［4］119-120（87）。＊福翁自伝（福沢諭吉、岩波書店、1991）［3］48-49（14-85）。＊武士の娘（杉本鉞子著、大宮美代訳、筑摩書房、1994）［3］38（31-32）。＊扶桑略記（第廿、吉川弘文館、1965）［7］218（125）。＊物質と記憶（ベルクソン著、竹内信夫訳、白水社、2011）［1］15（108-112）。＊普遍の鍵（パオロ・ロッシ著、清瀬卓訳、世界幻想文学大系15所収、国書刊行会、1984）［6］205（244-245）。＊平安朝日本漢文学史の研究（川口久雄、上巻三訂所収、明治書院、1975）［7］218（122、126）。＊弊帚続編（中井履軒、続日本儒林叢書２所収、東洋図書刊行会、1932）［3］77（29-31、32）。＊「方言」のころの思い出（高藤武馬、柳田国男回想所収、筑摩書房、1972）。［8］245（89）。＊*La ponctuation du VIIIe au XIIe siècle*（Jean Vezin, Mise en page et mise en texte du livre manuscrit, Editions du Cercle de la Librairie-Promodis, 1990）［5］137-138（439-441）。

ま　行

＊マテオリッチ　記憶の宮殿（ジョナサン・スペンス著、古田島洋介訳、

平凡社、1995）［6］199-200（210-211）。 ＊「学び」の復権——模倣と習熟（辻本雅史、角川書店、1999）［3］45（63-64）。 ＊*Manières de lire médiévales*（Paul Saenger, Histoire de l'édition française, tome I, Promodis, 1983）［5］126-128（132-137）。 ＊Mise en page et mise en texte du livre manuscrit, Editions du Cercle de la Librairie-Promodis, 1990）［5］135（48）、136（25、48-49）、137-138（439-441）、138-140（447-448、451-452）、140-141（64-65）、156-158（219-222）。 ＊御裳濯河歌合（中世和歌集、新編日本古典文学全集49所収、小学館、2000）［7］221（27）。 ＊明治漢詩文集（神田喜一郎編、明治文学全集62所収、筑摩書房、1983）［3］86-87（41、409）。 ＊明治政治小説集（山田有策・前田愛注釈、日本近代文学大系2所収、角川書店、1974）［3］89（325、458-459）。 ＊明治大正の新聞から（森銑三、森銑三著作集、続編11所収、中央公論社、1994）［1］7-8（504）。 ＊明治文学管見（北村透谷、透谷全集2所収、岩波書店、1950）［3］85-86（173-174）。 ＊明治立身出世主義の系譜——『西国立志編』から『帰省』まで（前田愛、文学、33巻4号所収、岩波書店、1965・4月）［3］82-84。 ＊命題集（ペトルス・ロンバルドゥス著、山内清海訳、前期スコラ学、中世思想原典集成7所収、平凡社、1996）［5］151-152（703）。 ＊命題集（ムランのロベルトゥス著、中村秀樹訳、同前）［1］13（799）。 ＊メノン（プラトン全集9所収、岩波書店、1980）［6］180-181（277-278）。 ＊もうすぐ絶滅するという紙の書物について（ウンベルト・エーコ、ジャン＝クロード・カリエール著、工藤妙子訳、阪急コミュニケーションズ、2010.）［はじめに］12（24）、［あとがき］260（28）。 ＊本居宣長と地図（日野龍夫、日野龍夫著作集2所収、ぺりかん社、2005）［8］242-243（173-174）。 ＊物覚え・物忘れ——塵録1（中野三敏、日本随筆大成、別巻1付録所収、吉川弘文館、1978）［6］170-171（3-4）。 ＊モノロギオン（カンタベリーのアンセルムス著、古田暁訳、前期スコラ学、中世思想原典集成7所収、平凡社、1996）［4］115（163）。 ＊木綿以前の事（柳田国男、創元社、1939）［8］253（1-3）、253-254（6、4、47）。 ＊森鷗外と記憶術（古田島洋介、比較文学研究69所収、東大比較文学会、1996）［6］173-174（134-135）。

や　行

＊柳田国男回想（臼井吉見編、筑摩書房、1972）［8］233（265）、234（299）、235（282-283、294）243-244（56）、244（186）、246（89）、247（198）、248-249（92-93）、249（115）、252（192-193）、254（193）257（219）　＊柳田国男先生と旅（大藤時彦、柳田国男写真集所収、岩崎美術社、1981）［8］241（177、183-184、156愛用のカード箱の写真）。　＊柳田国男先生を訪ねて（和歌森太郎、日本民俗学会報22号所収、1961年12月）［8］255（47）。　＊柳田国男と国語教育（大藤時彦、柳田国男入門所収、筑摩書房、1973）［8］244-245（93）。　＊柳田さんと朝日新聞（荒垣秀雄、柳田国男回想所収、筑摩書房、1972）［8］243-244（56）。　＊柳田さんの一面（桑原武夫、同前）［8］244（186）。　＊柳田先生と和歌（森直太郎、同前）［8］232（265）。　＊柳田先生の記憶術（竹田亘、信濃教育、1176号所収、信濃教育会、1984・11）［8］245-247（70-73）。　＊雪国の春（柳田国男、底本柳田国男集2所収、筑摩書房、1968）［はじめに］13（97）。　＊夢について（アリストテレス著、坂下浩司訳、自然学小論集、アリストテレス全集7所収、岩波書店、2014）［6］190（309-310）。　＊*Une histoire de la lecture*（Alberto Manguel, essai traduit de l'anglais par Christine Le Bœuf, ACTES SUD, 1998.［4］109（67）、127（69）。　＊幼児の読書（柳田国男、故郷七十年、定本柳田国男集、別巻3所収、筑摩書房、1970）［8］236（18）。　＊ヨーロッパ成立期の学校教育と教養（ピエール・リシェ著、岩村清太訳、知泉書館、2002）［4］114（32、224、229-230）、115（364-365）、124-126（365-366、382）。

ら　行

＊*L'Art de lire Didascalicon*（Hugues de Saint-Victor, Introduction, traduction et notes par Michel Lemoine, Cerf, 1991）［4］105-106（12-13、211-212）、107（62）、108（139）、110（140）、111（142）、111-112（231-232）、112-113（142）、116（143）、118（133-134）、119（67、232）、121-122（144、154-155）、122（71）［5］152（189）、153（160）。　＊*Le livre hébreu en Palestine*（Co-

lette Sira, Mise en page et mise en texte du livre manuscrit, Editions du Cercle de la Librairie-Promodis, 1990）［5］136（25）。 ＊*Les livres des Evangiles*（Jean Vezin, *ibid.*）［5］141-142（107、109）。 ＊老神童（嘉治隆一、柳田国男回想所収、筑摩書房、1872）［8］248（198-199）。 ＊老読書歴（柳田国男、定本柳田国男集23所収、筑摩書房、1970）［8］236（366）、237（366）、238-9（367）、239（369）、241（367）。 ＊露伴遺珠（肥田晧三編、湯川書房、1978）［3］84（117-118）。 ＊ロマネスク美術（柳宗玄、柳宗玄著作集4、八坂書房、2009）［5］150（82）。 ＊論語の新研究（宮崎市定、岩波書店、1974）［5］132（73）。

わ 行

＊わが歳月（貝塚茂樹、中央公論社、1983）［3］36（38-39）。 ＊和俗童子訓（貝原益軒、石川謙校訂、養生訓・和俗童子訓所収、岩波書店、1961）［3］41-44（207、210、212, 216、220、221、242、244-249、295-296）。 ＊和本入門（橋口侯之介、平凡社、2011）［3］53（70-73）。

著者略歴
鶴ヶ谷真一（つるがや・しんいち）
一九四六年東京に生まれる。早稲田大学文学部卒業。編集者として主に翻訳書の編集にたずさわる。五十歳を過ぎて、書物と読書に関するエッセイを試みる。著書に『書を読んで羊を失う』（白水社、日本エッセイスト・クラブ賞、増補版は平凡社ライブラリー）、『猫の目に時間を読む』、『古人の風貌』（ともに白水社）、『月光に書を読む』、『紙背に微光あり』（ともに平凡社）。ほかに現代語訳として、中江兆民『三酔人経綸問答』、同『一年有半』（ともに光文社古典新訳文庫）がある。

記憶の箱舟　または読書の変容

二〇一九年　五月　五日　印刷
二〇一九年　五月三〇日　発行

著　者 © 鶴ヶ谷真一
発行者　及川直志
印刷所　株式会社三秀舎
発行所　株式会社白水社

東京都千代田区神田小川町三の二四
電話　営業部〇三（三二九一）七八一一
　　　編集部〇三（三二九一）七八二一
振替　〇〇一九〇‐五‐三三二二八
郵便番号　一〇一‐〇〇五二
www.hakusuisha.co.jp
乱丁・落丁本は、送料小社負担にてお取り替えいたします。

株式会社松岳社

ISBN978-4-560-09701-4

Printed in Japan

白水社の本